이 치열한 무력을

KONO SHIRETSU NARU MURYOKU O – ANAKURETA 4
by SASAKI Ataru
Copyright © 2012 SASAKI Ataru
All rights reserved.
Originally published in Japan by KAWADE SHOBO SHINSHA LTD. PUBLISHIERS, Tokyo.
Korean translation rights arranged with KAWADE SHOBO SHINSHA LTD. PUBLISHERS,
Japan through THE SAKAI AGENCY and BC AGENCY.

이 책의 한국어판 저작권은 BC 에이전시를 통해 SAKAI 에이전시와 독점으로 계약한
자음과모음에 있습니다. 저작권법에 의해 한국에서 보호받는 저작물이므로
무단전재와 무단복제를 금합니다.

이 치열한 무력을

사사키 아타루 지음 · 안천 옮김

본디 철학이란 무엇입니까?

자음과모음

차례

2011년

말이 태어나는 곳　9
좌담 아사부키 마리코, 안도 레이지, 사사키 아타루

클라이스트『칠레의 지진』을 추천한다　41

몰라도 괜찮아　45
대담 가가미 아키라, 사사키 아타루

연애의 시작―연애도 사랑도 발명품, 이라 할지라도　67

본디 철학이란 무엇입니까?　79
대담 하나에, 사사키 아타루

소설을 쓰는 것은 그 누구도 아닌 누군가가 되는 모험이다　93
대담 이치카와 마코토, 사사키 아타루

변혁을 향해, 이 치열한 무력을
―2011년 11월 17일, 후쿠오카 강연을 바탕으로 한 텍스트　131

파울 첼란을 읽어보자―『파울 첼란 전집』 간행 추천의 말　159

「우리의 제정신을 살아남을 수 있는 길을 가르쳐달라」(2011년 12월 8일, 교토세이카대학 강연)를 요약한 기본 주기 21개　163

아무것도 끝나지 않아, 왜냐면 열받았거든
―『사랑하는 원전』, 『행복했을 적에 그랬던 것처럼』 간행 기념 대담　183
대담 다카하시 겐이치로, 사사키 아타루

2012년

후루이 요시키치, 재난 이후의 영원　221

40년의 시행과 사고―후루이 요시키치를 지금 읽는다는 것　275
대담 후루이 요시키치, 사사키 아타루

"모르겠다"는 말을 이처럼 정면에서 듣기는 처음입니다　317
대담 아이자와 사요, 사사키 아타루

희망 없는 희망으로서의 소설을 위해
―『BACK 2 BACK』 간행에 기해　325
좌담 이토 세이코, 진노 도시후미, 우카와 나오히로, 사사키 아타루

지은이의 말　381
대담자와 좌담자 소개　383
옮긴이의 말　385
추천의 말　395

일러두기
주석은 옮긴이의 주며, 저자가 방점으로 강조한 부분은 고딕체로 표시했다.

2011년

말이 태어나는 곳

I
좌담
아사부키 마리코
안도 레이지
사사키 아타루

말은 눈에 보인다

사사키　지금 학부생과 대학원생들이 "BEGIN이 왔어!"라고 소곤거리는 것을 듣고 말았어요. 그게, 저⋯⋯ 공통점이라곤 헌팅캡밖에 없는데. (웃음) 안녕하세요? 사사키 아타루입니다. 노래는 안 부르거든요? (웃음)

　　오늘은 '말이 태어나는 곳'이라는 주제로 좌담을 합니다. 그런데 마침 아사부키 마리코朝吹眞理子 씨와 저는 원고가 진척이 안 돼 괴로워하는 중이라 "'말이 태어나는 곳'이 있다면 우리가 먼저 알고 싶어!"라고 방금 대기실에서 얘기하던 차였어요. (웃음)

안도　아사부키 씨에게 연락했더니 "저도 궁금한 바예요"라고 대답하더군요. 우리 셋 모두 책에 매료돼, 글을 쓰는 삶을 골랐습니다. 하지만 무엇보다 먼저 책에 이르는 첫걸음, 즉 쓰기 시작하는 것이 매우 어렵죠. 나아가 써가던 말을 완결짓는 것도 그렇고요. 따라서 오늘의 주제 '말이 태어나는 곳'에 대해 세 사람 모두 명확한 해답을 갖고 있지는 않습니다. 우리가 어떻게 해서 타자의 말과 만나고, 자기 안에 말을 받아들여 자신의 것으로 표현하는지. 오늘 여기서 생각해보려 합니다.

사사키 저부터 시작해도 될까요? 다른 사람도 아닌 두 분이 좌담 상대이니 오늘은 안심하고 말하겠습니다. (웃음) 여기는 다마多摩 미술 대학이어서 그림을 그리는 사람이나 조각하는 사람 등 다양한 분들이 있겠죠? 이런 분들이 사실은 언어 바깥의 것과 매일 싸우고 있기 때문에 말에 민감하고, 말의 중요성도 깊이 이해하고 있어요. 오늘은 그런 의미에서도 맘껏 말할 수 있는 거죠. (웃음)

먼저 이 얘기부터 하겠습니다. '언어'와 '언어화할 수 없는 것'을 나눠 생각하는 것은 그만둡시다. 이런 이분법은 버리는 게 좋아요. 물론 '말'은 그 재질부터 말이 아닌 것을 포함하고 있습니다. 예를 들어 시인이면서 영화감독인 피에르 파울로 파졸리니나 소설가이면서 영화감독인 마르그리트 뒤라스 그리고 시인이면서 화가인 앙리 미쇼, 또 윌리엄 블레이크 등 언어 작품과 영상 예술을 동시에 남긴 예술가는 많죠. 특히 뒤라스 같은 경우는 영화가 더 훌륭하다고 말할 정도잖아요? 그가 자기보다 어린 영화감독에게 "네가 뭘 모르고 있냐면, 영화라는 게 언어로 이뤄져 있다는 걸 모르고 있어!"라고 화를 낸 적이 있어요. 이 말은 좀 어안이 벙벙하죠? 뒤라스 영화의 영상이 일반적인 의미로 '말에 의한 설명'에 기대는 종류의 것이 아니라는 걸 알고 있다면 더욱더 그렇겠죠. 간단히 말하자면 말에 대해 생각하는 것이 어려운 이유는 우선 '언어란 무엇인가'라는 질문 자체가 언어로 구성돼 있어 도저히 언어의 경계를 그을 수 없기 때문입니다. 비트겐슈타인이 이렇게 말했죠. "양쪽에서 접근할 수 있지 않으면 경계가 아니다."

언어를 재질이라는 측면에서 접근하면 어떻게 될까요? 이 언어의 재질이라는 것도 막연합니다. 우리는 어느 날 문자라는 괴상한 것을 갖게 됐어요. 이는 다음을 의미합니다. 언어는 그림이기도 하다. 언어는 눈에 보입니다. 사람은 이 사실에 좀 더 놀라도 된다고 생각해요. 아주 곤란하게 현실도 보이고, 현실이 아닌 허상도 보입니다. 그리고 언어도 보이죠. 이는 도대체 어떤 사태인가? 이를 철학적으로 파고들면 거의 바닥 없는 늪입니다. 저는 20대 후반부터 책을 쓸 때까지 이 늪에서 허우적대고 있었어요. 아니, 가라앉아 있었다고 할 수 있죠. 여기선 더 깊이 들어가지 않겠습니다.

우선 5천 년 전에 언어가 하나의 시각적 존재로 주어졌다는 사실이 놀랍습니다. 이 때문에 일종의 '회화로서의 언어 예술 작품'이 가능해지죠. 서예, 즉 캘리그래피 말입니다. 근대 이전까지 이 분야가 가장 꽃핀 곳은 중화와 아랍입니다. 두 제국 모두 장대한 시詩의 문화를 갖고 있죠.

우리는 중국 문화권에서 성장했기 때문에 이를 직감적으로 이해할 수 있는데, 서예는 한자와 이슬람 문자 모두 매우 아름답잖아요. 나 같은 문외한도 왕희지의 글씨를 보면 '역시 소름 끼치게 하는 뭔가가 있어' 정도는 느낍니다. 뇌세포에 직접 접속해오는 것 같은, 굽이치는 두툼한 선의 순순한 운동성, 그로부터 나오는 시각적인 미. 어떤 느낌인지는 여러분도 아실 거라 생각합니다.

회화로서의 언어 예술. 여기서부터 이미 언어는 언어가 아닌 것을 내포합니다. 미셸 뷔토르가 자그마한 한 책자에서 이렇게 말하고 있어요. 보통 캘리그래픽한 미에 상대적으로 둔감하다고 여겨온 유럽 회화에도 이는 존재합니다. 기본적으로 회화는 어디까지나 회화로, 회화의 미 그 자체의 순수성을 추구하는 것으로 여기는 서양 회화 속에 마치 침식해가듯 문자가 스며듭니다. 만화의 말풍선이나 배경의 가장자리 등 그림 속에 글자가 적혀 있기도 하죠. 사인이나 서명 차원이 아니라 언어와 회화가 자립성을 잃고 상호 침투하는 듯한 그림이 많이 있습니다.

만화 얘기를 해볼까요? 만화 캐릭터는 다양한 수준에서 기호화, 즉 언어화되어 있습니다. 만화적인 기호에 전혀 의존하지 않는 쿨한 회화 표현으로 널리 알려진 오토모 가쓰히로大友克洋조차도, 예를 들면 "초조해지면 땀이 나는"것과 같은 소위 만화 특유의 기호적 표현을 쓰고 있다는 지적을 종종 받습니다. 즉 아무리 순수한 그림에도 기호화된, 즉 언어화된 부분이 있다는 생각을 갖는 게 좋습니다. 후루이 요시키치古井由吉 씨와 얼마 전에 대담을 했는데 이런 얘기가 나왔어요. 요즘 문자라는 것은 키보드를 두드리면 바로 나오니까 쉽게 만들어지는 것 같지만 사실은 그렇지 않다. 사실 폰트 하나 만드는 데도 엄청난 노력이 필요하잖아요? 가

나다라…… 모두 디자인하는 데만 해도 눈앞이 캄캄해질 정도로 피로가 쌓일 겁니다. 어쩌면 그런 알바를 하는 사람이 있을지도 몰라요. (웃음) 따라서 언어라는 것은 예나 지금이나 공짜가 아니라는 얘기를 나눴습니다.

영상이나 이미지를 다루는 예술가가 여기에는 많이 있죠? 언어의 이런 난점은 여러분과도 관계가 있습니다. 순수한 이미지란 존재하지 않아요. 물론 순수한 언어도 존재하지 않죠. 우리는 항상 이미지와 언어 '사이'를 살고 있습니다. 어디에도 없으나 어디에도 있는, 또 여기에서도 가능하지만 저 먼 곳에서도 가능한 '그것'을 살고 있습니다.

때문에 '말이 태어나는 곳'에서는 이미지도 함께 태어나죠. 소리와 목소리도 나오고, 의미라는 좀처럼 알기 힘든 것도 태어납니다. 말이 태어나는 곳은 말 이외의 것도 태어나는 독특한 지점입니다. 따라서 이에 대해 생각하는 것은 매우 어렵습니다. 우리 세 사람 모두 말을 사용합니다. 하지만 그뿐이 아닙니다. 이미지 등 다른 재료를 다루는, 여기 계신 여러분과도 관계있는 얘기라는 겁니다.

안도 아사부키 씨, 사사키 씨의 언어=이미지론을 듣고 어떻게 느끼셨나요? 자유롭게 말씀해주시죠.

말이 태어나는 지금

아사부키   처음 뵙겠습니다. 아사부키 마리코입니다. 지금 사사키 아타루 씨가 해주신 말씀과 관련된 주제가 되길 바라며 이야기를 시작하겠습니다. 먼저 "말이 하나의 그림이 되어 종이에 달라붙어 있다"고 신체적으로 느끼는 순간이 있습니다. 대학 때 고전 자료를 번각翻刻한 적이 있어요. 지렁이 문자*를 대조표와 참조해가며 컴퓨터에 입력하는 작업을 할 때, 분명 그 의미를 알 수 있는 문자인데 시대가 멀리 떨어져 있어 그 글자들이 예술 그 자체, 말의 뜻과는 동떨어진 순전한 그림으로 보이면서 거기서 솟아나는 이미지와 해후하는 일이 자주 있었습니다. 의미가 벗겨져 나가고 그 자체만으로 보이는 경험. 이는 지렁이 문자뿐 아니라 평소의 말에서도 느끼는 바입니다. 원고를 출력하는 순간, 글자가 작은 벌레가 되어 도망가는 꿈을 때때로 꾸는데요, 이 얘기를 예전에 나카하라 마사야中原昌也 씨에게 했더니 똑같은 꿈을 윌리엄 버로스가 꿨다고 하더군요. 특별한 꿈이 아니라 유형화된 인간의 이미지인 거죠. 사람 안에서 말이라는 것은 매우 거리감을 지닌 게 아닐까 합니다. '말이 태어난 곳'이라는 좌담 주제를 들었을 때, '말이 태어난 곳'이라는 말이 지닌 의미나 장소가 무엇일까 생각하면서 어제 나라奈良 현에 있는 요시노 산吉野山에 다녀왔습니다. 요시

---

*   갈겨써서 독해하기 어려운 글자.

노 산을 걸으면서 쭉 생각했습니다만 역시 말이라고 하는 것은 철저히 이물질이라는 느낌이 있습니다. 지금 여기에 계속 있음으로써 말은 존재 가능하고, 사용됨으로써 비로소 긍정되는 것이라는 생각을 했습니다. 말이라는 것은 쓸 때마다, 사람을 통해 들을 때마다 계속 갱신됨으로써 처음으로 그 순간에만 생겨난다고 해야 할까요? 계속해서 새로운 말, 갓 태어난 말이 되는 것 외에 존재할 방도가 없습니다. 말이 태어나는 곳을 찾는 게 아니라 말이 태어나는 지금을 항상 의식할 때 비로소 말이라고 할 수 있는 것 같습니다. 예를 들면 제가 평소에는 별로 말을 더듬지 않지만, 창작 얘기를 할 때는 더듬더라고요. 요시마스 고조吉增剛造 씨가 지적해 주셔서 알게 된 사실입니다. 더듬긴 하지만 매우 빨리 말해요. 신기루처럼 말이 멀리 있어 이를 필사적으로 쫓아가고 있나 봅니다. 말은 이물질이기 때문에 밖에서 도래한 말이 나와 닿은 순간에만 "말이 태어난다"고 생각합니다. 더듬는 얘기로 돌아가면 모다스*라는 옛날 말이 있는데, 모쿠스**보다 그쪽이 더 어울리는 것 같아 '모다스'라는 말을 자주 씁니다. 말은 우선 '모다스(침묵)'부터 시작되는 것 같아요. 말을 묵묵히 받아들이려고 하면, 일단 대화가 불가능해질 것 같은 공포를 느껴서 말을 내뱉기 시작해야 할 것 같을 때 — 이건 다케미쓰 도루武滿徹 씨가 「더듬기 선언」에서 하고

---

*　もだす는 '침묵하다'는 뜻을 지닌 고어.
**　もくす는 '침묵하다'는 뜻을 지닌 문어체 현대어.

있는 말인데요—세계의 문을 두드리는 것처럼 첫 번째 한마디가 나오기 때문에 더듬는 것이 아닐까 하는 생각이 듭니다. 제 얘기로는 알기 힘들지도 모르니 도서관에서 다케미쓰 도루의 「더듬기 선언」(『소리, 침묵과 서로 잴 수 있을 정도로』)을 빌려 보시기 바랍니다. (웃음) 왜 침묵하느냐면, 존 케이지가 딱 맞는 말을 했기 때문에 그 말을 빌리겠습니다. 그는 음악을 만들 때 소리라는 것은 처음부터 존재하고 있고, 작곡할 때는 소리를 채집하러 가는 느낌이 든다고 말하고 있습니다. 이를 말로 바꿔서 설명하면 말은 소리와 달리 처음부터는 존재하지 않잖아요. 이게 소리와 말의 차이라고 생각합니다. 처음에 인간이 바깥 세계로부터 느끼는 것은 말과는 동떨어진, 무질서한 감정 같은 게 아닐까 해요. 그리고 말이라는 것은 다른 것과 쉽게 동기同期되지 않고, 끊임없이 엇나갑니다. 간혹 절묘하게 딱 맞는 표현이 나오기도 합니다만 그것은 한순간일 뿐이죠. 지금 여기서 계속 쓰는 것. 이것이 말에 있어 최초의 기점基點이자 최후의 기점이라고 생각합니다.

안도 감사합니다. 두 분 모두 사전 조율도 없이 매우 흥미로운 시점을 각각 제시해주셨네요. 이제부터 본격적으로 사회 진행을 맡겠습니다. 우선 사사키 씨가 말씀해주신 것처럼 말과 이미지는 분리할 수 없습니다. 즉 이미지가 있고, 그것이 말로 표현됨으로써 형상이 되는 것이 아니라 둘 다 '밖'에서 돌연 찾아옵니다. '밖'에서 오는 것이기 때문에 자유롭게 취급할 수가 없죠. 사사키 씨는 말과 이미지, 아사부키 씨는 소리와 침묵이라고 말해주셨는데,

실은 같은 사태의 두 가지 측면을 말씀하시려는 게 아닌가 싶습니다. 말과 이미지를 분리할 수 없다면 소리와 침묵도 분리할 수 없죠. 그리고 이는 모두 자기 '밖'과 관계가 있습니다. 하지만 그런 비전을 말로 표현하는 두 분의 스타일은 전혀 다른 데다, 각각 자신이 저술하신 작품과 딱 겹치는 것 같았습니다. 아사부키 씨는 매우 비평적인 소설을 쓰고, 사사키 씨는 매우 소설적인 비평을 쓰고 계시죠. 말에 의해 만들어진다는 점에서 비평과 창작을 나누는 것은 무의미합니다.

그런 의미에서 분류하자면 비평 분야에 속할 사사키 씨의 『잘라라, 기도하는 그 손을-책과 혁명에 관한 닷새 밤의 기록』 중에서도 가장 소설적이라고 여기는 부분을 입구 삼아 다음 대화로 들어갔으면 합니다. 사사키 씨는 종교학을 전공하셨기 때문에 당연히 종교의 발생이 이 책의 주제 중 하나입니다. 사사키 씨에게 종교의 발생과 표현의 발생은 '해석'이라는 점에서 밀접한 관계가 있습니다. 예를 들어 이 저서의 중요한 세로축인 유대교, 그리스도교*, 이슬람교와 같은 '일신교'의 계보를 잇는 종교는 '말의 종교'라 해도 과언이 아닙니다. 이 세계와 아주 멀리 떨어진 바깥에서 말이 도래하죠. 그 최초의 성스러운 말이 배태되는 곳은 도대체 어디인가? 사사키 씨는 페티 벤슬라마의 고찰을 바탕으로

---

* 구교(가톨릭교)와 신교(개신교)를 포괄한 용어로 '기독교', '크리스트교', '그리스도교' 등이 쓰이는데, 여기에서는 이미 번역된 사사키의 저작 『잘라라, 기도하는 그 손을』과 용어를 통일하기 위해 '그리스도교'로 번역했다.

그 순간을 매우 아름답고 힘찬 문장으로 그려내고 있습니다. 신의 말씀을 의탁받은 자. 그것이 예언자 무함마드, 이슬람의 창시자이자 일신교의 최후 지점에 있는 인물입니다. 이 성스러운 말을 통한 신과 예언자의 관계가 일신교의 기본 구조입니다(물론 현실은 그리 단순하지 않아서 신의 말에 대한 해석에 따라 수많은 분파가 생겨나고, 그들 간에 생존을 건 싸움이 벌어집니다). 어느 전승에 따르면 무함마드는 문맹이었다고 합니다. 문맹은 아랍어로 '어머니 같은母なる'*이라는 뜻을 갖고 있죠. 신의 메신저인 천사가 무함마드를 방문하여 그에게 보여준 것은 우주 그 자체의 표현인 '근원이 되는 서적', 즉 '책의 어머니'입니다. 무함마드의 입을 통해 나온 신의 말, 무함마드가 아랍어로 말한 신의 성스러운 말을 집성한 꾸란**에는 이런 원본, '책의 어머니'가 존재했습니다. 문맹이자 '기원이 되는' 예언자가 '책의 어머니'와 만나는 것이죠. 여기서 성스러운 말의 종교인 이슬람이 시작됩니다. 그야말로 말이 시작되는 '불가능한 장소'입니다. 읽을 줄 모르는 인간이지만 무엇인가를 읽고 얘기해야 하는 사태. 아사부키 씨가 말씀한, 침묵의 습격을 받아 더듬거림 속에 방치된 인간이 그런데도 뭔가를 말해야 하는 상황과 같습니다. 다름 아닌 침묵 속에서 근원이 되는 소리가 탄생한다. 이 구절에서 대화를 재개했으면 합니다.

---

*　'母なる'를 문맥에 따라 '어머니 같은', '기원이 되는', '근원이 되는' 등으로 번역했다.
**　한국과 마찬가지로 일본에서도 예전에는 대부분 '코란コーラン'이라고 표기했으나 최근 원래 발음에 가까운 '꾸란クルアーン'으로 표기하는 경우가 많다. 사사키의 표기에 따라 여기에서는 '꾸란'으로 번역했다.

물음 바깥에 있는 것

사사키　네. 같은 말을 반복하게 되니까 자세한 내용은 제 책을 보시기 바라고, 요점만 얘기하겠습니다. 무함마드는 대천사 지브릴로부터 계시를 받습니다. 지브릴은 그리스도교에서 대천사 가브리엘이라고 하죠. 마리아에게 수태 고지를 한 유명한 천사입니다. 아주 골치 아픈 사람입니다. 사람이 아니지만 말이죠. (웃음) "당신 배 속에 있는 것은 신의 아들이다"라고 했으니 이보다 골치 아프기는 힘들 겁니다. (웃음) 무함마드가 목소리를 들었을 때도 마찬가지로 골치 아픈 말을 합니다. "앞으로 너에게 신의 말을 할 테니 읽어라"라는 말을 한 거죠. 하지만 무함마드는 '움미'ummi'입니다. 움미라는 말에는 '어머니 같은'과 '글을 못 읽는, 문맹의'라는 두 가지 뜻이 있습니다. 그래서 기본적으로 무함마드는 '글을 읽지 못하는' '어머니'인 거죠. 그래서 지브릴이 '읽어라'라고 말했던 경전 꾸란의 '원본'을 '책의 어머니'um al-kitâb'라고 부릅니다. 게다가 무함마드는 고아입니다. 아버지와 어머니가 없어요. '근원이 되는母なる 고아'와 절대적인 '어머니 같은母なる 책'의 관계 속에서 탄생하는 겁니다. 왜 그런 종교가 여성 차별적인 행동을 하는지는 전혀 이해할 수 없습니다만. (웃음)

　어쨌든 여기서는 '읽어라'라는 절대적인 명령이 내려지면서 하나의 세계가 현실에 출현했다는 것이 중요합니다. 또 '읽어라'라고 쓰여 있기는 하지만 조심스레 확인해가면서 읽어보면 이 신의 말은 이미지나 문자로 주어진 것이 아닙니다. '말하지 말라'고 쓰여 있으니 음성이 아닐지도 모릅니다. 즉 언어의 구성 요소로 꼽히는 이미지, 의미, 음성이 전혀 명확하게 구분되지 않는, 절대적인 이물질로서의 언어가 주어졌다는 것이 아닐까요. 우리의 안정된 언어관 안에 존재하는 쉽게 읽고 쓰고 말할 수 있는 언어가 아니라 지금 바로 아사부키 씨가 말씀하신, 이미지와 의미와 음성이 항상 결합되었다가 분리되는 거대한 운동성과 같은 언어가 말입니다.

안도 완전한 이물질로서, 문자를 전혀 못 읽는 사람에게 이미지고 의미며 그 자체기도 한 언어가 주어졌다. 이는 말 그대로 언어와 인간이 맺을 수 있는 극한의 관계이겠죠. 절대로 불가능한 장소라 해도 될 것입니다. 이런 극한이자 불가능한 장소에서 말이 태어나는 게 아닐까요.

사사키 아사부키 씨와 안도 씨의 얘기 모두, 우리에게 말이라는 터무니없는 '그 무엇'이 주어지고 말았다는 사실에 대한 놀라움이라고 생각합니다. 우리는 언어를 "소유하고 있다"고 말하는 것조차 허락받지 못하죠. 아사부키 씨가 안과 밖이 접촉하는 순간이라고 표현했는데, 말이 우리 안에 있는지 아니면 밖에 있는지는 알 수 없습니다. 또 안과 밖의 '충돌'에서 언어가 생겨나는 것인지, 그 언어가 역으로 '안'과 '밖'을 만들어내는 것인지도요.

　　언어의 발생을 논하는 것은 어렵습니다. 왜냐면 조금 전에 잠시 말씀드린 것처럼 '언어란 무엇인가'라는 물음 또한 언어로 되어 있기 때문이죠. '언어란 무엇인가'라는 물음 자체가 성립되지 않는 겁니다. 그리고 '언어란 무엇인가'라는 물음이 성립되지 않는 사태 그 자체가 '언어가 생겨나는 곳'이겠죠.

아사부키 씨가 '모쿠스(침묵하다)'라는 표현을 쓰셨는데요, 언어는 분명 어떤 종류의 음악성을 띱니다. 하지만 그 음악성이 입각하고 있는 '목소리'마저도 자명한 것으로 주어져 있지 않다는 것이겠죠. 언어의 구성 요소는 목소리라고 말합니다. 그러나 과연 이 목소리라는 것이 그처럼 안정된 것, 견고한 것인지. 한층 더 깊은 수준에 있는 그 무엇, '언어란 무엇인가'라는 물음 바깥에 있는 것이 언어를 언어이게 하고 있습니다.

따라서 '말로 할 수 없는' 이물질이 있고 이를 말로 하면 자기 소유가 된다, 자기 내부로 회수할 수 있다는―일반적으로 유포되어 있는―생각이 더 이상 통용하지 않습니다. 언어 자체가 이물질이며 그 일부로 여겼던 목소리와 이미지조차도 이물질이니까요.

'말로 할 수 없는 것', '언어 바깥'이라고 하면 왠지 동경의 대상이 되거나 극히 속된 의미의 '신비한 것'을 떠올리기 쉽습니다. 하지만 그런 건 중요하지 않습니다. 그래서 좌담 처음에 언어와 언어 바깥이라는 이분법을 버리자고 한 겁니다. 그러나 아무리 노력해도 인간은 이런 사고방식에 빠지고 말지요.

이건 거의 몸에 뱄어요. 2천 년 동안 서양 형이상학은 계속 이런 사고방식 속에 있습니다. 저는 자크 데리다라는 철학자에게 좀 따질 게 있습니다. 그는 언어와 언어 바깥이라는 기존의 도식을 최종적으로 극복하지 못했다고 생각하거든요. 헤겔을 비판하고 있지만, 언어와 언어 바깥을 설정한 후에 이 두 항이 변증법적인 관계를 맺는다는 사고방식에서 결국엔 벗어나지 못한 것이 아닌가. 마지막에는 뭐랄까요, 그 출신 성분이 드러나는 말을 하고 있는 것 같아요. 물론 데리다는 훌륭한 철학자고 이런 얘기를 한 이상, 언젠가는 제대로 준비해서 논해야 한다고 생각하고 있습니다.

언어 바깥이야말로 언어를 언어이게 하고, 언어가 생성되는 곳은 언어 바깥이다. 언어 바깥은 아마도 존재한다. 하지만 우리가 생각하고 있는 형태가 아니라 어쩌면 언어의 '내부라고 생각해온 쪽'에 존재하는지도 모릅니다. 저는 액체에 비유해서 이렇게 표현한 적이 있어요. "언어란 언어 바깥이라는 물로 얼룩진 몸을 가지고 있다." 어쨌든 언어와 언어 바깥을 구분하고 이 둘을 분리시키거나 연결짓는 사고방식은 좋은 결론에 이르지 못합니다. 단적으로 말해 무언가를 만들어내는 데 도움이 되지 않습니다.

이 얘기를 시작하면 한 달 정도 걸리므로 자세한 내용은 부득이 생략하고 극히 단순화시켜 논할 수밖에 없는데요, 아마 여기 있는 세 사람이 암묵적으로 저항하고 있는 상대는 헤겔로 대표되는 언어관이고, 그런 프로그램이라고 생각합니다. 최대한 단순화해서 설명하겠습니다. 언어와 언어 바깥을 설정한 후에 언어 외부가 언어 내부에 회수되어갑니다. 언어가 되지 않는 그 무엇이 점점 사라져갑니다. 모든 것이 언어로 이해할 수 있고, 설명할 수 있는 것으로 변해갑니다. 이것이 변증법의 과정이고 이것이 진행되면―헤겔에 따르면 이 과정 자체가 '신의 나라'로 향하는 역사 자체가 되는데요―언젠가는 역사가 끝나게 됩니다. 마지막에는 모든 것이 언어로, 의미로 회수되고 절대지絶對知라는 것이 우뚝 솟아 종교나 예술은 폐기된다. 모든 것이 이성이 된다. 헤겔은 이렇게 말했습니다. 역사가 끝나고, 예술이 끝난다. 종교도 끝난다. 그야말로 '종말'의 철학자고 예술의 종언을 선언한 철학자로 알려져 있습니다. "자네들이 하고 있는 건 다 쓸데없는 짓이야"라는 거죠. (웃음)

그런데 말입니다. 그 과정을 기술한 『정신 현상학』이 있습니다. 철학사상 최고의 저서 중 하나로 이 책을 반복해서 읽고 이해하면 '철학'을 다 알게 될 정도의 책입니다. 아니, 이 '서론'만 몇 번 읽어서 이해하면 '한 철학' 할 수 있을 정도의 책입니다. 그런데 하필이면 이 책의 마지막 문구가 시로 끝납니다. 예술은 죽었다. 그 죽는 과정을 완전히 철학적으로, 이성적으로 기술했다고 생각한 순간 자기도 모르게 헤겔은 '승리의 노래'를 부르며 시를 쓰고 마는 겁니다. 시가 예술이 아니면 무엇이 예술일까요? (웃음)

지금 도서관에 가서 『정신 현상학』 마지막 쪽을 펼쳐보세요. 번역된 걸 읽으면 자아도취적이어서 힘이 빠진다고나 할까요, 그런 시가 적혀 있습니다. (웃음) 물론 실러의 시구를 빗댄 인용이지만 "당신, 옛 친구 횔덜린에게 시 쓰는 법을 배우는 게 좋겠어요"라고, 열심히 공부해온 사람으로선 쓴소리라도 한마디 하고 싶을 정도지요. (웃음)

여러분 헤겔에게서 배울 것은 많이 있습니다. 너무 많습니다. (웃음) 바보 취급한다고 생각하지 않으셨으면 합니다. 매일 여러분도 작품을 만드는 과정에서 부딪히는 '그리스도교 유럽'이라는 하나의 '운동'이 얼마나 '특수'한 것인지, 그것이 왜 그리고 어떻게 '보편화'되고 '지구화'되어갔는지 이 문제를 진지하게 다루고자 한다면 지금도 헤겔을 읽는 것이 지름길입니다. 이는 단언할 수 있어요.

아사부키 씨가 말씀하신 '더듬기'도 중요합니다. 들뢰즈도 문체에 대해 다음과 같이 말하고 있습니다. "문체란 모어母語 속에서 더듬는 것이다." 물론 필연성 있는 더듬기여야 한다고 덧붙이고 있습니다만. 그리고 프루스트의 "아름다운 책은 일종의 외국어로 쓰여 있다"라는 문구를 인용하고 있죠. 작가는 모어 속에서 더듬고 끝내는 외국어처럼 된 언어를 쓰는 사람이라는 겁니다. 하지만 모어 속에서 더듬는다는 것은 정말 어려운 일입니다. 쉽게 읽을 수 있고 말할 수 있으니까요. 모어란 징그러운 말이잖아요. 프랑스어로도 영어로도 모어는 '엄마의 혀'를 의미합니다. 정신 분석적으로 보면 매우 근친상간적인 비유인 거죠. 모어의 공간 내부에서는 구전을 통해 엄마의 혀가 '자연스레' 자신의 혀와 '같아'지고, 이 엄마의 혀인 내 혀를 구사하면 편하게 읽고 쓰고 말하는 것이 자명하게 이뤄집니다. 그곳은 자신의 응석을 무한히 받아주는, 부드럽게 닫힌 공간인 것이죠. 이 공간 자체가 실은 번역에 의해 지탱되고 있다는 사실도 이 맹목의 공간 안에서는 보이지 않습

니다. 하지만 불현듯 이 엄마의 혀가 경련을 일으킵니다. 무함마드의 삽화는 "문맹이어서 자신의 말을 읽지도 못하는, 엄마의 혀가 주는 자명성에 전혀 의존하지 못한 '근원이 되는母なる 고아'가 모든 면에서 이물질인 언어로 이루어진 '절대적인 엄마'와 맺는 '관계'이다"라고 말할 수 있을지도 모릅니다. 그러했기에 이 고아는 새로운 '언어의 세계'를 개척할 수 있었죠. 역설적으로 말이죠, 아니 역설적이지 않습니다.

어쨌든 언어가 '언어 아닌 것'을 포함하고 있다면, 그리고 계속해서 그와 직면하려 한다면 언어를 통해 구원받고 안주할 수 있다는, 이 '안주'가 사라진다고 생각합니다. 설령 그것이 모어라 하더라도.

언어는 점균적이다

안도 사사키 씨의 말씀에 부연하자면 인간의 사유, 특히 철학과 종교는 시작과 끝, 즉 기원과 종말에 사로잡혀 있습니다. 하지만 중요한 것은 모든 것이 뒤섞인, 시작과 끝 사이에 있는 '중간' 지대며, 시작에서 끝에 이르는 '과정'에 있는 것이 아닐까요. 이 중간 혹은 과정을 있는 그대로 언어의 살아 있는 운동으로 만들어야 합니다. 아사부키 씨의 첫 소설인 『유적流跡』의 시작과 끝을 생각해보죠. 『유적』은 책의 흰 페이지에서 시작해 컴퓨터의 흰 화면으로 끝납니다. 하지만 시작이고 끝인 '하양'은 소멸의 제로가 아닙니다. 발생의 제로, 모든 물결 모양을 잠재적으로 내포하고 있는 근원적인 바다와 같은 것입니다. '어머니 같은 책'은 동시에 '어머니 같은 바다'기도 합니다. 거기엔 사사키 씨가 말씀하신 것처럼 안과 바깥의 구분을 무효로 만드는 그 무엇─아사부키 씨는 '물'이라고 쓰고 있죠─이 계속 흐르고 있습니다. 『유적』은 이런 이미지로서 '물 흐름의 흔적'을 언어화한 거라고 봅니다.

소설을 쓴다는 것은 사사키 씨가 말씀한 것처럼, 이론적으로 생각하다 보면 불가피하게 부딪히게 되는 '안과 밖을 분할하는 벽'을 부수는 것입니다. 이 벽의 파괴는 '논리를 갈고닦은 불꽃과 같은 언어'로 이룰 수 있을 뿐 아니라 '분할을 상호 침투와 상호 혼합으로 이끄는 물과 같은 언어'로도 이룰 수 있습니다. 경계에서 이뤄지는, 파괴가 동시에 혼합이기도 한 작업이야말로 '문학'이겠죠. 사사키 씨가 활활 타는 불꽃처럼, 아사부키 씨가 잔잔한 물처럼 실천하고 있는 것이야말로 픽션이 지닌 힘이라고 생각합니다. 말과 이미지가 '물'처럼 서로 뒤섞이면서 흘러가는 것. 아사부키 씨의 『유적』을 한마디로 정리하면 이렇습니다. 그리고 여기에선 이야기 또한 명확한 시작과 끝을 갖지 않게 됩니다. 중간이, 과정 자체가 묘사됩니다. 흐름 속에서 다양한 무대가 만들어지고, 언어와 이미지가 식물처럼 번성해 동물처럼 먹고 먹힙니다. 삶과 죽음이 하나로 이어지죠.

이 작품은 먼저 기이한 고지대에서 벌어지는 축제─고어들이 잇달아 출현하는 말의 축제기도 합니다―에서 시작해, 익사체와 함께 강을 거슬러 올라가는 뱃사공들이 묘사되며, 그 배를 탄―'나'라고 말하지도 않고, 이름으로 불리지도 않는―비인칭非人稱의 손님이 섬에 상륙해 그곳에서 쓰러집니다. 아마 그 섬이 아사부키 씨에게는 불가능한 장소고, 극한의 장소기도 했을 겁니다. 아사부키 씨는 그 섬을 식물인 동시에 동물이기도 한 '균사菌絲'로 채웁니다. 암흑 속에 일어서는 균사들. 균사들은 '꽃'을 피우지 않기 때문에 수(男)이자 암(女)이기도 하고, 자유자재로 여러 형태와 색채를 띨 수 있습니다. 비인칭의 손님은 수없이 많은 균사와 일체가 되고, 섬 그 자체가 되어 생사의 분할을 뛰어넘습니다. 그런 섬에 대한 묘사가 이 책 중간에 위치하고 있습니다. 무엇보다 저는 학생 때부터 좋아했던 박물학자 미나카타 구마구스南方熊楠가 평생에 걸쳐 탐구한 '점균粘菌'을 떠올렸습니다. '점균'은 세계 어느 곳에서나 발견되는, 하나의 동물 생태와 여럿의 식물 생태를 교대로 반복하는 특이한 생명체죠. 아메바에서 수많은 균사가 발생하고, 그 균사는 다시 아메바가 됩니다. 동물로서는 죽지만 식물로 회생하고, 식물로서는 죽지만 동물로 회생합니다. 하나와 여럿, 동물과 식물, 생과 사의 중간을 과정(프로세스)으로 살아가는 겁니다. 사사키 씨가 말하는 이미지와 언어가 융합된 상태를 죽으면서 살고, 살면서 죽는 겁니다.

사사키 안도 씨는 제가 그런 소설을 쓰면 싫은 얼굴 하시잖아요. (웃음)

안도 꼭 그런 건 아니에요. (웃음) 저는 아사부키 씨와는 반대로 엄격한 구속 아래 사사키 씨가 쓴 글에서 가장 '소설'을 느낍니다. 아사부키 씨의 『유적』으로 돌아가보면 이 소설은 줄거리가 없습니다. 시작이나 끝에 매달린 적이 없는 소설가의 자유가 절묘하게 표현되어 있다고 생각합니다. 소설에 나오는 섬 또한 '모성적' 장소, 시간과 공간이 새롭게 잉태되는 장소죠. 암흑 속에서 썩어가는 것이 동시에 빛과 같은 그 무엇을 낳는 것이기도 합니다. 이것이 모두의 축제와 포개져 있어요. 아사부키 씨, 이 구절에 대해 직접 얘기 좀 해주실 수 있나요?

아사부키 조금 전에 안도 씨가 말씀해주신 것처럼 저는 미나카타 구마구스를 매우 좋아합니다. 구마노 고도熊野古道를 걸을 때 난키 시라하마南紀白浜 근처에 미나카타 구마구스 기념관이 있어서 거기에 들러 점균의 현미경용 표본을 많이 보며 행복한 기분에 잠겼었습니다. 『유적』에서는 어느 한 장의 마지막 장면에서 남자가 쥐 모양을 한 버섯에 감겨 몸을 움직일 수 없게 됩니다만 이 부분은 요쓰야 가이단四谷怪談*에 나오는 오이와(쥐)와 이에몬(남자)의 관계를 슬쩍 빗댄 것이기도 합니다. 이렇게 아무도 알아주지 않지만 개인적으로 즐기기 위해 버섯이나 점균을 소재로 삼곤 합니다. 그런 즐거움과는 조금 다릅니다만 말이라는 것이 점균적이라는 주장은 전적으로 수긍합니다. 점균이 가장 빛날 때는 빈사 상태

---

* 에도江戶 시대에 만들어진 일본의 괴담.

에 있을 때입니다만 말도 그렇습니다. 말은 항상 최후에 존재합니다. 그리고 말이라는 것은 "안녕?"이라는 인사말 하나만 봐도 의미가 난반사亂反射하죠. 여러 곳에서 그물망 형태로 접속해 의미가 수없이 증가합니다. 이는 매우 위험한 사태기도 하지요. '밖'에서 들어오는 말을 이쪽에서 정교하게 받아들이지 않으면 쉽게 말에 속고, 자기 말에도 속습니다. 말의 위험하면서도 흥미로운 부분은 이런 데 있다고 봐요. 저는 활자가 된 것도 소리 내듯이 읽습니다. 묵독默讀의 역사는 의외로 짧아요. 저는 묵독할 때도 일종의 음성이 제 안에서 생겨나 이 소리의 울림 같은 것이 말을 통해 증식하는 것을 느끼며 읽어갑니다. 말은 결국 부싯돌과 같아서 불이 진짜 말 혹은 이미지 자체라고 생각해요. 혹은 음성 자체라고 해도 되고요. 말로서의 부싯돌이 탁 하고 울릴 때, 그 부싯돌이 내포하고 있던 이미지가 불이 되어 여기에 도래하죠. 소설을 읽을 때도 말을 읽는 것이 아니라 그 말에 담긴 이미지를 받아들이려고 합니다. 글을 쓸 때는 저 자신 소설을 쓴다는 의식도 없이 단지 무언가를 만든다는 마음으로 쓰고 있습니다. 말은 공간도 시간도 갖고 있어 매우 재미있기 때문에 이를 이용해서 만듭니다. 말을 전하고 싶은 게 아니라 말에 담긴 이미지를 당신이라는 독자에게 전하고 싶은 거죠. 눈으로 읽는 순간, 당신만의 것으로 생성되기를 기도하고 있다고나 할까, 말을 나누고 싶은 마음이랄까요? 음…… 물론 데리다 등은 재미있으니까 읽지만 그것이 소설을 쓸 때 하나의 이정표가 되는 일은 전혀 없습니다. 그들도 말과 싸움을 벌이면서 파괴하려고 해요. 그 문장 자체가 재미있어서 우선 많이 읽고, 스스로 말과 성실하게 대면하고 있으면 파괴 충동이 솟아나 작품에 나타나게 됩니다. 모순된 것 같기도 합니다만 결국 알고 싶어서 열심히 읽고 있는데, 어느새 이를 잊고 파괴적인 말을 종이에 응결시킨다는 것이 개인적으로 느끼는 감각입니다. 사사키 씨나 안도 씨는 어떤가요?

사사키 방금 이미지라는 말이 어긋났죠? 갑자기 잠깐 동안 베르그송이 됐어요. 말에 담긴 이미지를 전한다는 것과 무언가를 만든다는 느낌이 든다고 아사부키 씨가 말했을 때, 베르그송의 그 독특한 '이미지' 개념 쪽으로 갑자기 어긋난 느낌이 들었어요. 이런 형태의 진폭, 다이내믹함이라고 해야 할까요? 이것이 아사부키 씨 특유의 멋진, 리듬감 있는 문장에 나타나 있다는 것을 방금 깨달았습니다. 죄송해요, 멋대로 해석해서. (웃음) 저도 그런 감각은 이해합니다. '전하고 싶다'는 것과 '말을 나눈다'는 부분은 특히요.

안도 두 분 다 비유가 정말 뛰어나네요. 말과 함께 살아가고 문학을 실천하고 있는 분들답다고 내심 감탄하며 듣고 있었습니다. 저는 문예 평론가를 자임하지만 평범한 얘기밖에 못합니다. "구마구스는 정말 대단해요" 정도로 말이죠. 저와 연결시켜보자면 지금 제가 이 예술학과에서 담당하고 있는 강의의 기둥 중 하나가 미나카타 구마구스에서 시작해 야나기타 구니오柳田國男를 거쳐 오리쿠치 시노부折口信夫에 이르는 민속학을 예술 표현으로 재정립하는 것입니다. 구마구스의 점균에서 시작해 오리쿠치의 무스비產靈, 즉 조물주로 끝납니다. 이는 말이 표현하는 것을 뛰어넘어 말이 태어나는 근원적인 장소에 직접 도달하려는 시도기도 하죠. 점균의 생태는 조금 전에 설명했습니다. 무스비는 '영靈'을 '낳다〔産〕'라고 씁니다. 모토오리 노리나가本居宣長가 『고지키古事記』 첫머리에서 추출한 신들의 근원, 세계의 근원에 위치하는 힘이죠. 하지만 추상적인 것이 아닙니다. 노리나가는 '무스비'의 '무스'는 이끼가 '생기는 것'처럼 태어나, 거기에서 곰팡이가 피듯 성장하는 '힘'이라고 말합니다. '근원적인' 발생 장소에 이끼처럼 생겨나 곰팡이처럼 피어나는 신들. 구마구스의 점균과 오리쿠치의 무스비가 포개지는 장소가 제겐 '말이 태어나는 곳'입니다…….

아사부키 정말 좋네요.

안도 그렇죠? 구마구스와 오리쿠치는 일본 열도에서 형성된 신의 원형이 이런 것이라고 말하고 있습니다. 아니 신이 이끼, 곰팡이, 점균이라니.

아사부키 이보다 좋을 수 없어요.

사사키 음…… 저는 이런 얘기에 도저히 따라갈 수가 없네요.
(사사키 혼자, 두 사람과 멀어지려고 의자를 뒤로 민다. 장내 폭소.)

안도 알았어요, 알았어. (웃음)

사사키 미안합니다. (웃음) 왜냐하면 저는 종교학과라는 괴상한 곳 출신입니다. 그러다 보니 기초 교양으로 야나기타, 미나카타, 오리쿠치는 일단 읽어야 합니다. 물론 셋 모두 '거인'이고요.

존경은 하고 있습니다. 너무 당연하죠, 일본어로 글을 쓰고 있는 이상. 하지만 반항까지는 아니어도 거기로부터 탈출하는 데서 자신을 만들어간 부분이 있기 때문에 이건 어쩔 수 없습니다. (웃음)

안도 알았어요, 알았어. (웃음) 이 이야기는 이쯤에서 끝내죠. 마지막으로 하나만 더. 좀 전에 사사키 씨와 아사부키 씨가 언급한 "데리다의 철학은 위대하지만 소설을 쓰는 데 있어선 어떤 이정표도 되지 않는다"는 말은 멋집니다. 물론 데리다의 거대함에 대해서는 제가 여기서 얘기할 필요조차 없고, 제 전공인 오리쿠치 시노부도 데리다처럼 철학과 종교가 교차하는 지점을 기원으로 삼고 있기 때문에 이는 자중하는 의미를 담아 하는 얘기입니다. 철학은 정말 중요합니다. 하지만 실제로 작품을 쓰기 위해 필요한 것은 사유가 아니라 '말'입니다. 이념이 아니라 '사물'입니다. 작품은 사물과 조우해 홀로 맨손으로 사물과 맞서지 않는 한 성립하지 않습니다. 말은 넓은 의미에서 작품 자체를 뜻합니다. 사사키 씨도 자주 말씀하시듯 지식은 저절로 축적되는 것이 아닙니다. 실천적으로 사물과 맞서서 사물을 형태로 변용시킬 때 비로소 획득할 수 있습니다. 따라서 지식은 사람에 따라 천차만별이고, 누구든 처음에는 쉽게 자신의 것으로 할 수 없습니다. 이는 당연한 것이죠.

양가적인 철학

사사키   여러분, 철학을 공부하십시오. 하지만 창작 활동에서는 자신이 쌓아온 지식을 한순간 불꽃 속에 태워버리는 것이 중요하다고 생각합니다. 이때 아까워하면 좋은 작품을 만들 수 없습니다. '지금까지의 고생은 뭐였지?'라는 생각조차 나지 않게, 완전히 잊을 정도로 그것을 제로로 해버려야 합니다. 지식은 은행의 예금 계좌가 아닙니다. 몇 백 포인트 쌓았으니까 더 뛰어난 것이 아닙니다. 오히려 '얼마나 성대하게 불태우느냐?'가 문제가 됩니다.

헤겔은 "전체가 진리이다"라고 했습니다. 절대지로 귀결되는 모든 역사의 축적, 그 전체성이야말로 진리라고 말이죠. 그리고 "나에 이르러 역사는 끝난다, 예술도 끝난다"고 말합니다. 정말 거만하죠? 하지만 그런 그가 첫 번째 저서의 마지막 한 줄에 외치듯 시를 씁니다. 그러고 나선 오랫동안 침묵하죠. 쓸 수 없게 됩니다. 발광하기 직전이었다는 얘기도 있어요. 따라서 여러 의미에서 헤겔은 매우 성실했다고 생각합니다. 헤겔 자신은 말이죠.

앎을 축적할 수 있다고 믿는 것은, 언어적인 것은 축적할 수 있다고 생각하고 있음을 뜻합니다. 즉 말을 '축적' 가능한 것으로 여긴다는 거죠. 그러나 이는 달리 말해 말을 '죽은 것'으로 여기는 겁니다. 이 역시 서양 형이상학의 나쁜 관습이죠. 그런데 말을 점균처럼 파악한다면, 즉 일반적인 동물처럼 '살아 있는' 것은 아니지만 '죽어 있는' 것도 아닌 것, 하지만 다름 아닌 빈사 상태에서 빛을 발하는 것으로 파악하면 얘기는 달라집니다. "말은 죽은 것이고, 그 바깥에 말로 할 수 없는 생생한 체험이 있다"는 뻔한 논리에 굴복할 필요가 없어집니다.

안도 지금 얘기해주신 말의 '삶과 죽음'이라는 문제는 사사키 씨와 아사부키 씨가 좋아하는 모리스 블랑쇼의 주장과 통하네요. 블랑쇼는 이렇게 말하고 있습니다. 인간은 누구나 죽음에 직면한다. 죽음에 직면하면서 삶도 죽음도 아닌 장소를 방황할 뿐이다. 블랑쇼는 하이데거의 철학과 카프카의 소설을 대치시켜 『문학 공간』이라는 거대한 책을 완성합니다. 아사부키 씨, 『유적』과 연결해 '블랑쇼가 제시한 문학 공간을, 삶과 죽음의 중간 지대를 방황하는 것'에 대해 한 말씀 부탁드립니다.

아사부키 조금 떨어진 곳에서 대답하자면 귀신이나 유령에 굉장히 관심을 갖고 있는데(실제로 본 적은 없지만) 유령과 만나고 있을 때는 지금 여기에 있는, 살아 있는 존재처럼 보입니다. 다만 '죽음'이라는 과정을 거친 존재라는 것이 매우 흥미롭습니다. 사사키 씨가 소설을 쓸 때는 분서처럼 한 번 불태워버리라고 말씀하셨는데, 제 감각으로는 지금까지 존재했던 모든 책에 응답한다는 마음으로 쓰고 있습니다. 그것은 지금까지 쓰여온 것을 파괴하는 행위와 이어진다고 생각하는데요, 지금까지 쓰인 것은 그것을 읽은 순간 지금 현재의 것으로 출현하는 유령 같은 것이 아닐까 생각합니다.

점균이나 유령은 살아 있으면서 죽어 있다는 점이 흥미롭습니다. 말 또한 스스로 발화할 때는 삶을 체득하지만, 그것은 찰나일 뿐이며 찰나만이 염주 알처럼 이어져 있는 감각이랄까요? 점균의 삶 또한 어제가 있고 내일이 있는 것처럼 선으로 쭉 이어진 것이 아니라 찰나만으로 촘촘하게 이어진 삶을 살고 있는 게 아닐까 생각합니다. 생과 사의 이항 대립이 아닌 곳에 점균이 성립하고 있는 거죠. '점균의 삶을 실감하는 것'은 '인간의 질서에 기초한 이념이나 윤리처럼 답답하고 딱딱한 것'으로부터 자유로워지는 계기가 된다고 할까요? 점균을 보고 있으면 해방을 느낍니다. 이런 자유로움을 말에서도 느낍니다. 즉 말은 정의하는 것이지만, 실은 답답한 것이 아닐 겁니다. 이론에 끼워 맞추는 게 아니라 자신들을 해방시키는 것이라는 이 양가성이야말로 언어고, 사람이 진솔하게 계속 써나감으로써 언어는 불가능한 것이면서도 계속 존재하는 것이 아닐까, 그런 생각이 듭니다.

사사키 여기에 역설이 있다고 생각해요. 저는 다 불태워 없앤다는 심정이거든요. 지금까지 존재했던 모든 서적에 응답한다고 하셨는데, 저도 그래야 한다고 생각해요. 은혜를 갚아야 하잖아요? (웃음) 하지만 모든 것에 응답하고 은혜를 갚으려면 한 글자도 쓸 수 없게 돼요. 그래서 일단 모두 잊은 채 뛰어들려고 합니다. 찰나마다의, 지금 이 언어의 준동, 동요 혹은 '침묵'에 집중하려 합니다. 그러면 역으로 거기서 배반을 당하거든요. 철학서든 소설이든 간에 지식 같은 것은 다 지운 뒤 썼다고 생각했는데 바로 그런 곳이야말로 타자의, 과거의 말에 철저히 사로잡혀 있다는 걸 깨닫게 돼요. 누구도 지적해주지 않아 외롭지만. (웃음) 그런 곳이야말로 과거 책들의 인용이 확 튀어나와 구멍투성이가 됩니다. 불에 태웠다고 생각했는데 소생하곤 합니다. 과거의 말들에 눌리지 않으려 했던 노력이 배반당해 저도 모르게 인용으로 가득 차는, 회생하고 마는, 죽이려 했던 사람들의 말에 의해 이미 제가 먹히고 있는. 내가 이 손으로 조금씩 꺾어왔던 과거의 말들이 나를 이렇게 집어삼키고 있었다니 혹은 구원하고 있었다니. 그런 역설에 전율하곤 합니다.

아사부키 뭐랄까, 불행한 이미지를 갖고 계신 건가요? (웃음)

사사키 예? 불행요? (웃음)

아사부키 저는 뭐랄까요, 이렇게 서로 속고 속이는 게 제법 즐겁습니다. 엑소시스트 같은 이미지로 들려요. 안도 씨에게 여쭙고 싶은 게 있는데요. 오리쿠치 씨의 픽션 속으로 들어갈 경우, 자기 안에 들어온 말과 어떤 식으로 대화를 나누십니까?

안도 저는 반대로 거리가 사라지는 순간 글이 쓰입니다.

사사키 그러고 보면 안도 씨가 물이 올랐을 때의 문장과 오리쿠치의 문장은 닮았어요.

안도 말이란 원래 내 맘대로 할 수 있는 게 아니니까, 즉 내 것인 동시에 타자의 것이기도 하니까요. 저는 타자와 나의 차이가 제로가 될 때까지 타자의 말에 동화되려 합니다. 그래서 비평이라는 장르를 고른 것이겠죠. 즉 대면할 타자가 필요한 겁니다. 아니, 타자의 존재라기보다는 타자의 말이오. 타자의 말에 최대한 가까이 가서 타자의 말을 완전히 소화해서 내 말로 바꾸는 거죠. 제게 분석과 해석 그리고 표현은 모두 거의 동등한 행위입니다. 태어나서 지금까지 오로지 이것만 해왔어요. 그런 의미에서 여기 있는 세 사람 중에 실은 제가 가장 우직하고 진솔한지도 몰라요. 물론 마지막 말은 농담입니다. (웃음)

2011년 5월 21일, 다마 미술 대학

클라이스트 『칠레의 지진』을 추천한다

딱딱하고, 굳세고, 빠른 데다, 조밀한 게 마치 수은 총탄 같다. 그리고 지금도 여전히 사고를 통격痛擊한다.

카프카와 들뢰즈가 사랑했던 고고孤高한 작가이자 극작가 클라이스트. 지금 여기에 다시.

—『칠레의 지진-클라이스트 단편집』 문고판 띠지,
2011년 8월, 가와데쇼보신서河出書房新社

몰라도 괜찮아

I
대담
가가미 아키라
사사키 아타루

래퍼를 경유해서?

가가미   "사사키 씨랑 얘기해보면 재밌을 텐데"라는 말을 하곤 했어요. 『잘라라, 기도하는 그 손을』을 읽고 크게 감명을 받아서.

사사키   고맙습니다.

가가미   재밌게도, 내가 찾아낸 게 아니에요. 아내가 우타마루宇多丸의 라디오(TBS 라디오 〈라임스타 우타마루의 위크엔드 셔플〉)를 매주 듣거든. 아내는 영화 정보를 얻으려고 듣는 건데, 우타마루가 칭찬한 거나 욕한 거나 가리지 않고 다 본다는 거야.

사사키   (웃음)

가가미   그 프로그램에서 사사키 씨의 『잘라라, 기도하는 그 손을』 얘기가 나와서 "당신 갖고 있어?" 하고 물어보길래 서둘러 사서 읽어봤더니, 와, 대단한 거예요. (웃음)

사사키   우타마루 씨를 경유해서 가가미 씨에게 전해지다니 왠지 신기하다는 생각이 드네요.

가가미   보통 이런 일은 안 일어나지.

사사키   래퍼를 경유해서라니. (웃음)

가가미   그런데 사사키 씨는 몇 살이죠?

사사키   이제 막 서른여덟이 됐습니다. 신세대라던데 너무 나이 많이 먹은 것 아니냐고 연배의 작가분들이 말씀하세요. 젊다는 걸 어필한 적이 한 번도 없는데요. (웃음)

가가미   사사키 씨는 곧잘 "다음 세대를 위해"라는 말을 하잖아?

사사키   네.

가가미   나랑 알고 지내는, 서른세 살쯤 먹은 인터넷 논객이 있는데 이 친구도 "차세대의 교육, 다음 세대를 위해" 이런 말을 해. 내가 그런 생각을 하기 시작한 건 쉰 살 넘어서인데 말이야.

사사키   (웃음)

가가미   그게 참 신기해. 특별한 이유가 있나요?

사사키   저는 선배와 후배의 간격을 말하는 겁니다. 계승이 이루어지는 간격. "여기 책이 있습니다. 가져가세요. 그다음은 알아서 하세요." 여기까지입니다. 덧붙이자면 '내가 뭔가 해야 돼'라는 특별한 사명감 같은 건 없습니다.

가가미   자세히 기억은 안 나지만, 밥 그린이라는 에세이스트가 오일 쇼크 때 쓴 글이 있어. 모두 절전하자는 분위기인데 온통 전기를 켜놓고, 에너지를 흥청망청 쓰는 친구가 있는 거야. 그 녀석한테 "너 그래도 된다고 생각하는 거야? 우리가 에너지나 석유를 다 써버리면 다음 세대가 얼마나 힘들겠어. 우리는 다음 세대를 위해 자원을 남겨둬야 해"라고 말하니까, "우리 앞 세대가 그래왔다고 한 번도 생각해본 적 없어. 그래도 어떻게든 여기까지 왔잖아? 우리가 에너지를 쓰면 다음 세대는 그 세대 나름대로 어떻게든 하겠지"라고 대답하는 내용이 있는데, 이런 태도도 이해는 돼.

즉 다음 세대를 생각하자는 말을 들으면 '자기 앞가림이나 잘하세요'라는 느낌도 약간 들거든. 그런 느낌이 든 적은 없어? 어쨌든 나는 제공했으니까 하는.

사사키   단순히 위 세대로부터 받은 혜택을 이런 형태로 돌려줄 수 있으면 좋겠다고 생각할 뿐입니다. 책에도 쓴 것처럼 이건 99.9퍼센트 전해지지 않고 사라지겠죠. 뒤이어 오는 사람이 "뭐라는 거야. 이게 뭐지?" 하며 눈길조차 주지 않는다 해도 상관없어요. 그들은 그들대로 나 따위는 무시하고 윗사람들한테 배워서 뭔가를 만들어낼지도 모르고, 전혀 새로운 것을 다른 데에서 가져올지도 모르죠. 천 명 중 한 명 정도에게 조금이나마 도움이 된다면 그것으로 충분합니다. 뭔가 영향력을 미치고 싶은 생각은 전혀 없어요. 방대한 역사 속에서 사람 혼자 할 수 있는 일은 뻔하니까요. 제가 할 수 있는 것은 이게 최대한이에요.

가가미   하지만 『잘라라, 기도하는 그 손을』은 꽤 영향력이 있었을지도 몰라. 이렇게 팔릴 거라고 생각했어?

사사키   전혀요. 요만큼도.

가가미　왜 그렇게 팔렸는지 생각해본 적은?

사사키　전혀 없어요. 제 생각을 멋대로 썼을 뿐이어서 '이런 시대에 난 도대체 무슨 말을 하고 있는 거지?'라는 생각은 좀 했지만. (웃음) 그러나 이렇게밖에 생각할 수 없었고, 이런 말밖에 못하니까 남은 건 '좋은 걸 만들어야지'라는 마음뿐이죠.

책을 읽는다는 '혁명'

가가미　그 책 읽었을 때 나와 같은 세대 사람들은 다 기뻐할 거라는 생각이 들었어.

사사키　그러셨어요? 도대체 어디에 있는 누구한테 전해졌는지 전혀 모르겠어요.

가가미　우리 단카이團塊 세대*는 학생 운동으로 알려져 있지만, 사실 대부분은 정치에 무관심했다고 할까, 방관자였지. 기분상으로는 다들 '혁명'에 혹하면서도 막상 책임지고 나서려는 사람은 별로 없어서 반쯤은 자격지심을 마음에 담고 있는 세대야. 그래서 사사키 씨의 "책을 읽는 것은 혁명이다"라는 말에 꽤 기뻐하는 친구들이 있지 않을까 싶은 거지. "그래, 책을 읽으면 그걸로 된 거야"라면서. (웃음)

---

*　일본의 베이비 붐 세대, 일반적으로 1947년부터 1949년 사이에 태어난 세대를 가리킨다.

사사키   그런 식으로 기뻐해선 곤란한데요? (웃음) 책 읽는 행위를 급진적으로 받아들이기를 바란 것이지, 책 읽었으니 자도 된다는 게 아니거든요. (웃음)

가가미   읽으면서, 딱 좋은 변명거리라고 생각하는 친구들이 꽤 있을 거라는 생각이 머리를 스쳤어. (웃음) 하여튼 발명이라고 할 수 있어. "책 읽기는 혁명이다"라는 개념.

사사키   발명일까요?

가가미   발견일 수도 있겠고.

사사키   하지만 사실인걸요, 역사적인 사실 말이에요. 뻔한 사실. ……근데 정말 누가 읽고 있는 걸까요?

가가미   책이라는 건 전문가들한테 읽히는 것보다 넓게 읽히는 편이 많이 팔리거든.

사사키   전에 한 백화점에서 구찌의 진지해 보이는 꽃미남 점원이 "읽고 있습니다!"라고 말해서 깜짝 놀랐어요. (웃음)

가가미   아마 매우 일반적인 사람들일 거야. 지금은 사유에 목말라하는 사람들이 늘고 있는 게 아닐까 싶어. 『잘라라, 기도하는 그 손을』은 사유에 대해 시사하는 바가 크잖아? 사유라는 것이 심심풀이도 시간 낭비도 아닌, 그 자체가 실은 생산적이라는 얘기니까 말이야. 그런 사람들한테 와 닿는 게 있어. 그런 의미에서 세상은 건전하다고 생각해. 이런 종류의 책이 팔리는 건 나쁜 현상이 아니거든. 이런 건전함의 배후에 불건전한 세상이 있다는 느낌도 들지만, 그래도 역시 건전한 방향이라고 생각해.

사사키   맞습니다. 미셸 푸코가 이론을 구성하는 것, 사유하는 것, 어떤 시점을 만드는 것만으로도 하나의 실천이라고 말했죠. 괴테도 같은 말을 했고요. 그건 '창조 행위'잖아요? 이론과 실천을 분리하다 보니 이론은 점점 야위어가고, 실천도 갈수록 헛도는 상황에 내몰리는 것 같아요.

가가미   신기하게 이론과 실천처럼 현상을 두 가지로 나누어 이분법적으로 생각하는 사고방식이 널리 퍼져 있는데, 현실에선 존재하지 않잖아? 즉 둘로 나눌 수 있는 게 아니라 사실은 앞과 뒤 정도인 거고, 어디선가 이어져 있는 거지.

사사키   이분법이란 일종의 언어적인 정리에 불과하니까요. 이론과 실천을 일단 나누어 생각하면 현상이 더 잘 보이는 단계도 있다고 생각해요. 하지만 마르크스는 제1인터내셔널 시기에 『자본론』제1권을 냅니다. 제1인터내셔널은 해체되고, 이후 마르크스는 간접적인 형태로만 실천에 관여하게 됩니다. 하지만 『자본론』을 계속 써나간 것 자체가 '실천'이거든요. 대영 도서관에 틀어박혀 레모네이드와 싸구려 시가를 빨아대면서 『자본론』을 쓰던 시기에 훨씬 큰 '실천'을 하고 있었던 거죠. 케인스도 엄청난 다필가예요. 수학적인 확률론부터 시평에 이르기까지 닥치는 대로 쓰고, 쓰고, 또 쓰고. (웃음) 그는 일류 실무가, 투자가기도 해서 아침에 일어나 30분 동안 시장 지표를 보고 두세 번 전화를 건 다음 "이 이상 투자에 시간을 쓰는 녀석은 바보야"라고 내뱉으면서 큰돈을 버는 얄미운 남자죠. (웃음) 게다가 바이섹슈얼인 데다 노는 걸 좋아해서 죽기 직전에 마지막으로 남길 말이 없냐니까 "샴페인을 더 마시고 싶었어"라는 말을 남기고 죽었어요. (웃음) 하지만 제1차 세계대전 이후 전 세계에 미친 '구체적·실천적' 영향은 그가 쓰고 읽은 행위와 불가분한 것이죠.

가가미 지금 얘기로 글쓰기가 생산성이 있고 실천이라는 것은 잘 알겠는데, 그렇다면 읽는 행위와는 어떤 관계가 있는 걸까? 읽는 행위도 실천이라는 말이야, 아니면 쓰지 않으면 실천이 아니라는 거야?

사사키 읽을 수 없다면 쓸 수도 없습니다. 이때의 읽기는 필연적으로 '다르게 읽기'를 의미하죠. 한 권의 책을 읽는다는 건 똑같은 행위가 아니거든요. 쉬운 예로 제2장까지 읽고 졸려서 일주일 정도 내버려뒀다가 다시 다음 장부터 읽는 것과, 하룻밤 사이에 책을 다 읽는 것은 인상이 전혀 다릅니다. 시기에 따라 '읽기'는 전혀 다른 것이 되고 마는 거죠. 당연히 개개인에 따라서도 다르고요. 물론 최저한의 수준은 존재합니다만.

가가미 사사키 씨는 책 한 권을 몇 번씩 읽는다고 했지?

사사키 퇴영적이라고 할까요, 계속해서 다시 읽습니다.

가가미 왜 그러는 거야? 다시 읽는 게 재미있어서? 나도 아주 가끔씩 다시 읽는 경우가 있지만, 부끄럽게도 다 읽은 다음에 '전에 읽은 거잖아?'라고 깨닫는 경우가 꽤 있어. (웃음) 다르게 읽지 못했다고나 할까, 다시 읽은 게 아니라는 생각도 들어. (웃음) 사사키 씨의 다시 읽기와는 성격이 전혀 다른 거잖아?

사사키 뭐랄까, 저는 새로운 것을 읽기보다 다시 읽는 것을 좋아해요. 이 책을 읽을지 말지는 한번 훑어보고 '또 읽게 될까?' 여부로 정합니다. 두 번, 세 번, 네 번 읽기 위해 첫 번째 독서가 있다고 할까요? 좀 이상한가? 이 얘기를 하면 다들 신기하다는 표정을 짓더라고요. (웃음) 하지만 저는 그게 재밌어요. 잘은 모르지만, 뭔가 마음에 걸리는 책을 반복해 읽음으로써 몸에 배게 한다고나 할까……. 아마 제게 특정 커뮤니케이션을 신뢰하지 않는 부분이 있어서인지도 모르겠어요. 가가미 씨도 글을 쓰니까 아실 거라 생각하는데, 쓸 내용이 전혀 떠오르지 않아서 도저히 안 되겠다고 느끼면서도 계속 쓰다 보면 '어, 이거 어릴 때부터 생각해왔던 거잖아'라든지, '이 문제는 10년 전부터 주기적으로 생각해왔었지' 하는 아이디어가 떠오르잖아요? 그전까지 아무 생각도 없었는데 말입니다. 이런 식으로 모든 집필 행위는 오랫동안 인생의 지하수처럼 숨어 흐르던 그 무엇이 불현듯 솟아나는 경험을 동반합니다. 저는 다른 사람이 10여 년간 쌓아온 것을 한 번 읽음으로써 쉽게 이해할 수 있다고는 생각하지 않습니다.

모르는 것은 재미없다?

사사키 하지만 대다수 사람들은 '이해가 안 되'면 무슨 이유에선지 화를 냅니다. "더 알기 쉽게 말해!"라고. 게다가 소설이나 만화의 경우 "어려운 건 재미없어"라고 말하는 사람이 있습니다. 내가 모르는 것은 곧 시시한 것이라고 믿어 의심치 않는 거죠. 다카노 후미코高野文子라는 만화가가 있는데요, 그의 만화는 어려우니까 재미없다고 말하는 독자가 있다고 합니다. 도대체 그 자신감은 어디에서 오는 걸까요? (웃음) 다카노 씨의 「오쿠무라 씨의 가지」는 몇 번을 읽어도 이해할 수 없기 때문에 좋은데. 모르니까 재미없다는 생각은 독서에 '권력욕'을 투사하는 것이라고 생각합니다.

가가미　아하하하.

사사키　'내가 모르는 건 시시한 거야'라는 생각은 권력욕이죠. 영화도 고다르, 타르콥스키 등 여럿 있잖아요.

가가미　나는 타르콥스키의 무료함을 참을 수 없이 좋아하는데.

사사키　맞아요. 그런데 그 무료함에 화를 내는 사람이 있는 거예요.

가가미　무료하거나 시시한 것이야말로 재미있다고 나는 생각하는 편이라…….

사사키　바로 그겁니다!

가가미　스타니스와프 렘이 그렇지. SF 작가 말이야. 전에는 퍼스트 컨텍트. 최초의 접촉을 계속 적군/아군 중 하나로 그려왔잖아? 렘은 거기에 '모른다'는 것을 도입해. 그게 대단한 거지. 전혀 다른 지성과 부딪혔을 때 이해될 리 있나. 『솔라리스』의, 서로 오해한 상태에서 움직여간다는 건 하나의 발명이지. 렘이 폴란드 같은 곳에 있었기 때문에 가능했던 것일 수도 있고, 그가 빼어났기 때문일지도 모르지만 그건 자신들의 한계를 인지하고 있음을 의미해. 모르는 것 너머에 있는 것, 그게 바로 한계 너머에 무언가가 있을지도 모른다는 생각 아니겠어? 모른다고 내버리는 사람은 자기 범위 바깥에 무엇이 있는지 흥미를 느끼지 못하는 사람들이야.

사사키 흥미가 없거나 두려워하거나 둘 중 하나겠죠. 저도 10대에 타르콥스키를 처음 봤을 때는 무료하다고 생각했지만, 계속 보니까 그 무료하고 난해하고 고통스러운 점이 점점 기분 좋게 느껴져서 갑자기 '물에 빛이 반사되는 게 예술이야'라는 생각이 떠오르거나 (웃음) 타르콥스키를 통해 지각이 단련되어 점점 아무렇지도 않게 되더라고요. 작가 호사카 가즈시保坂和志 씨가 "소설은 울음을 받아주는 엄마 품속이 아니다"라는 표현을 썼는데, 이 표현을 빌려서 "예술은 아~ 하고 입을 벌리고 있으면 초콜릿을 넣어주는 할머니가 아니다"라고 말하고 싶어요. 물론 아주 가끔이지만 할머니의 초콜릿도 맛있어요. (웃음) 다만 무슨 뜻인지 모르지만 뭔가 '마음에 걸리는' 것과 마주하며 반복해서 보거나 느끼는 동안 지각이 넓어져 '뜻은 모르지만 왠지 모르게 재미있는' 상태에 빠지게 됩니다. 다카노 후미코 씨의 『노란 책』이라는 만화도 곰곰이 생각하면 정말 이상한 만화인데, 정말 재미있어요. 저는 이런 게 단적으로 유쾌하다고 생각합니다.

가가미 다카노 후미코의 남편한테 들었는데, 다카노 씨는 자기 작품을 처음부터 끝까지 한번에 다 쓴대. 한 컷 한 컷 잘라서 온 집 안에 펼친 다음 전부 다시 배열해서 다닥다닥 붙인다는 거야.

사사키　와!

가가미　이 컷은 필요해, 필요하지 않아 하는 식으로 전부 편집한대. 윌리엄 버로스가 되는 거지. (웃음) 그녀는 이러는 게 더 알기 쉽고, 자기가 하고 싶은 작업을 잘 전할 수 있다고 생각해서 하겠지만, 어떤 사람들에게는 이해 불가능한 작품이 돼. 하지만 그녀가 난해하게 만들기로 마음먹고 이 작업을 하고 있다는 생각은 도무지 안 들거든.

사사키　맞아요. 어려운 척하려는 게 아니죠.

가가미　성격이 비뚤어진 사람이 아니라 깔끔하고 소박하게 작품 활동을 하고 있다고 생각해. 그리고 다른 사람한테 꽤 엄격하지. 더 잘할 수 있는데도 노력하지 않는 사람에게 엄청 엄격해. "더 잘할 수 있는데 왜 여기서 만족하고 마는 걸까?" 하고. (웃음)

사사키　이처럼 구제 불능인 데다, 어처구니없는 일들만 일어나고 있는 참담한 세계에도 다카노 씨처럼 창조적인 일을 하고 있는 사람이 있지요. 그리고 과장하는 게 될지도 모르지만 '인류'의 지각을 넓혀주거든요. 베르그송이 이런 말을 했습니다. "예술가에게는 '보인'다. 사람에겐 원래 '보이고' '들리'지만 모든 기능을 그런 인식에 돌리면 살아갈 수 없기 때문에 평소에는 그 지각을 닫아놓고 있다. 물론 닫은 채로 있어도 되지만, 예술가의 역할은 인간이 유용성을 이유로 닫아놓은 인식을 열어 지각을 확대하는 데 있다." 따라서 그런 것에 화내거나 무료하다고 느끼는 건 어떤 의미에서는 당연합니다. 하지만 '열어보는 쪽이 재미있잖아?'라는 입장도 있다는 거죠.

가가미   나는 금방 응석 부리는 편이라 '아, 몰라도 되는구나'라고 생각해버려. (웃음)『잘라라, 기도하는 그 손을』은 이해할 수 없음을 말하고 있는데 굉장히 쉽게 이해된다는 말 안 들었어?

사사키   많이 들었습니다.

가가미   이게 반은 모순되어 있지만, 반은 재미있어.

사사키   저는 소설도 쓰고 있는데 소설이 훨씬 난해하고 전혀 이해되지 않는다는 말을 가끔 듣습니다만 (웃음) 그 책에서는 모른다는 것이 무엇을 뜻하는지 최대한 분명히 얘기하려 했습니다. 난해한 척하는 것은 성격에 맞지 않아서 분명히 얘기하려고 노력하지만 그래도 이해할 수 없는 부분은 남을 거라고 생각했거든요.

가가미   원래 나는 이해하지 못하는 것을 좋아해서 글을 쓸 때 이해하지 못한 것을 이해하지 못한 채 쓰고 있다는 느낌도 들곤 하는데, (웃음) 잘 모르겠다는 느낌이 바닥에 깔려 있다는 생각이 들고 이걸 이해 가능한 것으로 만들고 싶진 않다는 마음이 항상 있어. 하지만 의도적으로 이해하기 어렵게 쓰는 사람 역시 있단 말이야. 기 드보르라는 상황주의자가 있는데 난 10년이 됐는데도 아직 모르겠어.

사사키   (웃음)

가가미   하나는 그 스스로 일부러 이해할 수 없게 쓰고 있다는 것. 그의『스펙터클 사회에 관한 주석』중에 웃겼던 게 맨 먼저 "여기에는 반쯤 거짓말을 적어두었다"라고 써놓은 거야. "왜냐하면 내가 말한 내용을 이해하고 이를 실천할 수 있는 사람 중 상당수가 사실은 적이기 때문이다. 적들에게 선물을 보낼 마음은 없으므로 일부러 틀리게 쓴다"라고. 의도적으로 이해할 수 없게 만든 거지.

사사키   그답네요. (웃음)

가가미   또 하나, 성격 참 삐딱하다고 느낀 게 있어. 그는 자기 책을 프랑스어로 썼고 번역을 부정하지는 않지만 "나는 모든 말에 여러 뜻을 함축시켜놓았다. 이것을 주석 없이 제대로 번역할 수 있는 사람만 번역하기 바란다"라는 거야. 가능할 리가 없잖아. (웃음) 이건 쉬운 이해를 거부한다고 할 수 있어. 하지만 나는 지금도 기 드보르가 정말 재미있다고 생각해. 그런 의미에서 의도된 이해 불가능성도 수긍할 만한 부분이 있어. (웃음)

사사키   라캉도 의도된 이해 불가능성을 연출함으로써 제자들을 그 불가능성에 노출시켜 단련시킨다는 식의 말을 하고 있어요.

가가미   (웃음)

사사키   라캉은 원래 복잡한 사람이라 "있는 그대로도 충분히 난해하니까 더 이상 난해하게 하지 않아도 돼"라고 한마디 해주고 싶어요. (웃음)

이치로 타격의 난해함

가가미   『잘라라, 기도하는 그 손을』보다 먼저 쓴 『야전과 영원―푸코·라캉·르장드르』(2008, 이분샤以文社. 현재는 가와데 문고河出文庫) 있잖아? 푸코는 조금 읽은 적이 있지만 나머지는 거의 안 읽었던 사람들 얘기여서 이렇게 말하면 뭣하지만 재밌게 읽었어.

사사키 고맙습니다.

가가미 뭐라고 해야 할까? "뭘 알았어?"라고 물어도 "글쎄"라고 답해야 하는. (웃음) 하지만 읽힌단 말이지? ……이런 걸 저자한테 물어선 안 되겠지만. (웃음)

사사키 재미있게 읽어주셨다면 기쁘죠. 저는 문학, 철학, 예술만 "난해해서 안 돼"라는 말을 듣는 것은 부당하다고 전에 말한 적이 있어요. 연극, 댄스, 소설, 시, 만화, 문학, 철학 등이 난해하면 화내는 사람이 있습니다. 하지만 리오넬 메시의 드리블이나 이치로의 타격이 갖는 진면목을 아는 사람이 얼마나 있을까요? 무로후시 고지室伏廣治가 지닌 기술의 놀라움, 대단함을 다 알고 있을까요? 알고 있는 사람은 세계에 백 명 정도밖에 없겠죠? 진짜, 진짜, 진짜 난해하잖아요? 메이저 리그 코치 중에는 이치로의 타격을 보고 눈물을 글썽인 사람이 있다고 합니다. 이런 놀라운 것을 보게 되다니 하고 말입니다. 나가토모長友 선수도 괜찮습니다. 나가토모의 달리는 모습만 보고도 "보통 선수가 아니야" 하고 아는 사람은 말할 수 있겠죠. 축구만 해도 단련된 눈과 경험이 보는 사람에게 필요하고, 그런 눈을 갖고 있으면 마라도나가 공을 잠깐 공중에 띄우는 것만으로도 강렬한 희열을 느낍니다. "와, 지금 뭘 한 거지" 하고 말입니다. 눈물이 날 정도예요, 저도. (웃음) 사실 정말 난해하잖아요. 설명도 할 수 없고 실천할 수도 없으니까요. 이 치로의 기술을 제대로 알고 있는 사람이 일본에 몇 명이나 있냐는 물음에 할 수 있는 대답이라곤 "오치아이落合 불러와" 정도잖아요. (웃음) 그러나 '뭔지 모르겠지만 대단하다'는 건 우리도 알 수 있고 즐겁습니다. 그걸로 충분하잖아요. 즐기는 방식 중에는 이런 것도 있는 거죠. 유튜브로 '마라도나 베스트 플레이' 등을 검색해보면 놀라운 게 많습니다. "만유인력의 법칙이 잘못된 것 아니야?" 하고 불안해실 성도로 상식을 벗어나 있죠. (웃음) 하지만 축구라면 이런 난해함에도…….

가가미 불평 안 하지.

사사키 오히려 즐깁니다. 왜 우리만 혼나야 하는 거죠? 골이 확실히 안 들어가서 그럴까요? (웃음)

가가미 골의 이미지가 그려지지 않아서일지도. (웃음) 사사키 씨도 '어렵다, 모르겠다'라는 이유로 비난받을 때가 있는 거네?

사사키 있습니다. "이해가 안 되니까 재미없어" 혹은 "이해가 안 되는 건 잘못됐어"라고요. (웃음)

가가미 "난해한 것은 알기 쉽게, 알기 쉬운 것을 재미있게" 이런 논리가 팽배하지. 불가사의한 표어라고나 할까. (웃음) 이건 잘못됐어. "모르니까 재미있어"라고 해도 아무 문제가 없거든. 다만 이 '모른다'는 말에는 여러 종류가 있다는 생각이 들어. 종종 '모르겠다'는 말이 원래 발화자의 미숙함에 기인한 것으로 받아들여지는 경우가 있어. 본인이 잘 모르니까 듣는 사람도 잘 모른다는 식이지. 하지만 이건 잘못된 거야.

사사키 잘못됐다고 생각합니다.

가가미 그렇지 않으면 철학자들은 다 바보라는 거잖아?

사사키 맞아요. (웃음)

가가미 철학자란 모르는 것에 대해 계속 생각하는 사람들이잖아? 게다가 모르는 것을 알기 쉽게 해버림으로써 가져오는 해악도 많아. 이건 어떻게 생각해? 모르는 것은 그대로 모른 채로 놔두는 게 좋은 걸까?

사사키 아니요. 이 세상에 알 수 없는 것은 별로 많지 않다고 생각해요.

가가미 그래?

사사키 하지만 한 줌밖에 안 될지 몰라도 모르는 것은 분명히 있고, 이 모르는 것을 알기 쉽게 말하면 그건 거짓말하는 것이 됩니다.

가가미 그렇군.

사사키 쉽게 알 수 있는 것을 알 수 없게 하는 사람과 똑같이 나쁩니다. 알고 있는 것을 알기 쉽게 말하는 건 간단한 일이고, 알고 있는 것을 알기 어렵게 말하는 건 애매모호주의라고나 할까요? 한마디로 말해 얕잡아보고 난해한 척하는 데 불과한, 형편없는 사람이나 하는 짓이죠. 그리고 모르는 것, 실제로는 그리 쉽게 알 수 없는 것을 알기 쉽게 말하는 것은 거짓말을 하는 겁니다.

가가미 그렇겠네.

사사키   확실히 모르는 것을 그대로 들어 올려서, 확실히 모르는 대로 주의 깊게 내려놓는 것이 가장 올바른 방법이고 어렵기도 합니다. 제가 그러고 있는지 갑자기 불안해지는데요. (웃음) 그러려고 노력은 하고 있지만요.

가가미   소크라테스도 그렇잖아? 플라톤도 그럴지 모르지만. 나 꽤 소크라테스 팬이거든. 팬이라는 표현이 좀 어색하지만. (웃음) 놀랍지 않아? "모르는 것을 모른 채로 어떻게 해서 모든 사람들로 하여금 알게 할 것인가." 참 놀라워.

사사키   소크라테스는 모른 상태인 채로 알게 만들며, 이를 '즐길' 수 있게 해요. 철학도 사유의 예술이라 할 수 있고, 이것이 모든 예술의 공통점이라고 생각해요. 이때 중요한 것은 역시 '반복'이라고 생각합니다. 반복이 있어야 좀 전에 말한 타르콥스키처럼 지각이 단련되어 재미있어지는 것이죠.

알기 쉬운 것은 사기?

가가미   사사키 씨가 가장 많이 반복해서 읽은 책은 뭐야?

사사키   『차라투스트라는 이렇게 말했다』일 겁니다.

가가미   그래서 최근에 나온 니체 초역超譯*본에 화를 내고 있는

---

*   '초역超譯'이란 원문의 정확성을 희생해서라도 읽기 쉽고 알기 쉬운 번역을 지향하는 번역 방식. 이를 위해 대담하게 원문을 의역하거나 생략하기도 한다. 일본 아카데미 출판의 등록 상표.

거구나. (웃음)

사사키 왜냐하면 전혀 다른 내용이 적혀 있거든요. 당연히 저는 독일어 전집도 갖고 있고, 질 들뢰즈와 미셸 푸코가 관여한 프랑스어판 전집도 참조하고 있습니다. 『차라투스트라는 이렇게 말했다』는 열다섯 번 이상 읽었고, 다른 책도 대여섯 번씩 읽었습니다. 내기를 해도 좋은데 그 책에는 절대 쓰여 있지 않은 내용이 쓰여 있습니다.

가가미 그 책이 백만 부 정도 팔렸지? 있을 수 없는 일이야. (웃음) 하지만 이 또한 조금이라도 생각하게끔 해주는 뭔가에 사람들이 목말라 있어서 그런 게 아닌가 싶어. 다들 사유가 필요하다고 본능적으로 느끼고 있는 거지. 니체라는 이름은 알고 있지만 그 내용은 전혀 모르는 사람들이 ─ 그리고 어쩌면 니체조차도 관계없을지 모르지만 ─ 생각하게끔 해주는 글이 쓰여 있는 것 같다는 정도만으로 찾아 읽는지도 모르지. 양두구육의 전형이지만, 이런 종류의 책은 주기적으로 나오고 있어.

사사키 『소피의 세계』도 그랬죠.

가가미 난 별로 좋아하지 않았는데 『열네 살부터 철학하기』를 쓴 이케다 아키코池田晶子가 『소피의 세계』를 평하면서 이렇게 썼지. "매우 친절하게 썼다. 알기 쉽게 썼다. 때문에 이것은 사기다. 만약 이게 사실이라면 모든 철학자는 바보다." 명언이라는 생각이 들었어. 알기 쉬운 것 자체가 사기라는 주장은 맞는 말이라고 생각해.

사사키   정말 그렇네요.

가가미   그런데 사사키 씨는 니체를 그렇게 많이 읽었구나.

사사키   왠지 모르게 읽게 돼버려요. 저는 아는 게 별로 없습니다. 반복해서 읽다 보니 예를 들어 사카구치 안고坂口安吾나 니체 얘기만 계속하고, 인용하는 저자도 한정돼 있고. 뭐든 알고 있는 '지식인'이 아니거든요.

가가미   하지만 전혀 문제 될 게 없다고 생각해. 또 나처럼 그때그때 이런저런 것들을 조금씩 맛보는 방식과는 전혀 달라서 부럽다는 생각도 들어. 어떻게 그런 책들을 만나는 거야? 반복해서 읽을 수 있는 책이 하나의 선택 기준이라고 말했는데, 꽤 여러 책을 접하지 않으면 그런 책과 만날 수 없잖아?

사사키   그런가요? 글쎄요. 금방 잊어버리는 데다, 처음 읽을 때 재미없다고 느끼면 마지막까지 읽을 근성도 없어요. 물론 업무상 필요해서 참고 읽는 경우도 있지만, 엄청난 스트레스가 되죠. 학자인데도 학자라고 하기엔 끈기가 너무 없는. (웃음) 얼마 전에도 작가 친구가 놀러 와서 "책 진짜 적다! 이걸로 『야전과 영원』 쓴 거야?"라며 어이없어 했습니다.

가가미   하지만 그건 대단한 거지.

사사키   전혀 대단한 게 아닙니다. 아는 게 적을 뿐이죠. (웃음)

2011년 8월 9일, 『프리 스타일』, 제16호, (주)프리 스타일

연애의 시작
— 연애도 사랑도 발명품, 이라 할지라도

기쁨, 슬픔, 분노, 벅차오름……. 우리를 농락하는 '연애'는 사실 12세기 유럽의 발명품입니다. 일본에선 '연애', '사랑'으로 번역되는 서양어 'Love', 'Amour'의 기원을 먼저 거슬러 올라가볼까요?

   'Love' 혹은 'Amour'란 무엇인가? 많은 논의가 있습니다만 한마디로 잘라 말하면 "신이 왜 이 세계를 만들었는지 모르겠다"는 것과 관련 있습니다. 그리스도교 신학의 전통에서 신이란 물질세계를 초월한 순수 '정신'입니다. 13세기 신학자 토마스 아퀴나스가 '신은 무얼 하고 있는가?'라는 질문에 "신은 자신을 만끽하고 있다"고 답하고 있습니다. 곰곰이 생각해보면 신은 전지전능의 무한 존재기 때문에 굳이 자신을 위해 무언가를 만들 필요는 없을 겁니다. 그런데 굳이 세계를 만들고 우리 인류를 창조하셨죠. 도대체 왜? '사랑'이라고밖에 답할 길이 없습니다. 우리 존재가, 이 풍요로운 세계가 압도적으로 주어지고 말았다, 이를 증여받았다는 사실의 경이로움. 이 수수께끼에 대한 답이 바로 '사랑'입니다.

그리스도교의 중심 교의인 삼위일체론에 따르면 아버지 하느님과 아들은 다른 인격이면서 실체는 하나입니다. 무한 존재인 신이 '유한하고 죽을 운명인 나사렛의 목수 아들 예수'입니다. 예수 그리스도는 십자가에 못 박혀 잔혹하게 죽임을 당함으로써 '사람의 아들'임을 증명하고, 그 후에 부활함으로써 '신'이라는 것을 증명했습니다.

여기에 놀라운 문제가 있습니다. 전지全知인 신은 예수 그리스도와 '동일'하잖아요? 그렇다면 신은 마리아가 예수를 잉태한 순간부터 자기 자신인 예수 그리스도가 그런 식으로 죽는 것을 알고 있었겠죠? 순수한 정신인 자신이 혼탁함으로 가득한 (것으로 알려진) 물질세계를 만들고 그곳에 내려와 자기가 만든 왜소한 인간들에게 살해된다. 이를 통해 그 인간들을 구원한다. 도대체 왜 그래야 했던 것일까요? 정말 불가사의한 얘기가 아닐 수 없습니다.

왜 신은 그랬을까? 오로지 사랑 때문이라고 그리스도교는 얘기합니다. 드라마틱하죠? 그래서 그리스도교는 폭발적으로 전 세계에 확산되었다고도 할 수 있습니다. 자신이 만든 세상에 강림해 자신이 창조한 인간에게 죽임을 당해 보입니다. 왜 그런 행동을 했는가? 즉 사랑에 대해 근대 철학도 줄곧 생각해온 부분이 있습니다.

하지만 갑자기 이런 장대한 얘기를 하니까 당황스럽겠죠? (웃음) 그러나 사랑이란 원래 그런 것이라는 말입니다. 신의 사랑 혹은 신에 대한 사랑만이 '진짜'고, 그 창조물인 인간끼리의 관계 따위 옛날에는 육욕에 불과했습니다.

그 육욕이 변하기 시작한 게 처음에 "연애가 발명되었다"고 얘기한 12세기경입니다. 이 '발명'에 크게 관여한 사람들이 11세기경부터 유럽에 나타난 트루바두르troubadour라 불리는 음유 시인들이었습니다.

그들이 노래하고 얘기하던 이야기 중 상당수가 기사의 모험담이었습니다. 물론 가슴 떨리는 활극이니까 소위 연애, 일본어의 '고이戀'에 해당하는 요소가 많이 담겨 있습니다. 지금 잡지나 드라마에서 연애가 묘사되면 연애하고 싶어지고, 연애하는 이들의 실제 모습이 다시 피드백되어 또 다른 연애가 묘사되고…… 하는 식으로 상호 관계적이죠. 마찬가지로 그 시대에도 전승되고 노래로 불리는 과정에서 음유 시인들의 이야기도 변화해갑니다. 그리하여 12세기 들어 기사도 연애 혹은 '궁정 연애amour courtois'가 성립합니다.

여기서 기사들은 사모하는 귀부인들에게 헌신하며 순결을 바칩니다. 그때까지 육욕에 불과했던 인간끼리의 관계에 일종의 숭고함이 끼어드는 거죠. 신과 인간의 관계와 유사한 그 무엇이 여성(귀부인)과 기사 사이에 만들어집니다. 실제로 있었던 일이 시인들의 읊는 이야기가 되었는지, 아니면 이야기가 먼저 있었는지는 중요하지 않습니다. 거울을 마주 놓은 것과 같은 상호 작용이 있었던 것이겠죠. 픽션과 현실이 서로를 부추기는 겁니다.

　이 트루바두르들이 이슬람의 영향을 받은 존재였다는 사실을 덧붙이죠. 이슬람은 시詩의 문화가 강합니다. '트루바두르'라는 호칭 자체가 아랍어에 기원을 두고 있다는 설도 있죠. 즉 그리스도교는 이교의 요소를 받아들임으로써 수직적인 사랑에서 옆으로 향하는 '연애'에 가까운 것을 넓혀갔던 겁니다. 여기서는 신에 대한 수직 방향의 'Love'를 '사랑', 사람에 대한 수평 방향의 'Love'를 '연애'로 잠시 정의합시다.

　이렇게 해서 유럽에서 '연애'가 태어났습니다. 이 '연애'는 기사들이 고결한 의지로 오로지 한 상대에게 자신을 바치는, 즉 '한 사람만을 연모하는 이야기'였습니다. 애절한 연심을 노래한 동서고금 러브 송의 원형은 여기에 있다 해도 과언이 아닙니다. 이 궁정 연애, 기사도 연애의 유행은 그 후 오랫동안 계속됩니다. 근대 소설의 시초라고도 불리는 17세기 초의 『돈키호테』는 이를 웃기게 패러디한 것이죠. 기사도 이야기에 심취한 결과 나야말로 전설의 기사라는 생각에 빠진 시골 남자가 둘시네아 공주를 가슴에 품고 풍차를 향해 돌진해간다는.

　이 '연애'는 그 후에도 시대 배경의 강한 규정을 받으며 변화해갑니다. 탄생으로부터 많은 시간이 흐른 18세기, 1789년 프랑스 혁명은 하나의 전환기였습니다. 궁정이 타도되면서 궁정 연애가 종지부를 찍게 되는 것이죠. 하지만 이로써 자유연애가 시작되냐 하면 그렇지 않습니다. 프랑스 혁명으로 인정받는 것은 남성 참정권뿐입니다. 다시 말해 압도적인 남성 우위 사회였고 19세기 말까지 귀족이나 부르주아 부인들은 집에 있었죠. 즉 유한마담이 많이 있었던 겁니다.

그래서 어떻게 되었는가? 그들은 계급 내부 살롱을 무대로 궁정 연애를 모방한 연애 게임을 해갔습니다. 20세기 초에 나온 프루스트의 대작 『잃어버린 시간을 찾아서』에서 그때의 향기를 살짝 맡을 수 있습니다. 이 소설에 나오는 사람들이 하는 얘기라곤 연애와 소문뿐입니다. 그 얘기들이 기막히게 좋다는 게 아이러니죠. (웃음)

'연애'의 다음 전환기는 제1차 세계대전입니다. 이때 이혼율이 비약적으로 증가했습니다. 전쟁터에서 죽거나, 살아 돌아와도 부상 혹은 정신적 불안을 안고 있거나, 남성 수가 줄어든 것이 그 이유입니다. 나아가 그때까지 강하게 남아 있던 계급적인 제약도 희박해졌습니다. 이 전쟁은 어떤 의미에서 '대중'의 전쟁, 총동원 전쟁이니까요. 이때 비로소 자유연애에 바탕을 둔 연애결혼이 급증합니다. 꽤 최근의 일이죠?

덧붙이자면 뤼미에르 형제가 19세기 말에 발명한 영화가 급속히 퍼진 것도 제1차 세계대전 후입니다. 이 또한 '연애'가 크게 '유행'한 것과 관계가 있겠죠. 조금 전에 말한 것처럼 현실과 예술이 함께 피드백하며 서로를 부추기는 관계가 더욱 강해집니다. 그리고 '사랑과 욕망의 학문'인 정신 분석학을 프로이트가 만드는 것도 같은 시기입니다.

즉 '연애'를 하기 위한 사회적인 체제 편성이 제1차 세계대전이라는 큰 사건을 계기로 빠르게 이루어졌다는 생각이 듭니다.

일본 근대에 관해서는 여러 연구가 있으므로 여기서 자세히 언급하지는 않겠습니다. 대신 재미있는 얘기를 하나 하겠습니다. 많은 사람이 옛날 사람들은 어린 나이에 결혼했다는 인상을 갖고 있는 듯싶은데, 에도 시대 중기까지 사회 대부분을 차지하고 있던 농촌에서는 대부분이 연애결혼이었습니다. 물론 무사 간의 정략결혼은 예부터 있어 열세 살이던 다케다 신겐武田信玄이 1533년, 우에스기 도모오키上杉朝興의 딸과 혼인한 것이 좋은 사례입니다만 일본 전체로 봤을 때는 오히려 예외적입니다. 18세기 일본 서부의 평균 결혼 연령은 남성이 30세, 여성이 25세였다는 조사 결과도 있을 정도입니다.

그렇다 해도 그들에게 '연애'라는 개념은 없었고 '색정'에 의한 '속도위반 결혼'이었습니다. 위생 상태가 좋지 않아 남성은 사냥이나 농사를 하다 생긴 상처 때문에 파상풍 등으로 죽기도 했고, 많은 여성이 출산할 때 목숨을 잃었습니다. 그래서 이혼 한두 번은 당연했죠. 그런 일은 아무도 신경 쓰지 않는 사회였던 것입니다.

그런데 에도 시대 중기가 되면서 무사의 금욕적인 이념이 조금씩 퍼져 중매결혼이 생기고, 처녀성이 중시됩니다. 그리고 메이지 시대에 들어와서야 겨우 현대로 이어지는 결혼 제도가 성립하죠. 서양 사회의 '연애' 역사를 논하며 얘기한 것처럼 일본에서도 시대에 의한 제약으로 연애 형태가 무너지거나 재편성되는 양상을 계속 보여왔습니다. 그 속에서 우리는 지금도 '연애'를 하고 있는 것이죠.

요즘 자주 문제 되는 출생률 저하에 대해 제 어머니가 꽤 흥미로운 얘기를 한 적이 있어요. 어머니는 딱 단카이 세대인데 "최근의 출생률 저하는 우리 책임이야"라는 거예요. (웃음) 제2차 세계대전 이전에는 7할이 중매결혼이었고, 1960년대 말이 되어야 연애결혼과의 비율이 역전됩니다. 당시에는 "중매결혼은 촌스럽다"는 풍조가 퍼졌다고 합니다. 자신들은 그 혜택을 받고 있었는데도 실제로 자기 차례가 왔을 때 '중매쟁이'가 되는 것을 싫어해 결혼 연령이 높아지고 출생률이 낮아졌다는 거예요. (웃음)

비약이 조금 심하지만 "사람은 함께 살아보고 말은 타봐라"라는 속담이 있을 정도니 중매쟁이의 권유로라도 함께 살아보지 않으면 모르는 점이 있을지도 모릅니다. 이런 제도가 사라지고 스스로 '연애'를 해야 하는 처지에 몰린 것이 지금 다양한 형태로 연애 때문에 헤매는 사람들이 늘어난 이유인지도 모르겠습니다. 어느 시대든 연애나 혼인에 관련된 제도는 불안정한 것입니다만.

그도 그럴 것이 연애란 원래 지구 차원에서 보면 아주 작은 유럽의, 그중에서도 극소수에 불과했던 귀족 계급 사이에서 생겨난 게임, 양식이었으니까요. 이것이 전 세계에 빠르게 퍼진 것은 조금 전에 말한 것처럼 제1차 세계대전보다 훨씬 나중의 일입니다.

유럽형 관념에 바탕을 둔, 현대적 의미의 연애를 한 적이 있는 사람은 그전까지 일본에는 없었습니다. 고전 문학이나 라쿠고落語에 나오는 연애도 지금과는 느낌이 다를 겁니다. 연애는 극히 새로운 외래문화일지도 모릅니다. 우리는 생각만큼 연애에 익숙지 않은 지도 모릅니다. 따라서 생각처럼 잘 안 되는 것은 당연합니다. 저희 집안은 서구적인 연애가 일본에 들어온 시절부터 따졌을 때 제가 3대째입니다. "3대가 이어지지 않으면 에도 사람이 아니다"라는 말이 있죠? 그렇다면 제가 우리 집안에서는 최초로 진짜 연애를 하는 세대가 되는 겁니다. (웃음)

어려운 점은 아무리 연애에 익숙지 않다 해도 그것을 안 할 수 없다는 것입니다. 연애에 무관심한 남자가 늘어난다는 말이 회자되고 있습니다. 또 현실 세계의 여성에겐 흥미가 없다는 얘기도 있고요. 하지만 연애를 못하는 사람들이 있다는 식의 낙인찍기는 사실 어느 시대에나 있어왔습니다. 옛날에는 잘했다고요? 그렇다면 1960년대까지 중매결혼이 연애결혼보다 많았던 이유를 어떻게 설명해야 할까요? 즉 연애를 잘하는 사람은 그리 많지 않은 것입니다.

연애는 환상이다. 연애를 해야 한다는 환상, 강박 관념이 있어서 괴로운 거다. 그리고 이런 강박 관념 때문에 연애가 잘 안 된다……. 이렇게 말하기는 쉽습니다. 그런 얘기를 할 생각은 없습니다. 오히려 '이 환상을, 즉 연애를 모두 버리면 해결되는가?'라는 물음에 대해 생각하려 합니다. 니체가 이런 얘기를 하고 있습니다. "환상의 파괴가 즉시 진리의 창조로 이어지지는 않는다. 거기에 나타나는 것은 무지, 진공, 황야다." 환상의 파괴자인 니체가 하는 말이라 설득력이 있죠? (웃음) 단순히 환상을 파괴하면 되는 것이 아니라고 그는 말합니다. 그리고 또 하나, 사카구치 안고坂口安吾의 『연애론』에 이런 멋진 구절이 있습니다.

> 교훈에는 두 가지가 있다. 앞 세대가 그 때문에 실패했으므로 후세 사람은 그걸 해서는 안 된다는 의미의 교훈이 하나. 앞 세대는 그 때문에 실패했고 후세 사람도 실패할 것이 뻔하지만, 그렇다고 하지 말라고 할 수도 없는 교훈이 또 다른 하나.
> 연애는 후자에 속하는 것으로 결국은 환상이고, 영원한 연애 따위는 거짓 중의 거짓이라는 것은 알고 있지만, 그렇다고 '하지 말라'고는 말할 수 없는 성질의 것이다. 그것을 하지 않는다면 삶 자체가 사라지는 종류의 것이니까. 이는 "사람은 죽는다. 어차피 죽는다면 빨리 죽어라"라는 말이 성립하지 않는 것과 같다.(『사카구치 안고 전집 5 坂口安吾全集 5』, 지쿠마쇼보筑摩書房)

이 구절에 다 들어 있다고 생각합니다. 환상이고 거짓이라 해서, 또 이를 지적한다고 해서 거기서 벗어날 수 있는 것은 아닙니다. 환상에서 허우적거릴 수밖에 없습니다. 결국 실패한다 해도 하지 말라고 말할 수는 없는 것이죠. 그러니까…… 어쩔 수 없이

연애하는 게 좋지 않을까요? (웃음)

유동적이고 앞날이 밝다고 할 수 없는 지금 이런 말을 하는 것은 조심성이 없다는 비난을 받아도 상관없습니다. 어떤 참담한 재난이나 비참한 사건이 일어나도, 설령 환상이라 하더라도 이런 인간의 특권을 접을 필요는 없습니다. 또 접을 수도 없는 노릇이고요.

연애에 정답은 없습니다. 정답이 없으니까 다들 좋을 대로 하면 됩니다. 자기는 물론 타인도 될 수 있으면 최대한 고통받지 않도록, 고통을 주지 않도록. 어렵지만 말이죠. 분명한 것은 오로지 이것 하나입니다.

네? 제 개인의 연애관 말입니까? 그걸 말하고 싶지 않아서 계속 이렇게 주절거리고 있는 것 아닙니까! (웃음)

구성: 아쿠네 사와코阿久根佐和子
『브루터스BRUTUS』, 2011년 9월 15일자, 매거진하우스

본디 철학이란 무엇입니까?

I
대담
하나에
사사키 아타루

사사키 철학이 뭐냐는 질문을 받으면 하나에華惠 씨는 뭐라고 답할 거예요?

하나에 고대 그리스에서 시작된, 모든 학문의 기원이 아닐까요?

사사키 정답! 영어로는 필로소피인데, 소피아는 '지혜'라는 뜻이자 여신의 이름이기도 하죠. 필로는 '우정'. 그래서 철학이 무엇인가라는 물음은 어떻게 하면 지혜의 친구로 있을 수 있는가라는 물음이기도 해요.

하나에 애정이 아니라 우정이라는 게 재밌네요!

사사키 친구를 지배하고 싶지는 않죠? 또 일방적으로 동경하는 존재와도 달라요. 즉 우정이란 대등한 관계에서만 성립합니다.

하나에 붙었다 떨어졌다 하기도 하고요.

사사키 하지만 가장 힘들 때 손을 내밀고 옆에 있어주는 존재가 친구잖아요? 내가 잘나갈 때 다가왔다 내가 약해지면 도망가는 사람들은 친구가 아닌 거예요. 실제로 소크라테스 시대의 아테나이*에서는 물리적인 부와 번영이 중시되고 '앎'은 멸시 대상이었어요. 하지만 소크라테스만큼은 끝까지 옹호했죠. 그가 가장 위대한 그리스 철학자로 불리는 것은 이 때문입니다.

하나에   제가 철학책을 손에 쥘 때는 아주 궁지에 몰렸을 때나 들떠 있을 때가 아니에요. 일상생활 중에 주변이 공허하게 느껴질 때 불현듯 끌려요. 하지만 요즘 유행하는 니체의 초역超譯 같은 것은 과연 읽어도 되는 걸까 하는 생각이…….

사사키   욕해도 소용없지만, 말하자면 니체의 사상을 이용하고 있을 뿐이에요. 니체는 '초역' 따위 절대 허용하지 않는, 엄격한 고전 문헌학자였습니다. 요약본에 만족하지 말고 원전을 읽어보세요. 예를 들어 『이 사람을 보라』는 분명 재미있을 겁니다. 그리고 철학이란 우정이기 때문에 그의 텍스트와 오랫동안 친구가 되려면 어떻게 하는 게 좋을지 생각해보세요. 잘 생각해보면 "내 친구가 돼줘"라는 말은, 내 약한 모습을 드러내 보이는 것 같아서 입에 담기 힘들잖아요? 하지만 용기 내서 이 아름답고 강한 힘이 깃든 말을 '지혜'를 향해 건넸으면 합니다. 그런 용기가 철학의 첫걸음입니다.

하나에   대학에서도 철학자의 말을 어제 술집에서 만난 친구가 한 말처럼 뜨겁게 얘기하는 학생이 있어서, 그 뜨거움이 조금 부

---

*   아테네의 고대 그리스 명칭.

러웠어요.

사사키   '지혜'란 세계와 관계를 맺는 방식을 뜻해요. 이 세상의 한 부분으로서 어떻게 세상을 살아갈 것인가, 또 사랑할 것인가? 이에 대해 항상 용기를 갖고, 하지만 지배하려는 생각은 하지 말고, 친구 같은 사이로 지내기를 당부하고 싶습니다.

여자들의 '철학적 의문'에 답하나!

언제까지 '꾸미는' 혹은 '예쁜' 나로 존재해야 될까?

사사키   앞으로 편집부가 엄선한, 현대 여성들이 품고 있는 의문이나 위화감에 대해 우리 두 사람이 얘기해나갈 텐데 하나에 씨가 신경 쓰이는 문제로는 어떤 것이 있습니까?

하나에   제가 지금껏 생각지도 않았던 것이 바로 '꾸밈'이에요. 고등학생 때는 교복이라는 정해진 틀 안에서 여느 사람과는 다른 포인트를 어떻게 만들지 고민했는데, 대학에서는 오히려 너무 자유로워서 꾸민다는 가치관 자체가 리셋됐어요. 저 아이, 점프 슈트를 입었는데 너무 예쁘다는 식으로. (웃음) 꾸며야 한다는 여성의 강박 관념은 어디서 오는 것일까요?

사사키   사실 모든 복장은 '도착倒錯'이죠. 남성이 여장하는 것만 변태로 불리지만, 남성은 남장하고 여성은 여장하고 하루하루 살아간다고 할 수 있습니다.

하나에　입고 싶지 않은데 쿨비즈라는 말을 들으면 반팔을 입어야 하는 것도 거기에 해당되나요? 저는 여장하는 기쁨을 가끔 느끼는데.

사사키　즐길 수 있다면 괜찮습니다. 하지만 주변 여성과 비교함으로써 피로를 느끼니까 이런 질문이 나오는 거겠죠? 그러나 모든 복장이 도착이라면 사람들에게 '도착'을 강요하는 것은 불가능하잖아요? 따라서 그만두고 싶을 땐 그만둬야 합니다.

하나에　일상에 자리 잡은 커뮤니티를 바꾸면 '꾸밈'의 다양성에 눈을 뜨게 될 거예요. 그리고 다른 사람 눈을 너무 의식하면 힘들어요.

사사키　'인정'이란 다른 사람이 부여하는 것이므로 항상 불안정합니다. 때문에 다른 사람 눈을 의식해 '귀여운 여자'로 보이려는 노력이 힘든 것은 당연하죠. 어디까지나 즐기는 범위 내에서.

이 시대에 출산은 옳은 것일까요?

사사키　다른 사람한테 인정받는 것의 연장선상에서 생각했을 때, 아이를 낳을지 안 낳을지는 인정받아야 할 사안일까요?

하나에　저는 출산에 옳고 그름은 없다고 생각해요.

사사키　그래요. 이 문제는 일단 질문question의 형식을 띠고 있지만, 프랑스어에서 말하는 '질문하다questionner'에는 '무리해서 따지다'는 뜻도 있어요. 즉 이분은 "시대가 불안해서 아이를 낳고 싶지 않다"는 얘기를 하고 싶은 거라고 생각해요. 그리고 무리해서라도 그런 답을 듣고 싶은 심리 상태가 아닐까요?

하나에 지금 방사능 오염이 무섭다 해도, 머지않은 장래에 전쟁이 일어나지 않는다는 보장이 없고, 과거에도 의료 환경은 부족한 점이 많았죠. 어느 시대든 절대적으로 안전하다는 보장은 있을 수 없으니까요.

사사키 아이를 낳을지 말지는 스스로 결단할 수밖에 없어요. 하지만 마음을 정하고 낳았다면, 그게 어떤 시대이든 절대적으로 옳습니다. 철학, 신학 모두 동원해서 다섯 시간은 얘기할 수도 있습니다만 (웃음) 그럴 필요는 없겠죠. 이것만큼은 진실이라고 단언합니다.

하나에 저는 최근에 아이를 낳고 싶다는 생각을 하게 됐어요. 저 자신이 어릴 때 미국에서 일본으로 왔기 때문에 아이에게 나쁜 환경이라고 생각되면 사는 나라를 바꾸면 된다고, 머리 한쪽에서 생각하고 있습니다.

사사키 어쩌면 우리는 가장 좋은 시대를 살고 있지 않을지도 모르죠. 하지만 이 시대에 태어나지 않았다면 애초에 '나'나 '당신'일 수 없었습니다. 어머니가 잘못된 선택으로 나를 낳았다고 생각하고 싶진 않잖아요?

하나에 어떤 시대가 됐든, 아이를 갖는 데에는 책임이 따른다는 거네요.

하나도 모르겠어요

하나에   또 하나 잘 모르겠는 것이 어려운 책을 못 읽는다는 고민입니다.

사사키   하나에 씨는 서평도 쓰잖아요? 그때 내용을 '이해하는 일'이 그렇게 중요한가요?

하나에   예? 그런 생각은 해본 적도 없었어요.

사사키   그렇죠? 제 친구 중에는 내용이 난해하다는 말을 듣는 작가가 많아요. (웃음) 독자 중에는 이해하기 어려운 소설을 접했을 때 작가가 자신을 바보 취급한다고 느끼는 것 같아요. 하지만 소설이나 철학서든, 다른 사람이 쓴 것을 쉽게 알 수 있을 리가 없죠. 아는 것이 유일한 가치는 아닙니다.

하나에   반대로 저는 초등학교 때 책을 읽다 중간에 싫증이 났는데도 억지로 계속 읽다가 엄마한테 다른 책을 빌려보라는 말을 들은 이후로 좋아하는 책만 골라 읽어왔어요. 그래서 고전은 오랫동안 전혀 손을 안 댔는데, 어느 날 갑자기 읽고 싶어졌어요. 그러고 보면 책이 저를 향해 오는 순간이 분명히 있어요.

사사키   옳은 의견입니다. 니체는 "여름의 더운 오후에 샘물을 남김없이 마시듯 내 책을 읽어달라"고 말하고 있어요. 그러려면 우선 목이 말라야 하죠.

하나에   와, 좋아요. 멋진 말이네요.

사사키   이것도 다른 사람의 시선을 너무 의식하는 사례 중 하나가 아닐까요? 술을 못 마실 땐 당당하게 말하면 되잖아요? 무리해서 마실 필요 없습니다. 언젠가는 샴페인의 맛에 눈뜨게 될지도 모르지만 말이에요.

하나에   저는 크로아티아에서 자극으로 가득한 취재 여행을 마친 뒤에 이어진 잔잔한 나날 동안 눈물이 날 정도로 책을 읽고 싶었어요.

사사키   조금 자극이 강해 배가 아파도 마시고 싶을 때는 마시잖아요? 그런 때를 기다리면 되는 거죠. 지금 내가 목마르지 않다고 해서, 지금 술을 못 마신다고 해서 이상한 편견을 갖지는 않으면 합니다.

자원봉사나 모금을 안 하는 것은 죄일까요?

사사키   다른 사람한테 인정받는 것의 연장선상에 있는 문제네요. 다른 사람이 자기를 착한 사람으로 봐주었으면 해서 자원봉사를 하는 것도 좋습니다. 결과적으로 다른 사람에게 도움이 되니까요. 하지만 '자원봉사를 하지 않으면 죄(!)'라는 생각은 난폭하죠.

하나에   저도 이 질문에는 단호하게 "아니요"라고 하겠어요. 절대 죄가 아닙니다. 제 조부모는 실제 피해는 입지 않았지만 후쿠시마福島에 살고 있는 까닭에 주변 사람들이 "힘들겠다. 자원봉사 하고 있니?"라고 물어요. "대학 시험도 있고…… 안 하고 있어"라고 답하면 항상 "뭐라고?"라는 반응이 돌아오는데 최근엔 이 반응이 식상해요.

사사키 저는 아이티 음악을 좋아해서 아이티 쓰나미 때도 모금했습니다. 그때 친구한테 "수단이나 미얀마에는 모금 안 하냐, 뭔가 하나만 특별히 여기는 것은 위선 아니냐"는 말을 들었어요. 하지만 모든 일에 관여하는 것은 불가능하죠. 모든 비극에 참여하려 했다간 역으로 손가락 하나 움직이지 못하게 됩니다. 그래서 한 가지만이라도 관여할 수 있으면 되는 겁니다.

하나에 주변 사람 모두 하고 있으니까 자기도 해야 한다는 분위기에 휩싸이는 사람이 왜 많을까요?

사사키 나는 그런 인간이 아니라서 왜 그런지는 모른다고 우기고 싶네요. (웃음) 하지만 일종의 동조 압력同調壓力*을 자기 행동의 동기로 삼는 것은 건전하지 않습니다. 일본에 막대한 지원을 한 이유를 물었을 때 레이디 가가가 대답하길 "안 해야 될 이유가 없잖아?"라고. 이게 가장 건전합니다. 자신을 주위에 맞추고 있지 않으니까요. (웃음) 압력에 굴하지 않고, 순전히 자발적이잖아요.

하나에 인연을 느끼고 자발적으로 하고 싶을 때 자신이 할 수 있는 범위 안에서 관여하면 된다고 생각합니다. 방금 평소 갖고 있던 의문이 풀린 느낌입니다.

---

* 특정 집단이나 단체 혹은 사회를 같은 의견이나 가치관으로 몰아가는 암묵의 압력을 일본에서는 '동조 압력'이라고 한다.

일하는 의미를 모르겠다

하나에 사노 요코佐野洋子 씨 책에 "돈이 있으면 일 따위 그만두고 싶어"라는 구절이 있어 놀랐습니다. 하고 싶은 일을 직업으로 삼으면 이런 고민은 안 할 거라고 생각했거든요.

사사키 일하는 의미를 모른다면 안 해도 되지 않을까요? 이런 질문을 하는 사람은 일하지 않아도 되는 처지가 돼도, 이번에는 빈둥빈둥 살아가는 의미를 모르겠다고 할 겁니다. '의미'라는 말에 휘둘리고 있는 게 아닐까요?

하나에 사사키 씨는 일이 재미있나요?

사사키 재미있을 리가요. 저도 집필 중에는 엄청 꾸물거리고, 고통스럽습니다. 하지만 의미 없다고는 생각하지 않아요. '의미' 따위는 아무렴 어때라는 표현이 더 적절할지 모르겠군요. 의미도 모른 채 스스로 어찌할 바를 몰라 하며 해나가는 겁니다, 일이라는 것은. 물론 저에게는 말이죠. ……음, 이 질문은 '이 일을 계속할 때 앞으로 어떻게 될지 모르겠다'는 불안을 내포하고 있다는 생각이 듭니다.

하나에 미래에 대한 불안?

사사키 그래요. 이 질문에는 '미래에 아무것도 남지 않는다, 어떻게 될지 모른다'는 느낌이 있지 않아요? 하지만 미래가 어떻게 될지는 아무도 모릅니다. 일에서 '안정'이나 '자극'을 구하는 것 자체가 사실은 잘못된 게 아닐까요?

때때로 죽음의 우연성이 두렵습니다

편집부   우리는 지난 대지진 때 생활 기반이나 가까운 사람의 목숨을 너무 쉽게 잃는 상황에 직면했습니다. 예전보다 '죽음'을 리얼하게 느끼지 않나요?

사사키   저는 『발걸음을 멈추고-아날렉타 1』에서 이 문제를 많이 다루었습니다만 쉽게 말해 다른 사람도 자기 자신도 언제 죽을지 모른다는 것은 무서운 일입니다. 다만 죽음이라는 건 가장 리얼한 동시에 가장 리얼하지 않은 것이죠. 자신의 죽음, 타인의 죽음 모두 강렬한 현실인데, 비현실감이 있지 않습니까?

하나에   암벽 등반을 하는 도중에 근처에서 쿵 소리와 함께 사람이 떨어진 적이 있습니다. 그러자 가이드가 지금 저 사람이 떨어진 곳을 등반하자는 거예요. 저는 농담이려니 했지만, 실은 바위에 대한 공포를 지금 리셋하려는 의도가 있었나 봐요. 그 사람은 로프와 관련된 실수로 사고를 당했지만, 우리는 등반에 성공했어요. 매듭 하나가 생사를 가른다는 것을 깨달은 후에 오히려 안심할 수 있었습니다.

사사키   정말 좋은 얘기네요.

하나에   죽음이 멀리 있으면 공포가 너무 강해지지 않나요?

사사키   일어날 리 없는 일, 비현실적인 일이라고 생각하는데 그것이 현실에 모습을 드러냈을 때 당황하겠죠. 그리고 컬트 종교나 '죽음의 공포를 부채질해서 이용해먹으려는 무리'의 함정에 빠집니다.

하나에   가이드가 그랬던 것처럼 원인을 직시하는 것은 유효하다고 생각합니다만.

사사키   물론입니다. 그런 전제 아래 '운명'을 사랑하게 되는 것이 철학의 힘이라고도 할 수 있죠. 조금 전에 나온 생사를 가르는 '우연'을 결연히, 하지만 담담하게 받아들이는 힘이라고 할까요?

'앎' ─ 계속 친구이기 위해

사사키   '아이를 낳아야 하는가'라는 질문에 하나에 씨가 "너무 직설적"이라고 말했는데 이것이 '지혜'의 매력 중 하나입니다. 대체로 지혜에 가득 찬 말은 너무 직설적이죠. (웃음) 그런가 하면 소크라테스는 변증법이라고 해서 물음을 가진 사람의 말에 끈기 있게 귀를 기울여, 물음이 '물음이 아니게 될 때'까지 함께 타래를 풀어갔습니다. 상대가 치러야 할 과정을 함께했던 것이죠.

하나에   지금의 카운슬러 역할이네요.

사사키   처음에 말한 것처럼 철학은 '우정의 기법'이니까요.

하나에   친구가 고민에 빠져 있을 때, 직설적으로 답을 던져주는 것도 구원이고, 조용히 얘기를 들어주면서 상대가 이미 갖고 있는 답을 끌어내주는 것도 구원이 되죠. 철학은 '친구'라는 말씀, 개별 설문에 사사키 씨가 대답하는 방식을 보고 매우 수긍이 갔습니다.

사사키 맞아요, 물음에 이미 답이 잉태되어 있다면 그것을 끌어내면 되고, 답이 없는 물음이라면 우정으로 함께해주는 것밖에 없습니다.

하나에 어쩌면 요즘 유행하는 '여자만의 모임'도 음식을 즐기며 고민을 공유하는 모임이니, 일종의 철학적인 영위라고 할 수 있을지도. (웃음)

사사키 소크라테스의 유명한 '향연(심포지엄)'은 사랑에 관해 다 함께 얘기 나누는 파티를 의미하니까요. '철학'이라고 하면 좀 어렵게 느껴지지만, 지혜와 친구가 되기 위해 치밀하게 고안된 여러 가지 방법이라고 생각하면 가깝게 느껴집니다. 지금 그 편린이 느껴졌다면 좋겠네요.

『슈푸르SPUR』, 2011년 10월호, 슈에이샤集英社

소설을 쓰는 것은
그 누구도 아닌 누군가가 되는 모험이다

I
대담
이치카와 마코토
사사키 아타루

손가락이 멈출 때까지 계속 쓴다

이치카와   오늘은 먼저 '사사키 아타루'가 소설에 대해 어떤 생각을 하고 있는지, 실제로 소설을 쓰고 나서 무엇이 바뀌었는지부터 묻고 싶습니다. 전에 사사키 씨는 "소설을 쓸 생각은 없었다. 하지만 여러 사람들이 권유해서 써보니 이렇게 됐다"고 말씀하셨죠? 그러나 두 번째 작품을 내면 그런 도회韜晦도 통하지 않는다고. 첫 번째 작품은 우연히 태어날 수 있지만 두 번째 작품은 '나는 소설을 쓰는 거야'라는 명확한 의식을 갖고 쓰는 것이며, 여기에 두 번째 작품의 특권이 있기 때문이죠. 두 번째 작품 『행복했을 적에 그랬던 것처럼』(『분게이文藝』 가을호, 2011년 7월호, 단행본 가와데쇼보신샤河出書房新社 간행, 2011년 11월)을 발표한 사사키 아타루를 소설의 글쓴이로서 파고 들어가는 것이 오늘 주제입니다. 덧붙여

이 작품에 대한 제 첫 인상을 말씀드리자면 조카인 미요코美夜子는 좋은 여자가 될 것 같습니다. (웃음)

사사키   이치카와 마코토市川眞人가 말하길 "미요코는 좋은 여자가 된다". 네, 결론이 나왔으니 이만 마치겠습니다. 여기까지 찾아와주신 여러분, 오늘은 감사했습니다. (웃음) 농담은 여기까지 하고 제 소설을 제일 먼저 받아 세상에 내준 사람이 눈앞에 있으니, 오늘은 속에 담아뒀던 얘기까지 할 의무가 있다고 생각합니다. 즉 『구하 전야九夏前夜』라는 '소설'을 쓰게 된 데까지 거슬러 올라가서 말입니다. 이치카와 씨와 제가 처음 만난 것이 2009년, 문예상 수상식이었던가요? 그 후 정식으로 제안하신 이치카와 씨를 비롯해 이소자키 겐이치로磯崎憲一郎, 우미네코자와 멜론海猫澤めろん 등 많은 사람에게 "사사키 아타루는 소설을 써보는 게 좋겠다"는 권유를 받았습니다.

이치카와   그런데 유일하게 호사카 가즈시 씨는 말렸죠?

사사키   네. 바로 그 문예상 수상식 자리에서 무서운 얼굴로 노려보며 "네가 지금 소설 따위를 쓰고 있을 때가 아니지!"라고 호통치셨죠. 그분처럼 '소설'을 소중히 여기는 사람이 소설 '따위'라고 말한 것만으로도 꽤 강한 어조라 할 수 있습니다. 나중에 여쭤보니 호사카 씨는 당시에 조금이라도 문장력 있어 보이는 사람이 눈에 띄면 곧바로 소설을 의뢰하는 편집 풍조, 그것을 진기해하는 독자나 비평 쪽에 짜증이 났었다고 합니다. 하지만 저는 칭찬을 받으며 성장하는 쪽이 아니에요. 존경하는 사람한테 혼나면서 성장하는 쪽이죠. 때문에 그 정도로는 찌그러지지 않습니다. 그 자리에서 바로 "그렇게 말씀하시니 써야겠다는 마음이 활활 타오릅니다"라고 웃으며 대답했습니다. (웃음) 여러 사람이 소설을 써보라는 말씀을 해주셔서 마음이 편치 않았습니다. 사실 그때, 소설이라고 하기엔 뭣하지만 이미 '소설이라 불릴지도 모를 무언가'를 쓰고 있었습니다. 이치카와 씨가 "써봐"라고 했을 때 "안 쓴다. 써야겠다고 생각한 적조차 없다"고 대답했지만, 사실은 이미 쓰고 있었습니다. 그래서 솔직히 말하자면, 주변 사람들이 제 속마음을 훤히 들여다보고 있는 것 같아 어쩔 줄 몰라 하던 상태였습니다.

이치카와 저도 나중에 들었는데, 이미 반쯤 쓴 상태였죠? 어떤 동기로 쓰기 시작했나요?

사사키 『야전과 영원』(이분샤)이 간행된 게 2008년 11월. 하지만 실제로 집필한 것은 2006년 2월부터 7월에 걸쳐서였습니다. 저는 인맥도 뭣도 없는 사람이기 때문에 열 군데가 넘는 출판사에 거절당하고 2년 이상의 우여곡절을 거쳐, 2008년 8월에 겨우 출판이 결정됐습니다. 당시 여름 방학 때 『구하 전야』 첫 구절을 ― 게재 때와는 모두 冒頭 부분이 다릅니다만 ― 어쩌다 쓰고 말았습니다.

이치카와 사람이 '어쩌다' 쓴다는 게 정말 가능할까요? 소설에 '어쩌다'라고 쓰여 있으면 그것을 자각한 시점에서 거짓말처럼 들립니다만.

사사키　네. 저는 그랬습니다. 지금까지 소설을 쓰고 싶다거나, 소설가가 되겠다고 생각한 적이 한 번도 없습니다. 그리고 첫 줄을 썼을 때도 그것이 소설이라고는 생각하지 않았습니다. 다만 그 당시 『야전과 영원』이 출판될 때까지, 여름부터 가을에 걸쳐 일정이 텅 비어 있었습니다. 박사 학위 논문도 심사 중이었고. 그때 한 줄 썼는데 20장 정도가 술술 쓰였습니다.

이치카와　처음 썼던 첫 줄은 너무 짧아서 다른 사람의 문장은 기본적으로 기억하지 않는 저도 기억하고 있습니다. "여름이다"였죠? 여름에 어쩌다 썼다지만, 그야말로 있는 그대로. (웃음)

사사키　네, 있는 그대로. 아무 생각도 없는 거죠. (웃음) 어떤 계획이나 장치도 없이 손이 움직였습니다. 그렇게 20장 정도 쓰고 나서 문득 제정신으로 돌아왔어요. '내가 도대체 뭘 하고 있는 거지?'라는 생각에 손을 멈춘 겁니다. 다시 말하지만 소설을 쓸 생각은 원래 없었고, 애초에 내가 소설을 쓴다는 게 당치도 않다는 생각을 갖고 있었습니다. 그래서 손이 제멋대로 움직였을 때는 정말 놀랐죠. 그리고 가을에 『야전과 영원』이 간행되었습니다. 그 후에는 또 주석이 대량으로 달려 있어서 편집자가 싫어한, 푸코의 마지막 강의에 대한 논고(「이 집요한 개들」, 『정본 야전과 영원(하)』에 수록. 가와데 문고)를 끄적이고 있다 보니 또 여름이 왔습니다.

이치카와　그래서 또 써버리고 마는.

사사키　네. 이치카와 씨를 만나기 몇 개월 전인 2009년 여름에 다시 끄집어내어 이어지는 부분을 쓰기 시작했습니다. 그렇게

40장 정도 쓰고 나서 또 '난 대체 뭘 하고 있는 거지?' 하는 생각에 내버려뒀습니다. 이래선 안 되겠다 싶어 본업의 다음 과제였던 들뢰즈=가타리론을 쓰기 시작했죠. 하지만 잘 풀리지 않았습니다.『야전과 영원』을 씀으로써 제 안에서 어떤 성장, 저로서는 성장인지 아닌지는 모르겠지만…….

이치카와 변화?

사사키 맞아요. 좋고 나쁨을 떠나 변화가 있었습니다. 하지만 들뢰즈=가타리론을 쓸 때 참고하려고 쌓아둔 노트는『야전과 영원』이전에 써둔 것이었죠. 변화 후의 내가 봤을 때 노트 작성 방식도 어수룩하고, 집필에 별 도움이 안 됐습니다. 그것들을 비판적으로 바라보고 그에 대해 쓰려 해도 문체가 따라오질 못했습니다. 변화가 있은 후에 아무리 발버둥 쳐봐도 소용없었죠. 2백 장 정도 썼다가 '이건 안 되겠어. 집필해서는 안 돼'라는 생각에 다다라 스스로 포기했습니다. 사실 이런 식으로 막다른 상태에 놓인 경험은 한 번도 없었어요. 마음만 먹으면 충분히 쓸 수 있다고 생각했습니다. 풋내기였던 거죠. 마음속 어딘가에『야전과 영원』을 쓰면서 얻은 기술로 술술 써보겠다는 심보가 있었다고 봅니다. 그런 술수가 다른 사람도 아닌 그들한테 먹힐 리가 없죠. 자신의 지저분함을 참을 수 없어 파일을 삭제했습니다. 그리고 막막해졌죠. 그때 이 소설인지 뭔지 모를, 자기도 모르게 썼다가 억압해온 이 문장을 일단 처리하지 않으면 한 발짝도 앞으로 나가지 못할 거라는 생각이 들었습니다. 한편으로는 푸코처럼 문장에 뛰어난 사람도 일부러 소설을 쓰려 하지 않았는데, 나 따위가 소설을 써도 되는 걸까? 이건 철학과 소설을 모두 가볍게 여기는 것이 아닐까? 라는 고민에도 빠졌어요. 오늘은 계속 이런 얘기만 해서 미안합니다. 하지만 인터뷰라 어쩔 수가 없네요. 죄송합니다. (웃음) 처음부터 발표할 생각은 전혀 없었고, 이것이 '소설'이라고도 생각하지 않았어요. 그래도 어쨌든 써보자. '끝까지 다 써보자'가 아닙니다. 스토리가 전혀 없는 소설이니까요. '손가락이 멈출 때까지' 쓴다. 즉 '소설 같은 것을 쓰면 안 된다'고 억압해서 잘라내버리는 것이 아니라 억압을 풀고 손가락이 멈출 때까지만 계속 쓰자는 마음이었죠. 그것이 『구하 전야』가 됐어요. 2010년 봄이었습니다. 『잘라라, 기도하는 그 손을』을 시작하기 전입니다. 『야전과 영원』처럼 『구하 전야』도 아무도 상대해주지 않아서 많은 사람에게 거절만 당했죠. 여전히. (웃음)

이치카와   그렇게 여기저기 돌아다니고 있었는데, 저는 읽지 않았습니다. 아니, 읽지 못했다고 해야겠죠. (웃음) 왜 그랬던 거죠?

사사키   가장 열심히 권한 이치카와 마토코라는 사람을 피하고 있었습니다. 도망 다녔던 것이죠. 왜냐하면 이치카와 씨가 아니라고 하면 재기할 수 없으니까요. (웃음) 이건 농담이지만, 몰래 망설이면서도 쓰고 있다는 사실을 이치카와 씨가 꿰뚫어 보고 있는 것처럼 느꼈습니다. 가장 많이 말이죠. 게다가 처음부터 비평가와 철학자로서 의견이 어긋났던 것은 분명하잖아요? (웃음) 하지만 이치카와 씨는 그 텍스트를 매우 존중해주셔서 덮어놓고 "여기를 지워라, 이렇게 써라"라는 말은 한마디도 하지 않고, 정중하고 애정 어린 충고를 해주셨습니다. "여기서 단락을 나누는 것만으로 독자는 숨을 돌릴 수 있다", "여기는 길게 한 단락으로 하고, 그 대신 다음 단락까지 한 줄을 비우자", "글 첫머리에 세 장을 덧붙이는 것만으로 전체가 살아난다". 마치 뛰어난 정원사가 신중하게 작업하는 것 같은, 그런 섬세한 충고를 해주셨습니다. 덕분에 텍스트 자체는 거의 변하지 않았는데 거짓말처럼 쉽게 다가갈 수 있는 작품이 되었습니다. 이런 수완에 대해서는 이치카와 씨가 편집을 남낭했던 모든 작가한테 얘기를 들은 바 있습니다. 그렇게 해서 겨우 완성했죠. 그래도 여전히 저 자신은 '이것이 과연 소설일까?'라는 의문을 품은 채 『증간 와세다 문학』 π호에 싣게 됐습니다.

이치카와   '모든 작가'라는 건 사사키 씨가 너무 칭찬하는 거고요, 남다른 존경심을 느끼거나 남다른 위화감을 느낀 소설에 대해서만 서슴없이 의견을 내놓습니다. 그렇지 않은 소설에는 흥미를 느끼지 못하고, 어중간하게 평하는 것도 미안하니까요. 『구하 전야』에 제 의견을 내놓은 이유에 대해서는 여기서 비밀로 하고요, (웃음) 저는 사사키 아타루가 소설을 쓰면 재밌겠다고 분명 생각해 써보라고 몇 번이나 권했습니다. 하지만 제가 받은 글은 상상했던 것과는 꽤 다른 것이었습니다. 제게 사사키 씨의 백미는 첫째로 『야전과 영원』, 『잘라라, 기도하는 그 손을』에 잘 나타나 있는 "사람을 발정케 하는 문체의 힘"입니다. 그와 동시에 이에 무방비하게 발정하거나 공감하는 사람들은 의심스럽다고 늘 생각하고 있습니다. 다만 이런 문체를 가지고 있기 때문에 소설을 쓰면 일종의 미심쩍음과 함께 사람을 발정케 하는, 매우 선정적인 물건이 만들어지지 않을까 생각했지요.

사사키 선동적이라는 말씀이신가요? (웃음) 문체의 효과에 대해서는 저 스스로 거의 의식하지 않습니다. 이론 면에서는 전혀 없다고 할 수 있습니다. 하지만 제 문체가 발산하는 '미심쩍음'에 대해 이치카와 씨는 오래전부터 정면으로 비판하고 계십니다. 처음부터 놀라울 만큼 일관적으로 엄격하게 말이죠. 하지만 소설에서도 그게 가능하다는 말씀이신가요?

이치카와 네, 선동하는 듯한 소설, "읽으면 반드시 눈물 빠집니다"라는 식의 베스트셀러를 쓸 수 있지 않을까 생각했어요. 제가 그것을 좋아할지는 모르겠지만, 좋아하지 않아도 휘말리고 말 것 같은. 그런데 『구하 전야』는 성실하고 진지한, 때론 우둔함이 느껴질 정도고, 결코 흥분을 불러일으키지 않으려 하는 '실패한 남자 이야기'였던 겁니다. 소설 자체가 일종의 실패를 스스로 체현하고 있음을 보여주는 것이죠.

사사키 실패를 둘러싼 실패 이야기니까요.

이치카와 의외이긴 했지만 기쁜 오산이기도 했습니다. 아, 사사키 아타루는 소설을 쓸 때, 비평의 경우보다 더 신중하고 겁이 많구나. 굳이 설명할 필요는 없겠지만 여기서 '겁이 많다'는 표현은 칭찬입니다. (웃음) 따라서 『구하 전야』 집필 시점에서는 사사키 아타루가 '소설가'인지 아닌지, 본인에게도 그리고 독자인 제게도 분명하지 않았다고 생각합니다. 사사키 아타루가 소설을 쓰는 것에 대해 철학자나 사상가가 심심풀이 삼아 쓴 것 혹은 소설과 노닥거리는 데 불과한 것 아니냐고 생각하는 사람이 있었을지 모르지만—실제로 그런 말들이 나와서 제게 이 인터뷰 의뢰가 들어온 것인데요—적어도 이번 두 번째 소설은 결코 그렇지 않습니다. 직함을 소설가라 부를지, 철학자나 사상가라 부를지, 힙합퍼라 부를지, 아니면 사사키 씨 본인은 어떻게 생각하는지는 다 차치하고, 이 두 번째 작품에서 사사키 아타루는 역시 '소설'을 썼다고 생각해요. 이는 처음에 말한 '두 번째 작품을 쓰는' 동기 때문이기도 하지만, 작품으로서도 『행복했을 적에 그랬던 것처럼』은 분명 '소설'이라고 봅니다. 『구하 전야』가 많은 사람에게 수용되는 세상은 수상쩍다고 생각합니다만 『행복했을 적에 그랬던 것처럼』은 많이 읽혔으면 합니다.

사사키 '소설을 썼다'는 것은 말씀하신 대로입니다. '심심풀이가 아니다'는 것도 그렇고요. 하지만 재미있네요. 이치카와 씨는 『잘라라, 기도하는 그 손을』에 대해 『구하 전야』와 같은 말씀을 했습니다. 이 책이 받아들여지는 세상은 보고 싶지 않다고요. 그런데 이치카와 씨 얘기에 따르면, 이 두 책은 정반대의 특성을 갖고 있다는 게 됩니다. 전자에 대해서는 선정적이라고 비판하셨으니까요. 여기에 이치카와 씨의 모순이 있는 것인지, 아니면 두 가지 산문 장르의 차이 때문인지, 그것도 아니면—가장 가능성 있는 얘기인데—제가 이상한 놈인지. (웃음) 이 점에 대해서는 추후에 계속 논의를 해나갔으면 좋겠습니다. 지금 여기서는 답이 나오지 않을 것 같으니까요.

이야기다운 혹은 반이야기다운 것

이치카와 제가 보고 싶지 않은 이유는 내버려두고 『행복했을 적에 그랬던 것처럼』 얘기를 합시다. 줄거리를 간략하게 정리하면 어느 여름날 조카가 외삼촌에게 의뢰를 합니다. 병으로 죽은 어머니—외삼촌의 누나—가 남긴 노트가 나왔으니 읽어달라고. 여배우이자 소설가였던 누나의 노트를 마음이 내키지 않은 채로 읽어가다 보니, 몰랐던 사실과 알고 있던 사실의 다른 측면이 조금씩 모습을 드러냅니다. 손쉽게 요약할 수 없는 텍스트입니다만 일단 이 소설을 저는 '대독代讀'을 둘러싼 소설로 읽었습니다. 누나가 조카한테 남긴 노트가, 딸의 외삼촌인 내게 넘어오죠. 이 시점에서 주인공이 무언가를 대행하는, 소설의 왕도라 할 수 있는 모티프가 끼어드는 겁니다. 하지만 그와 동시에 사후에 남긴, 내용의 진위도 확실치 않은 독백을, 그것도 다른 사람의 부탁으로 읽는 것이기 때문에 어딘가 한군데라도 거짓말이 섞이면 모든 게 허구가 됩니다. 즉 이 소설은 특정한 이야기를 지닌 '소설'이면서 '소설=허구에 대한 비평'도 시도하고 있습니다. 이 다중성 때문에 매우 소설다웠습니다…… 역시 '소설'을 쓰려는 의도가 없다면 쓸 수 없는 글이라고 생각해요.

사사키 대행의 모티프를 전혀 의식하지 않았다고 발뺌할 생각은 없습니다. '대독ダイドク'이라고 굳이 가타카나로 표기해뒀을 정도니까요. 일종의 모티프를 역으로 이용했다고 말하면 조금 표현이 안 좋을지도……. 하지만 그렇게까지 깊이 읽어주셔서 기쁩니다. 어떤 의미에서 보면 『구하 전야』는 조카가 찾아오지 않은 『행복했을 적에 그랬던 것처럼』이거든요.

이치카와 아무것도 시작되지 않고, 어떤 이야기도 작동하지 않는…….

사사키 아무것도 일어나지 않는데 '아무것도 일어나지 않는', '누구도 찾아오지 않는' 기묘한 사태만 일어나고 주인공만 변화해가는. ……이렇게 설명하고 있습니다만 이건 나중에 갖다 붙인 거고요. 집필할 때의 저는 다음 한 줄을 어떻게 쓸지 전혀 모른 채 쓰고 있습니다. 그런 글쟁이예요. 플롯이나 엔딩도 일체 정해두지 않습니다. 하지만 다시 읽어보면 『구하 전야』에는 조부, 조모 그리고 조카가 등장하죠. 조카가 있다는 것은 누나도 있다는 의미입니다. 그러고 보니 누나가 죽는 장면을 갑자기 삽입해뒀었네요……. 어쨌든 조카가 찾아오지 않았기 때문에 '이야기가 작동하지 않은 『행복했을 적에 그랬던 것처럼』'이 『구하 전야』일지도 모릅니다.

이치카와 그렇다면 『구하 전야』는 사사키 씨에게 '가장 반反이야기답다'는 의미에서 소설적인 것이네요.

사사키 그렇습니다. 이치카와 씨도 그 자리에 계셨지만, 단행본 담당 편집자가 "이것만으로 단행본을 만들기엔 얇으니까 20장 정도 추가해주세요"라고 말씀하신 적이 있었죠? 그때 저는 "추가하는 것은 좋습니다만 조부 이야기도 있고, 조모 이야기, 조카 이야기, 누나 이야기, 숙부 이야기도 있으니까 이건 대하소설이 돼버립니다. 그러니 5백 장 더 쓰게 해주세요"라고 말했죠. (웃음)

이시카와   그때 조카나 누나에 대한 세부적인 이야기가 머릿속에 있었던 건 아니죠?

사사키   물론입니다. 전혀 없었죠. 다만 집필 중에 왜 아무도 찾아오지 않는지 신기하다는 생각은 했습니다. 저는 소설을 쓸 때 통제하지 않기 때문에 그냥 바라보고 있을 수밖에 없습니다. 결국 마지막까지 주인공은 자기 이야기는 물론 아버지와 할아버지한테 이어받은 가족 이야기도 못합니다. 가족 이야기에 반하는 '패밀리 로맨스'도 얘기하지 못합니다. 애당초 이 남자가 뭘 하고 있는지 모르잖아요?

이치카와   알고 있는 것은 꽃무늬 팬티를 입었다는 정도. (웃음)

사사키   다들 그 꽃무늬 팬티 대목만 재밌어 하더라고요. 왜죠? (웃음) 즉 『구하 전야』는 자신의 내력을 신화화해서 얘기하는 데 실패한 남자의 이야기입니다. 전에 우타마루宇多丸 씨에게 얘기했듯이(「패배하는 즐거움, 패배자들의 노래」, 『이 나날들을 서로 노래한다-아날렉타 2』 수록, 가와데쇼보신샤) 이 남자는 무함마드나 루터처럼 마지막에 승리해서 남길 얘기를 지닌, 역사에 이름을 남길 '영웅'이 아닌, 처음부터 그런 사람이 되는 건 불가능한 남자의 이야기입니다. 패배한 남자, 이름을 남기지 못한 남자, 이야기할 자격이 없는 남자, 아니 애초부터 그 이전의 상황에 있다고 해도 되겠죠. 한정된 의미로 말하자면 '남자가 아니게 된 남자' 이야기라고 해도 될 겁니다. 이걸 소설이라고 정의한다면 『구하 전야』는 소설이라고 할 수 있겠습니다. ……혹시나 해서 말씀드리는데, 이 또한 나중에 갖다 붙인 논리입니다.

이치카와   이런 정의에 따르면 『행복했을 적에 그랬던 것처럼』이 더 이야기답지 않나요? 누나가 남긴 노트를 단서 삼아 모르고 있던 '누나의 이야기'를 좇는 남동생이 있습니다. 이 남동생이 알고 있는 '누나의 이야기'도 따로 삽입돼 두 이야기가 중층적으로 진행되고, 그 과정에서—이는 저자의 의도겠지만—양자가 어느 정도 교환 가능한 상태가 됩니다. 『구하 전야』가 서사성을 미리 배제함으로써 '소설'적이었던 반면, 『행복했을 적에 그랬던 것처럼』은 일단 서사성을 도입한 뒤 이를 지우는, 이중의 절차를 거치는 '소설적' 강도強度를 도입하려 했던 게 아닌가 싶은데요.

사사키   먼저 말해두고 싶은 점은, 누나가 이야기하는 데 '성공한' 사람이 아니라 '이야기를 끝마치는 데 실패한' 사람이라는 것입니다. '과연 이야기하는 데 성공한 사람이 존재하는가?'라는 문제를 안고 있습니다. 실패 외에는 불가능한 것이 아닌가?

"모든 이야기에는 공통된 구조가, 신화적이고 서사적인 유형이 무의식 차원에서 존재한다"는 주장 자체가 아마도 낭만주의적이라는 점을 생각해봐야 합니다. 프로이트 이전에 '무의식'이라는 개념을 정식화定式化한 것은 셸링입니다. 그는 기계적인 기술은 유한하지만 시적인 창조성은 무한과 이어지는데, 이 시적 창조성이야말로 무의식적인 것이라고 말했습니다. 재미있게도 그는 무의식을 예술 제작 과정에서 나오는 것으로 정의했습니다. 그리고 셸링 철학, 특히 그 후기가 낭만주의적인 것은 의심할 여지가 없습니다. 이에 대해서는 정밀한 재독이 따로 필요하겠습니다만 칸트에서 셸링을 향해 그을 수 있는 미학 이론상의 직선에 따르면, '근대' 예술가는 결코 자율적인 존재가 아니라 이미 타자를 자기 안에 내포하고 있습니다. 즉 이런 관점에서 봤을 때 '예술 작품을 창조하고 제작하는 주체'가 제작 대상을 통제하고 지배하는 주체라고 하기엔 어려운 부분이 있습니다. 따라서 창조 행위를 통해 모든 것을 통제하고 지배하려는 주체는 소위 통속적인 의미의 '포스트모던'은 물론이요 근대조차도 아닌, 근대 이전이라고 할 수 있습니다.

그리고 이는 문학사의 따분한 복습이 될지도 모르겠습니다만 확인해둘 필요가 있습니다. 신화적 유형으로서의 민중 서사라는 관점을 발견한 것 또한 두말할 것 없이 낭만주의입니다. 민중 서사는 그림 형제의 민속학, 신화학, 언어학, 문헌학 업적에서 시작됩니다. 그 자손이 야나기타 구니오, 오리쿠치 시노부, 미나카타 구마구스 등의 신화·민속 연구입니다. 이는 물론 학문적으로 상당히 세밀한 분야입니다. 근대 사법私法의 아버지라 불리는 로마 법학자 사비니의 엄밀한 강의에 감동한 1학년생이 후의 야코

프 그림이라는 이야기가 있을 정도로, 원래 역사학, 문헌학, 신화학이 성립하는 데 있어 1차 자료의 정밀한 교정과 준거 모델이 된 것은 법학이었습니다. 물론 치밀한 사료 비판에 기초한 근대 실증주의 역사학은 낭만주의자 레오폴트 폰 랑케에 의해 확립됩니다. 즉 낭만주의에는 지적으로 극히 딱딱한 면모가 있습니다. 어찌 된 일인지 최근에는 별로 얘기되지 않고 있지만 이는 사상적으로 상식에 속하는 내용입니다. 이를 통해 채집된 민화와 본문 교정을 서친 신화와 경전에서 '서사적 유형'이 추출되는 거죠. 예를 들어 『고지키古事記』든 『북방 신화』든 분명히 유형이 확인됩니다.

그런데 여기서부터 어긋나기 시작합니다. 보통 '서사의 복권', '풍부한 서사성의 옹호'라고 말할 때의 '서사성'과, 여기서 비교 언어학적 절차를 거쳐 추출된 '서사 유형'이 과연 똑같은 것인가? '서사'라는 말의 용법이 혼란을 불러일으키고 있는 것은 아닐까요? 신화의 본문, 예를 들어 『고지키』나 여러 종교의 경전 원문을 읽어보면 알 수 있습니다. 거기에는 기이하리만큼 '풍부한 서사성' 같은 것이 결여되어 있음을.

이치카와 드디어 '달변가 사사키 아타루'가 모습을 드러내는군요. (웃음) 말씀하신 대로 신화는 기본적으로 '사건'이 쓰여 있을 뿐 달변의 대극에 있습니다.

사사키 그렇습니다. 거기에 풍요로운 스토리텔링은 없습니다. 드라마틱하지도 않고, 정교한 복선을 까는 기술도 없습니다. 무미 건조한, 거의 살벌하다시피 한 서술이죠. 낭만주의에서 시작되는 학문적인 추상 효과로 가시화된 '서사론적 유형'과, 누가 부탁한 것도 아닌데 복권이 입에 오르거나 옹호자가 나타나는 '풍부한 서사성'은 매우 뒤틀린 관계에 있습니다. 전자의 유형에 의거한다고 해서 후자가 쉽게 성립하는 것은 아니죠. 또 신화나 경전이 아무리 그런 서사론적 유형에 지배된다 하더라도 세부를 살펴보면 그런 유형에 대한 철저한 거부도 내포하고 있습니다. 성서, 꾸란, 불경, 『고지키』 등이 이런 유형에 맞지 않는 점이야말로 주목할 대목입니다. 사실 당연한 얘기인데…… '서사'나 '서사성'이라는 말이 그 유래에 대한 검토조차 없이 남용되는 것처럼 느껴집니다. 적어도 이런 혼란스러운 개념을 사용할 때는 자기 나름의 분명한 정의를 내리지 않으면 '좋은 게 좋은 거지'라는 식으로 논의가 흘러갈 뿐입니다. 『행복했을 적에 그랬던 것처럼』은 지금 정의도 내려지지 않은 채 쓰이고 있는 '서사성 비슷한 것'이 섞여 있는 것처럼 보여도 어쩔 수 없는 일인지 모르겠어요. 어느 여성 편집자에게 '가장 좋은 의미에서 소녀 소설'이라는 말을 들었을 정도니까요.

모르는 단어의 바다를 걷는 나날

이치카와 서사론적 유형이라는 측면에서 봤을 때 누나의 노트를 통해 접하게 되는 이야기는 전혀 서사적이지 않군요. 그녀는 일종의 소녀적인 서사라고 할까, 자유분방한 사랑을 하고 재능도

타고났는데 요절하는 삶을 살았던 것으로 돼 있지만, 노트를 읽어 보면 그게 다 사실은 아니라는 것을 알게 됩니다. 한편 남동생은 남동생대로 서사론적인 유형에 전혀 맞지 않고 '풍부한 서사성'을 체현하고 있는 세부 내용도 없습니다. ……하지만 저는 누나에게 향하는 남동생의 시선에, 즉 이 작품에서 그가 스스로 의심하면서 노트를 읽어가고 이 같은 독해를 통해 스스로 지워가는 이마주에 일종의 서사론적 유형 혹은 그와 정반대된다 하더라도 일종의 풍부함에 대한 희미한 기대가 있는 것 같아요. 그리고 이 이중성을 사사키 아타루라는 저자가 화자의 입을 빌려 의도적으로 위장하고 있는 것처럼 느껴집니다.

사사키 의도적……인 것은 아닙니다만 지금 말씀드린 것도 나중에 갖다 붙인 것이지 소설을 쓸 때는 그런 생각을 하지 않았습니다. (웃음)

이치카와 독자인 제가 의도적이라고 생각한 이유는 제목부터 두 가지 의미를 갖고 있기 때문입니다. 독자들은 '행복했을 적에, 그랬던 것처럼'과 '행복했어, 죽인 것처럼'이라는, 상반되지만 근저에서 통하는 두 가지 의미가 담긴 제목부터 읽기 시작합니다. 이야기가 어느 쪽으로 진행되는지 혹은 이야기의 세부를 어느 쪽으로 해석할지 갈피를 잡지 못한 채, 서로가 서로를 배반하는 몇몇 이야기 속에 푹 빠져 끝까지 소설을 읽어가게끔 독자를 유도하고 있는 것이 아닌지. 이를 가장 상징적으로 보여주는 것이 '누나의 노트'에도 적혀 있는 '기억'의 문제입니다. 기억이란 항상 덧씌워지고, 진짜 기억과 가짜 기억 사이에는 경계가 없음을 알려주는 내용이 적혀 있는데, 사사키 씨는 이 '장치'를 이용해 서사의 발생 가능성과 그것이 다른 모습으로 엇나가 사라지고 있음을 다층적으로 시도했던 게 아닐까 생각됩니다.

사사키 그렇게까지 읽어주셨다니. 기쁘네요.

이치카와 기뻐하시는 것은 좋습니다만 여기까지 읽어내기 위해 실은 몇 번이나 다시 읽어야 했다는 사실 또한 고백하지 않을 수 없네요. (웃음)『행복했을 적에 그랬던 것처럼』을 잡지에서 처음 읽었을 때『구하 전야』로부터 이어지는 문체와 '누나의 노트'에 쓰인 ─『잘라라, 기도하는 그 손을』을 상기시키는─ 읽기 쉬운 문체를 병용하고 있다는 사실은 바로 알았지만, 그것만으로 좋은 작품이라는 생각은 들지 않았어요. 솔직히 이 인터뷰 진행을 제안받았을 때도 한 번 읽은 것만으로는 대답을 못했습니다. 하지만 두 번 세 번 다시 읽다 보니 다른 작품으로 보이기 시작했어요. 세 번째 읽었을 때 '좋은 소설이구나'라는 생각이 들었습니다. 그와 동시에 이런 변화가 이 소설의 구조나 사사키 아타루라는 글쓴이의 자질과도 관련 있다는 느낌이…….

사사키 흥미로운 얘기네요.

이치카와 예를 들어 사사키 씨가 소설 속에 자주 쓰는 특징적인 수사가 있죠? 예를 들기 시작하면 끝이 없습니다만 '진작에夙に'를 한자로 표기하는 등 여러 곳에서 다른 작가들은 쓰지 않는 단어, 꽤 오래전부터 일본어에서 보기 힘든 말들을 적극적으로 작

품 속에 심어갑니다. 그 결과 독자에게 사사키 아타루의 소설을 읽는 행위는 모르는 단어의 바다를 걷는 듯한 경험인 동시에 일종의 나르시시즘에 휘둘리는 것처럼 느껴지기도 합니다.

사사키　나름대로 정신 분석을 공부한 라캉주의자기 때문에 나르시시즘이라는 용어를 지금처럼 사용하는 데에는 이의가 있습니다. (웃음) 그러나 저도 소설을 쓰면서 이치카와 씨가 지적해주신 점을 우려한 것은 사실입니다. 표면적인 의미로 '매너리즘'이라는 용어를 굳이 쓰자면, '매너리스틱한 겉멋'이라는 오해를 불러일으킬 여지가 있습니다. 하지만 오해할 여지 없이 그런 겉멋을 내는 사람들은 많잖아요? 저보다 훨씬. (웃음)

이치카와　사사키 씨 말고 많이 있든 없든 간에 『구하 전야』와 『행복했을 적에 그랬던 것처럼』 둘 다 처음 읽으면 그런 부분이 눈에 띄고, 거슬리기도 합니다. 이건 '오해'가 아니라 당연한 반응이라고 생각해요. (웃음) 하지만 실은 그런 부분이 좋은 의미에서 '걸림돌'이 되기도 합니다. 여기에 걸려 있는 한 그 앞에 놓인 진실은 보이지 않습니다. 두 번째 읽으면 처음에 거슬렸던 부분 중 일부는 자연스럽게 읽힙니다. 그러면 처음에는 보이지 않았던 다른 말이나 이들 간의 연결망이 보여요. 이 시점에서 이미 소설을 다층적으로 읽는 경험이 생기는 거죠. 달리 말하자면 한 번 읽는 것만으로는 알 수 없다고 주장하는 텍스트지만, 이런 형식과 좀 전에 말한 '서사의 중층성'이 절묘하게 닮은꼴로 제시되어 있어요. 이것이 이 작품의 좋은 점이자 매력이라고 생각합니다.

사사키 감사합니다. 한 번 읽는 것만으로는 읽었다고 할 수 없는 텍스트를 쓰고 싶다는 욕망은—제가 그런 독자인지라—항상 갖고 있습니다. 될 수 있으면 또 읽고 싶어지는, 몇 번이든 읽고 싶어지는 글을 쓰고 싶어요. 그게 항상 가능한지는 모르겠습니다만 노력은 하고 싶습니다. 하지만 저로서는 겉멋을 내려는 뜻은 전혀 없어요. 정말 다음 한 줄에 자신이 뭘 쓸지 모른 채, 항상 '이렇게밖에 쓸 수 없다'는 심정으로 숨죽이고 글을 써나갑니다. 글 쓰는 다른 방법은 모르거든요. 때문에 겉멋이 끼어들 여지가 없습니다. 그럴 여유가 없는 거죠.

쓰이지 않게 된 표현이 다시 빛을 발하도록

이치카와 조금 전에 제목의 이중성에 대해 얘기했습니다만 처음에 이 제목은 어떻게 정한 것인가요?

사사키 '행복했을 적에 그랬던 것처럼' 말인가요? 실은 다카하시 야스나리高橋康也 씨 등이 번역한 제임스 놀슨의 방대한 『베케트 평전』에 나오는 문구입니다.

이치카와 그건 몰랐네요!

사사키 물론 번역이니 단순한 우연입니다. 하지만 우연이라 해도 극히 베케트다운 문구죠. 꽤 재미있다는 생각이 들어 따로 적어두었던 것입니다. '전에 있었던 행복'과 '옛날의 행복했던 기억'이라는 주제는 베케트의 여러 작품 저변에 흐르고 있는 지하수와 같은 모티프잖아요? 그가 젊었을 때 쓴 프루스트론에도 나옵니다.「고도를 기다리며」에도 라틴어로 등장하죠.「크라프의 마지막 테이프」는 전편이 다 그렇다고 할 수 있습니다. '예전엔 행복했는데'라는 의식은 베케트가 계속 반복하는, 매우 통절한 시간 의식입니다. 물론 그는 유머로 포장해서 억제하며 말하고 있습니다만. 우선 제목만 정하라는 얘기를 들었을 때 불현듯 이 문구가 튀어나왔어요.

들뢰즈=가타리는 '콩트(단편)', '누벨(중·단편)', '로망(장편)'을 구별했습니다. 지금도 프랑스어로 소설은 '로망'이라 불리죠. 먼저 독일 낭만주의의 우두머리 슐레겔이 괴테의 로망(장편)『빌헬름 마이스터의 수업 시대』를 중시했습니다. 이 또한 문학사 교과서에도 적혀 있는 당연한 사실입니다만 '낭만주의'라는 호칭 자체가 '장편 소설'에서 유래한 것입니다. 좀 더 깊이 들어가면 장편 소설이 문학의 중심으로 떠오르는 현상은 낭만주의적인 사태라고 할 수 있어요. 아마 들뢰즈=가타리는 이 문학 체제를 흔들려 했는지 '누벨'을 중시합니다. 문자 그대로 소설의 '길이'로 나누고 있지는 않습니다.

이들은『천 개의 고원』제8장에서 이렇게 말하고 있습니다. '콩트'는 "앞으로 도대체 무슨 일이 일어날까" 하는 긴박감을 얘기하는 것이고 '누벨'은 "도대체 무슨 일이 일어났는가"를 기술한 것이다, '로망'이란 이 '콩트'와 '누벨'을 절충하면서 현시점에서 어떤 사건이 일어나는 것이라고. 이들은 시간을 기준으로 구분하고 있는 것입니다. 하지만 저는 '로망'에 대한 이런 설명은 설득력이 부족하다고 생각합니다. 자세히 말씀드릴 시간은 없습니다만 오히려 과거를 미래로 만드는, '지금 여기'를 변화시키고 절박하게 만드는 것이 소설이라고 생각하기 때문입니다. 실제로 이런 구별은 논의가 진행되면서 중간에 사라집니다. 이 장 후반은 도주선逃走線의 얘기로 채워지고, 소설 자체에 대한 논의는 끊기고 맙니다. 그러나 이 책에는 힌트가 가득해요. 이 장 끝 부분에서 들뢰즈=가타리는 피츠제럴드를 논하고 있습니다. "마지막에는 그 무엇도 중요하지 않게 됐다. 우리는 자멸한 것이다. 하지만 우리가 서로를 망쳤다고 생각한 적은 한 번도 없다"라는 아름다운 구절을 인용하면서. "이렇게 되고 말았는데, 도대체 우리에게 무슨 일이 일어난 것인가?"라는 '누벨'을 둘러싼 물음과 '옛날엔 행복했는데'라는 베케트의 근저에 흐르는 주제가 서로 공명한다고 생각합니다. 어쩌면 의도치 않게 이런 생각들을 하고 있었기 때문에 '행복했을 적에 그랬던 것처럼'이라는 제목을 골랐는지도 모르겠습니다. 이 또한 나중에 갖다 붙인 것입니다만.

이치카와 정말요?

사사키 네. 이렇게까지 말을 늘어놓으면 도회한다고 생각하실지 모르겠지만 그렇지 않습니다. 지금 막 생각해낸 것에 불과합니다. 쓰고 있을 때는 정말 아무 생각도 하지 않거든요. 제목을 먼저 정해달라고 해서 정했는데, 막상 쓰기 시작하자 "하나도 '행복했을 적에 그랬던 것처럼' 안 되잖아!" 하고 얼마나 초조해했는데요. 그런 결말에 이를 것이라곤 전혀 생각지도 않았고, 중간에 누나의 여자 친구 아오이葵가 등장했을 때는 "엉? 아오이가 대체 누구야!" 하고 우왕좌왕. 언제나 이와 비슷한 상태였습니다. (웃음) 사요코小夜子라는 이름이 처음에 나오는데 이 또한 갑작스레 튀어나온 것으로, 처음부터 이것을 누나 이름으로 쓸 생각은 아니었습니다. 이건 도대체 누구일까, 누구의 이름이 될까, 이런 생각을 하며 써나갔습니다. 정말 한 줄 앞이 암흑인 상태에서 썼습니다.

이치카와 그렇다면 문체는 어떤가요? 문체는 특별히 의식한 부분이 있습니까?

사사키 문체도 수법상 어떤 의미에서 베케트를 따라 한 부분이 있습니다. 어디까지나 '어떤 의미에서'입니다만. 그는 스물여덟 살쯤 됐을 때 닥치는 대로 책을 읽으면서 '이런 표현도 있구나'라고 느낀 문장은 전부 메모했다고 합니다. 모어인 영어의 풍부함이라고 할 수 있겠죠. 그렇게 해서 영어의 유산을 파내려고 했나 봅니다. 조금 전에 말한 전기를 읽고 최근에 알았는데, 깜짝 놀랐습니다. 저도 10년 정도 그런 작업을 계속해왔거든요. 이런 일본어가 있구나, 이런 표현이 있구나, 그런 생각이 드는 문장을 꾸준히 메모해왔습니다. 그 노트를 처음부터 끝까지 읽은 다음 하루 분량을 쓰기 시작합니다. 그래서 제 소설엔 주가 붙어 있습니다. 모든 글에 용례가 있다는 것이죠. 원래 문장 중에서 뽑아낸 겁니다. "이것은 니시와키 준자부로西脇順三郎입니다", "가네코 미쓰

하루金子光晴입니다", "소세키漱石입니다", "오가이鷗外입니다", "가후荷風입니다"라는 식으로. 또 그런 문장들을 읽어보면 그들은 자유롭고 활달합니다. 아무리 많은 국어사전, 고어사전을 찾아봐도 잘못 쓰고 있다고밖에 할 수 없는 표현들을 개의치 않고 사용하는데, 그게 또 참으로 '절묘'합니다. 물론 그들에 비견할 만한 고전과 한적漢籍의 소양이 없어서 저는 그런 표현은 쓰지 않았습니다. 하지만 이번에는 네다섯 군데 엄밀하게 보면 문법적으로 틀린 표현으로 밀어붙였습니다. 말을 만들어낸 것이 아니고, 활용을 비튼다거나 접미사를 일탈적으로 붙인 정도입니다만.

원래 이야기로 돌아가겠습니다. 그렇게 해서 어휘를 수집하던 베케트는 영어의 그런 풍부함을 버립니다. 어릴 적부터 배웠다곤 하지만 제2외국어인 프랑스어로 글 쓰는 길을 선택하는 것이죠. '빈곤함'을 고릅니다. 저는 그런 선택은 하지 않습니다. 왜냐하면 베케트의 이 같은 선택이 급진적이었던 이유는 당시부터 '제국'의 언어였던 영어를 일단 '버리는' 행위였기 때문입니다. 예를 들어 제가 영어나 프랑스어로 적어봤자 별 의미가 없습니다. 오히려 일본어에 집착하는 편이 낫죠. 그런 점에선 베케트적이지 않다고 할 수 있습니다.

이치카와 예를 들어 작품 마지막 부분에 있는 "지금 세상에 너무도 '달이 예쁘네요'* 하는 식이 아닌가"라는 구절이 그렇죠? 이

---

*   나쓰메 소세키가 "I love you"를 일본어로 번역할 때 "달이 예쁘네요"라고 번역했다는 설이 있다.

는 물론 나쓰메 소세키夏目漱石가 "I love you"를 그렇게 번역했다는 얘기가 깔려 있습니다만 이 얘기를 모르면 수수께끼 같은 표현에 머물러, 그냥 지나쳐버릴지도 모르겠어요. 아니면 이를 알고 있는 사람에게만 보내는 신호처럼 느껴질지도 몰라요. 이에 대해 어떻게 생각하세요?

사사키 소세키가 그렇게 말했다는 건 전설이라는 얘기가 있지 않았나요? 제 기억이 잘못됐을 수도 있지만. 어쨌든 알고 있는 사람에게만 말하는 것은 아닙니다. 배제하려는 의도는 전혀 없어요. '그런 뜻이었구나'라고 나중에 깨닫게 되거나 원래 문맥을 모른다 해도 즐길 수 있다고 생각합니다. 힙합에서는 원곡과 샘플링을 마친 곡의 가사 뜻이 정반대기도 합니다. 물론 이런 배경을 알고 있으면 좀 더 즐길 수 있습니다만 원곡을 몰라도 함께 즐기며 춤출 수 있는 것이 힙합의 좋은 점입니다. 그런 '문맥을 아는 것'—이를 '전통'이라는 말로 부르고 싶지는 않습니다—즉 과거의 소세키나 베케트 등이 남겨준 훌륭한 과실이 다시 한번 빛을 발할 수 있게 해보려는 시도가 누군가를 배제하는 것이라고는 전혀 생각하지 않아요. 그게 지금 소설로 세상에 나오는 것이 무의미하다고도 생각하지 않습니다. 모른다 해도 왠지 어색한 느낌이 들어서 재미있다는 반응을 보여준다면 충분합니다. 힙합을 좋아하는 사람들은 제임스 브라운의 1960년대 곡을 샘플링해서 다 함께 즐기고 있어요. (웃음) 제가 쓴 소설이 위대한 일본 문학의 계보를 잇고 있다는 생각은 눈곱만큼도 없습니다. 또 그럴 만한 능력도 없습니다. 다만 능력은 안 되어도 할 수 있는 것은 해나가고 싶습니다. 나름의 방법을 찾아서, 달리 말해 어려워서 못 읽는다거나 지식이 달려서 못 읽는다고 그만두는 게 아니라 잘못된 것이라도 좋으니까 어느 순간 통할 때가 있다고 믿으면서. 아무리 확률이 낮아도 해봐야 아는 것 아니겠어요?

남지 않는 것의 무서움과 남는 것의 무서움

이치카와 지금 말씀은 매우 흥미롭습니다. 몇 가지 주제들이 하나의 선으로 연결된 느낌이 들어요. 사사키 씨가 말씀하신 샘플링의 예는 이 작품에서 얘기된 '기억에 대한 태도'와 많이 닮아 있습니다. 즉 우리에게는 일본 근대 문학이나 그 이전의 기억이 일정 부분 존재한다. 하지만 그것은 기억에 불과하기 때문에 현재의 우리에게 어떻게 작용할지 또 그것이 실재하는지 판단이 불가능한 면도 있다. 그러나 이 불분명한 기억을 떠안고 있는 '지금의 내 삶'을 받아들일 수 있다. 달리 말해 지금 이 텍스트를 긍정해갈 수 있다…… 이런 '기억에 해당하는 것'이라고 할까, '무언가를 계승하는 자'와 '현재'가 상반하며 공존하는 순간이 지금 말씀에 나타나 있을 뿐 아니라 『행복했을 적에 그랬던 것처럼』에 그려져 있어, 이 둘이 깔끔하게 조화를 이루고 있습니다.

사사키 그러고 보니 이 소설은 그렇게 구성돼 있네요……. 거듭 말씀드립니다만 어디까지나 나중에 갖다 붙인 겁니다. 지금 이렇게 얘기하면서 저 자신이 무엇을 하고 있었는지 알게 되어 재미있습니다.

이치카와 이런 소설이었다는 것을 나중에, 예를 들면 사사키 아타루 스스로 알게 되거나 혹은 독자인 제가 읽어냄으로써 '진위로서의 소설 날조'가 이미 존재하는 작품에 덧씌워집니다. 그렇게 몇 번씩이고 다시 쓰이기에 재미있는 것이죠.

사사키 『구하 전야』의 주인공과 『행복했을 석에 그랬던 것처럼』의 주인공 모두 건망증이 있습니다. 모든 것을 남기지는 못하지만, 하나도 남지 않은 것은 아닙니다. 남는 것이 전혀 없다면 완전히 새로 다시 시작할 수 있을지 모르지만, 그런 일은 인생에서도 역사에서도 일어나지 않아요. 과거를 없었던 것으로 할 수는 없습니다. '남지 않는 것'도 무섭지만 '남는 것'이 더 무서운 경우도 있습니다. '기억하고 있다', '남아 있다'고 생각하는 사람이야말로 깊디깊은 망각에 '빠져巢食われて/구원받고救われて'* 있는지도 모릅니다. 한편 '잊어버렸는지도 모르겠다'고 생각하는 사람이 더듬더듬 입에 담는 말이 실은 과거의 기억을 '건져내고掬って/구원하고救って'** 있는지도, 과거에 '구원받고/빠져' 있는지도 모릅니다.

---

* '빠져巢食われて'와 '구원받고救われて'는 일본어로 발음이 똑같이 '스쿠와레테すくわれて'다.
** '건져내고掬って'와 '구원하고救って'는 일본어로 발음이 똑같이 '스쿳테すくって'다.

이치카와 맞습니다. 그리고 여기에 이르러 '대독'이라는 구조가 회귀하죠. '타자의 것을 대신 읽는' 행위가 이처럼 돌고 돌면 '내' 인생의 대독으로 재독해되는 겁니다. 그리고 이 이야기 자체가 '소설가 사사키 아타루'와 '철학자/비평가 사사키 아타루'라는 두 가지 뜻이 되기도 하죠. '소설가 사사키 아타루'가 쓴 것을 '철학자/비평가 사사키 아타루'가 나중에 읽음으로써 또 다른 의미가 생성되는…… 그렇죠?

사사키 음, 별로 생각하고 싶지 않네요. (웃음)

이치카와 하지만 그렇게 만들어진 작품이잖아요? 의도해서 만들었다면 약은 생각이지만, 어쨌든 작품은 그런 구조를 갖고 있습니다.

사사키 오늘 이치카와 씨와 얘기하다 보니 알게 된 것이죠.

이치카와 그렇다 해도, 오늘 이런 사실을 알게 됐다면 앞으로는 그렇게밖에 생각이 안 들겠죠. 물론 이 또한 다르게 고쳐 쓰일 운명이지만. 작중 '노트'에서 누나가 자신을 2인칭으로 '당신'이라 부르고 또 '나'라고도 부르는 이런 분열과 이중성이 바로 인간 '사사키 아타루'가 택한 『행복했을 적에 그랬던 것처럼』의 소설 작법이고, 우리와 기억의 관계 또한 그러하다. 너무 깔끔할 정도로 정리가 되네요.

사사키 의도한 것이 아닙니다.

이치카와 물론 이처럼 알기 쉽게 정리해버리는 '이야기'도 사사키 아타루한테는 피해야 할 대상이겠죠. 그리고 이는 충분히 수

궁이 갑니다. 하지만 이 작품은 독자에게 작품의 진정한 첫 번째 줄이라고 할 수 있는 제목(『행복했을 적에 그랬던 것처럼』)에서 이미 그 다양성 앞에 멈춰 서게 한 다음, 이야기에 있어서도 앞머리부터 거의 쓸모없는 것처럼 보이는 몇 차례에 걸친 우회를 그려가고 있잖아요? 의도치 않게 이들은 공모 관계에 있습니다. 예를 들어 쓸데없이 요리 같은 걸 하고 있잖아요? (웃음)

사사키 그건 원고를 쓰기 싫어서 그렇게 된 겁니다. (웃음)

이치카와 더 이상 하기가 싫어서 요리로 빠진다…… 주인공과 작가가 똑같네요. (웃음)

사사키 주인공은 일종의 서사를 작동시키는 힘에 거슬러, 누나의 노트 대독을 싫어하며 꾸물거립니다. 이것과 저 자신이 소설 집필이 힘들어 꾸물거리는 것이 병치되어 있는 게 아닐까 합니다.

이치카와 그 와중에 주인공이 요리하다가 다치잖아요? '피가'라고는 절대 쓰지 않고 '빨강'이라고 씀으로써—옆으로 뻗어나갈 수 있는 디테일을 제시함으로써—다시 한번 소설로 돌아오는 장면입니다. 이때 빨간 피가 연노란 연근에 떨어지는 것으로 묘사되는데, 그 자체가 나중에 누나의 영화에 대한 특징적인 색채의 기억으로 나오는 빨강과 노랑을 이미 예고하고 있습니다.

사사키 아, 전혀 몰랐어요! 눈앞에서 테마 비평을 당하니 굉장히 분하네요. (웃음) 그러고 보면 처음과 마지막에 꽃의…… 아니, 이렇게 저까지 테마 비평에 빠지는 것은 함정이 분명해요. 그만두겠습니다. (웃음)

이치카와　하하. 하지만 글을 쓰다 보면 일정 부류의 글쓴이들은 무의식적으로 그렇게 되는 것 같습니다. 저 자신의 글이 그렇지만 언뜻 보기에 선 모양으로 뻗어가는 문장도 실은 글쓴이의 의식에 있는 말과 이미지의 재구축이기 때문에, 이미 자신이 쓴 글이 재귀적再歸的으로 나타나는 것까지 포함해, 반복적으로 참조할 수밖에 없는 것이라고 생각합니다. 특히『행복했을 적에 그랬던 것처럼』은 일관되게 허위와 현실을 왕복하고 있으므로, '자기가 갖고 있는 현실의 기억'과 '현재의 자신', '픽션으로서의 텍스트'와 '이를 쓰고 있는 나', 이 모두가 각각 신뢰하기 어려우나 '항상 거기에 있는 것'이라는 스타일을 지니고 있기에 상호 침투하는 것은 구조적인 필연이 아닐까요? 조금 전에 베케트 얘기가 나왔습니다만 그야말로 행복했던 과거가 있기 때문에 지금 괴롭고, 행복했던 과거가 있기 때문에 지금 행복한, 이렇게 서로가 반전하면서도 참조하는 구조를 사사키 씨가 좋아한다는 사실과 이 작품은 잘 연결된다고 생각합니다. 그런 의미에서 사사키 아타루에게 '소설'은 존재하지도 않았던 행복의 회상을 스스로 금하는 듯한, 그 자체가 모순된 '마초적이자 마조히스틱한 행위'가 아닐까요?

그 누구도 아닌 누군가가 되는 모험

이치카와　조금 전에『구하 전야』에 대해 "손가락이 멈출 때까지 쓰려 했다"고 말씀하셨는데 『행복했을 적에 그랬던 것처럼』의 끝은 언제, 어떻게 도래했습니까?

사사키 실은 마지막 장면에서 손이 딱 멈추는 바람에 남은 세 장을 쓰지 못하고 있었습니다.

이치카와 마지막 두 페이지는 매우 정서적인, 인상 깊은 문장이 잖아요?

사사키 그 앞 "모든 것이 재가 되지는 않는다" 단락에서 멈췄습니다. 그리고 3일 정도 어찌할 바를 모르고 있었죠. 그때 엔조 토円城塔 씨의 「어릿광대의 나비」가 실린 『군조群像』를 우편으로 받았습니다. 이는 끝내지 않으려고 깊고 많은 생각을 거친 작품입니다. '일단 여기서 끝낼 수 있겠다' 하는 부분이 몇 군데 있는데도 결코 끝내지 않습니다. 그 글을 읽으면서 '그렇구나'라는 생각을 했는데, 그러고 나니까 이유는 모르겠지만 쓱쓱 쓰이더라고요. 작풍부터 시작해 모든 부분에서 전혀 다른 소설인데도 말입니다.

이치카와 하지만 사사키 씨는 깔끔하게 끝을 맺고 있습니다. "행복했을 적에 그랬던 것처럼"이라는 한 줄이 마지막을 장식할 정도로.

사사키 착지하지 않아도 된다, 깔끔하게 마무리 짓지 않아도 된다, 마무리 따위는 무시하고 이야기를 그대로 내팽개치자, 이런 각오를 하니까 나오더라고요. 아예 "행복했을 적에 그랬던 것처럼"이라는 이야기가 아니라고 생각하던 차였어요. 반대로 "행복했을 적에 그랬던 것처럼"이라는 이야기가 안 돼도 상관없다고 마음먹으니까 마지막에 가서 그 한 줄이 들어갔습니다. 그 직전의 한 줄을 쓸 때까지도, 이 마지막 줄이 들어갈 것이라고는 생각하지 않았습니다.

이치카와   이 괴로움은 뭘까요? 근대 소설 혹은 그 이후에 소설을 쓰는 자의 '깔끔한 마무리를 거절하고 싶다'는 의지는 올바른 비평적 태도라고 생각합니다. 비평은 훨씬 깔끔하게 문장을 끝맺을 수 있습니다. 열린 결론을 제시할 수도 있고, '끝나지 않는다'고 써서 일단 착지하는 것도 가능합니다. 이에 비해 소설은 '끝내서는 안 된다, 끝내고 싶지 않다, 깔끔한 결말을 맺고 싶지 않다'는 의지를 가졌을 때, 이를 비평보다 훨씬 구체적으로 제시하겠다는 꿈을 지닐 수 있습니다. 하지만 이 '끝맺지 않음'을 제시하는 길은 비평 이상으로 어렵습니다. 사사키 씨는 조금 전에 "멈춰버렸다"고 말씀하셨는데, 거기서 돌연 끝내버리겠다는 생각은 고려하지 않았나요?

사사키   거기서 끝내서는 절대 안 된다고 생각했습니다. 거기서 끝낼 거라면 차라리 담당자한테 무릎 꿇고 사죄한 다음 원고를 불태워버리려고 생각했을 정도예요.

이치카와   어딘지 이상한 작품을 좋아하는 저는 거기서 불태워버렸으면 좋았으리라는 생각도 듭니다만 사사키 씨는 태우지 않고 착지하는 길을 찾으려 하신 거네요? 정말 태웠다면 제가 읽을 일도, 이렇게 둘이 얘기할 일도 없었겠습니다만.

사사키   아니요, 오히려 태워버리는 쪽이 더 정직한 것이었을지도 모릅니다. 하지만…… 역시 모든 것을 태우는 것은 불가능하거든요. 소설 내용이 딱 그렇습니다만. 남고 마는 잔혹함도 있고, 남김없이 사라지고 마는 잔혹함도 있고, 옛날엔 행복했다는 잔혹함도 있고, 지금 상실해야 할 행복을 살고 있다는 잔혹함도 있고, 이들 모두가 한낱 꿈에 불과했을지도 모른다는 잔혹함도 있습니다. 실은 꿈이 아니었다는 잔혹함도……. 하지만 말입니다, 이 잔혹함 자체가 '행복'이라는 생각도 듭니다. 아르튀르 랭보의 "나는 터무니없는 오페라기 되었다. 나는 모든 존재가 행복의 숙명을 짊어지고 있는 것을 보았다"라는 구절과, 뒤이어 "행복은 나의 숙명, 나의 회한, 나의 구더기였다"라는 구절이 있지 않습니까? 이는 모든 '행복의 잔혹함'을 경험하면서 존재해야 하는 현실을 읊은 절창絶唱입니다. 제가 그런 위대한 문구를 쓸 수 있을 거라고는 꿈도 못 꿉니다만 글을 쓸 때 이런 잔혹함을 긍정하고 사랑하는 것만큼은 의식하고자 합니다.

이치카와   그것이 사사키 아타루의 '문학에 대한 사랑'이라고밖에 표현할 길이 없는 부분인 듯싶네요. '자기 몸을 불태운다'는 말로 비유한다면 낭만주의 이상으로 낭만주의적이지만, 그야말로 '소설을 불태우듯 쓴다. 하지만 태우지 않고 쓴다'. 그 잔혹함을 받아안음으로써, 잔혹하면서도 절대적인 사랑을 쓰려고 하는 게 아닐까. 그런 생각을 합니다. 이를 타자에 대한 사랑이 아니라 지금까지 읽어온 텍스트에 대한 사랑이라고 말할 수도 있습니다. 겸허하면서도 과시적으로 들리는 지금의 얘기를 무조건 긍정하는 것은 사사키 아타루적인 선동에 편승하는 듯해서 망설이게 됩니다만 잔혹함 자체를 '행복'으로 파악하는 것이 글쓰기의 조건이라는 말씀은 알 것 같습니다.

사사키 블랑쇼, 푸코, 베케트, 들뢰즈를 비롯해 다들 말하고 있습니다만…… 이는 곧 누가 말했든 상관없다는 뜻이기도 합니다만 쓴다는 것은 이름을 잃고, 얼굴을 잃고, 내력을 잃고, 그 누구도 아닌 누군가가 되는 것이라고 생각합니다. 키르케고르는 "'신앙의 기사'는 어디에나 있으므로 소시민과 별다를 게 없다"고 말하고 있습니다. 그런 누군가가 되려고 시도하는 것, 그것이 쓴다는 행위입니다. 특히 소설을 쓴다는 것은 그렇다고 봅니다. 조이스는 웨이터나 과일 장수 등 이름 없는 사람들과 계속 관계를 유지했습니다. 시간 낭비라고 충고하는 사람에게는 "나는 한 번도 따분한 사람을 만난 적이 없다"고 대답했다고 합니다. 전기 작가 리처드 엘먼은 "다른 작가가 이렇게 얘기하면 그냥 감상적으로 들릴 것이다"라고 말합니다. 왜냐하면 "평범함이 무엇인지, 조이스가 그것을 썼을 때 비로소 사람들은 이해했"기 때문에. 헨리 제임스는 "소설가란 그에게 있어 쓸모없는 것이라곤 아무것도 없는 사람을 말한다"라고 말하고 있습니다. 뷔토르가 이를 인용하고 있죠? 소설에는 그런 힘이 있습니다. 그 누구도 아닌 누군가가 되려 하고, 그 누구도 아닌 누군가가 되는 사람. 나아가 그 누구도 아닌 누군가도, 그 무엇도 아닌 무언가도, 이 모든 것을 결코 쓸모없게 만들지 않는 자. 그런 이를 소설가라고 부를 수 있다면, 저는 소설가가 되고 싶었습니다. 정말 이를 위해 소설이 쓰이는 것이라면. 저자로서 '사사키 아타루'라는 이름이 적혀 있는 것은 관습에 불과합니다. 아마『구하 전야』는 그런 이야기였다고 생각해요.『행복했을 적에 그랬던 것처럼』에 나오는 누나는 설정상 저명한 작가입니다. 하지만 이는 그녀가 어떻게 해서 이름 없는 자, 사라져버린 자와 대면하고 있었는지, 그리고 덧없이 사라져갔는지, 나아가 완벽하게 사라지는 데에는 왜 실패했는지에 대한 이야기이기도 하니까요.

그 누구도 아닌 누군가가 된다. 지각되지 않는 자가 된다. 이는 하나의 모험입니다. 들뢰즈는 이를 도주선이라 불렀죠. 생성변화라고도 불렀습니다. 누구에게도 알려지지 않은 채 완벽하게 사라져간, 푸코가 말하는 "오욕투성이인 사람들"이 "되는" 것이죠. 역설적으로 들릴지도 모르겠습니다. 하지만 원래 소설이란 그 누구도 되지 않기 위한 영위입니다. 제가 이를 얼마나 잘 실천할 수 있을지는 저도 모릅니다. 저는 제 선을 그으며 찰나에 불과하더라도 저 자신의 방법으로—적어도 저는 아닌—아마 저 자신도 모르는 '누군가'가 되기 위해 시도하고, 또 시도할 뿐입니다.

『분게이』, 2011년 겨울호, 가와데쇼보신샤

변혁을 향해, 이 치열한 무력을
— 2011년 11월 17일, 후쿠오카 강연을 바탕으로 한 텍스트

I
부기

이 글은 후쿠오카福岡에서 있었던 북오카 2011 강연 내용을 중심으로, 그 전후 1개월간의 다른 강의 등에서 했던 발언을 모은 것이다. 다음 글인 교토 강연과 중복되는 내용이 많아 그 부분을 최대한 정리했다.

여러분은 아마 지금 '실감'이 나지 않을 거라 생각합니다. 실감만큼 미덥지 않은 것은 없습니다. 그야말로 이를 절절히 느끼고 계시리라 생각합니다. 다소 역설적인 표현입니다만 사실 그런 상태에 있다고 생각합니다.

지금은 위기의 시대라고 합니다. 그렇겠죠. 하지만 저 참사 이후에도 회색 잡음과 같은 떠들썩함 속에서, 저 상황에서도 평탄하게 이어지는 일상에서 우리는 정말 위기를 실감하며 하루하루 살고 있을까요? 갑자기 이 실감이 희미해지고, 일상 속에 섞이고 만 게 아닐까요? 여기가 대지진으로 직접적인 피해를 입은 곳에서 상대적으로 멀리 떨어진 후쿠오카여서 그런 것은 아닐 겁니다. 그렇다고 해서 지금을 태평성대로 실감하는 사람 또한 없을 겁니다.

물론 라캉에 따르면 '실감'이 주는 '리얼한 느낌'이 원래 의심스럽습니다. 다만 여기에선 자세한 얘기를 하지 않겠습니다. 왜냐하면 그 '의심스러움'을 우리는 이미 이렇게 살고 있으니까요.

그로부터 반년 이상 세월이 흘렀습니다. 그동안 저는 '3·11 이후의 문화'에 대해, '3·11 이후 세계가 어떻게 변했는가' 얘기해달라는 의뢰를 몇 번이나 받았습니다. 물론 전부 다 거절해왔습니다. '3·11'이 도대체 무엇을 지칭하는지 저는 잘 모르겠습니다.

그날의 쓰나미에 의해 부모 형제 자식이 모두 휩쓸려간 사람의 3·11과, 후쿠시마 원전 근처에 살다가 피난할 수밖에 없게 된 사람의 3·11과, 자기 할아버지가 끝까지 거기서 살겠다며 전혀 말을 귀담지 않는 바람에 할 수 없이 내버려두고 온 사람의 3·11이 과연 같을까요? 이 같은 '포기'는 제1차, 제2차 세계대전 때도 자주 일어났습니다. 자국 군대가 포기한 마을에서 공습을 당하자 집에 늙은 가족을 두고 온 사람이 많습니다. 이는 물론 심적 외상이 되기 때문에 기록으로 많이 남아 있습니다.

도쿄에 살고 있는 사람에게도, 이곳 후쿠오카에 살고 있는 사람에게도 각기 다릅니다. 도쿄 전력이나 보안 요원 그리고 경제산업성 고위 관리들의 3·11도 그렇고, 일본에 원전 도입을 결정한 퇴역 관리들에게도 꽤나 다르겠죠. 제 친구 중에 이와테岩手 사람이 둘 있습니다. 둘 다 내륙부인 모리오카盛岡 근처 출신입니다. 이 둘은 출생지, 성장 배경, 성격 등이 전혀 다르지만 똑같은 감정에 이끌려 같은 활동을 하고 있습니다. 즉 같은 '지역'에서 태어난 사람들은 고통받고 있는데, 자신들은 내륙 출신이라는 이유만으로 그 피해를 면하고 도쿄에서 일하고 있다는 데 죄책감을 느끼는 듯 매우 열심히 자원봉사 활동에 참가하고 있습니다. 그들의 3·11 또한 다르겠죠.

그리고 도쿄의, 상대적으로 안락한 나날을 보내는 좋은 집안 출신 지식인이 키보드를 두드리며 3·11 이후의 문화, 문학, 정치 등을 논하다 우울에 빠지는가 하면 돌연 들뜨는 등 야단법석을 떨고 있습니다. 이 사실을 '다른 수많은 3·11'을 살았던 사람들이 어떻게 느낄지 과연 생각한 적이 있을까요? 그리고 발언을 의뢰받아 실제로 발언을 하고, 그에 따른 사례를 받고 이를 통한 사회적인 영향력 행사를 자명하게 여기는, 그런 자세를 한순간이라도 의문시한 적은 없는 것일까요? 이는 어떤 면에서 강제에 다름 아니며, 일종의 담론상 함정을 만드는 것이 아닐까요? 물론 이는 자기반성을 내포한 말입니다. 지진 전에 정해졌던 일이긴 하지만 이렇게 여러분 앞에서 이야기하고 있으니까요. 저는 '나만은 예외'라는 사고방식을 원칙적으로 좋아하지 않습니다. 이렇게 혀를 놀리는 것이 업이 될 것이라고는 얼마 전까지만 해도 생각지 못했습니다만 그렇다고 새삼스레 '나는 지식인이 아니다'라고 시치미를 떼지는 않겠습니다.

3·11 '이후'라는 것도 엉터리입니다. 지금이 무슨 일이 일어나기 '이전'이 아니라는 증거가 어디 있습니까? 얼마 전 여기 후쿠오카 현에서도 시위가 있었습니다. 1만 5천 명이 모였다고 들

었습니다. 그녀들, 그들이 호소한 것처럼 겐카이玄海 원전에서 사고가 난다면 어떻게 해야 하나요? 그리고 문화적으로 지리적으로 가까운 이웃 나라 한국에도 원전이 많이 있습니다. 소식을 들으니 한국의 관리 체제도 일본과 마찬가지로 엉성한 것 같습니다. 만약 무슨 일이 있으면 하카타博多는 어떻게 될까요? 이런 생각을 하게 되는 겁니다. 어찌 된 이유에서인지 원전 문제를 '일본'의 문제로 논하는 사람이 많이 있습니다만 당연히 이 문제는 '일본'만의 문제가 아닌 것입니다.

다시 한번 확인해둘 필요가 있는 것 같습니다. 저는 위기감을 부추기는 게 아닙니다. 『야전과 영원』에서 분명히 얘기했듯이 저는 선동을 매우 싫어합니다. 제 발언으로 부추김을 당했다는 분들은, 죄송한 말씀이지만 멋대로 부추김을 당하고 있을 뿐입니다. 또 최근 몇몇 학생들한테 질문을 받고 깜짝 놀랐는데, 사사키 아타루라는 사람이 "아무것도 끝나지 않는다. 아무것도 변하지 않는다. 그리고 아무것도 시작되지 않는다"라고 말했나 보더군요. 그런 말을 한 사사키 아타루라는 사람을 저는 전혀 모르는데, 여러분은 알고 계시나요? (웃음) 이 자리에 있는 사사키 아타루는 아무것도 변하지 않는다는 따위의 얘기를 한 적이 결코 없습니다. 이는 혁명에 대해 논한 책 『잘라라, 기도하는 그 손을』을 일별하기만 해도 알 수 있습니다. 아무것도 시작되지 않는다고요? 정반대되는 얘기는 한 적이 있습니다. 서점에 가서 조금 전에도 말한 『야전과 영원』이라는 제 첫 저서의 마지막 글귀를 읽어보세요. 그것이 증거입니다. 어떤 식으로 요약됐는지는 제가 알 바 아닙니다. 악의 섞인 오독을 하는 사람은 어디에나 있으니까요.

얘기가 옆으로 샜습니다. 요점만 말하자면 '3·11 이후'라는 담론 자체가 이미 거짓 문제입니다. 이런 얘기를 하면 사사키는 3·11에 일어난 그 거대한 참화를 상대화하려 한다, 이재민의 고통을 가볍게 여기고 있다는 등의 오해가 생길 게 뻔합니다. 하지만 그렇지 않습니다. 지금은 음…… 이렇게 말해도 오해를 피할 수 없다면 이렇게 말하겠습니다. 우리는 대지진 아래에 있고, 재해 한복판에 있습니다. 우리가 실은 이미 살고 있던, 그리고 악몽으로 여기고 싶을 정도로 처참한 방법으로 드러난, 굴욕 아닌 치욕의 과정 한가운데에서 살아갈 것을 강요받고 있습니다. 아무것도 끝나지 않습니다. 아무것도 '이후'가 되지 않았습니다.

또 하나 거짓 문제의 함정이 있습니다만 그건 나중에 다루도록 하고 일단 원래 얘기로 돌아가겠습니다.

이 불가사의한 '실감의 부재'는 도대체 어디에서 연유하는 걸까요? 그토록 놀라운 일이 일어났는데 이처럼 아무렇지도 않게 일상은 계속되고 있습니다. 왜일까요? 여기에는 두 가지 이유가 있습니다. 그리고 두 이유는 그 뿌리가 이어져 있습니다. 여러분께서는 신문, 잡지, 텔레비전 등에서 쏟아지는 전문 용어의 샤워에 피곤하실 테니 일부러 매우 소박하게 얘기하겠습니다. '일부러

무지인 체하는 것'은 별로 좋아하지 않지만 철학의 기본적인 태도니까요.

먼저 우리는 매우 기묘한 '유예' 상태에 놓여 있습니다. 오늘은 젊은 분부터 나이 드신 분까지 다양한 분들께서 와주셔서 정말 기쁩니다만 이 중에는 어린 자녀가 있는 분도 계시겠죠. 이곳은 후쿠시마에서 멀기 때문에 외부 피폭에 대해서는 크게 걱정하지 않으실 겁니다. 하지만 저선량低線量 피폭이나 내부 피폭 등을 걱정하는 분은 계실지도 모릅니다. 아무리 후쿠오카가 후쿠시마에서 멀리 떨어져 있다지만, 예를 들어 외식할 때 음식의 산지産地가 어디인지는 잘 모르기 마련입니다. 생선 한 마리를 사도 '양륙揚陸 항구'만 기재되어 있을 뿐이고, 우리는 이 생선이 어느 바다를 헤엄치고 있었는지 알기 어렵습니다.

따라서 조금이라도 지식을 얻기 위해 관련 서적을 읽는데, 누구도 트집 잡지 못할 만큼 훌륭한 경력과 지위를 가진 전문가들이 서로 정반대 얘기를 하고 있습니다. 어떤 사람들은 "일정량 이하의 피폭은 건강에 전혀 영향을 미치지 않고, 유전에도 영향이 없다. 생선을 먹어도 괜찮을뿐더러 플루토늄은 입에 들어가도 괜찮다"고 대중 매체에서 큰소리칩니다. 또 체르노빌에서는 아이들의 갑상선암만 약간 증가했는데, 갑상선암은 치료할 수 있으므로 문제없다는 얘기를 합니다. 하지만 또 다른 사람들은 그런 '일정량' 같은 것은 애초에 존재하지 않고, 체르노빌에서는 방광암이나 유전적 문제를 안고 있는 아이들이 태어나고, 열화 우라늄탄 피해를 입은 지역에서는 유방암, 백혈병, 뇌종양 등이 동시에 발병하는 사례가 많이 보고되고 있다고 합니다. 이에 다시 반론이 제기돼, 음주나 담배의 발암 리스크에 비하면 방사선의 발암 리스크는 미미하기 그지없다, 오히려 그런 유언비어에 의한 스트레스가 암 증가의 원인이라는 얘기가 나옵니다.

도대체 어느 쪽 얘기가 맞을까요? 무엇이 진실일까요? 저는 대지진 한 달 후에 열렸던 강연에서 "사실은 누구도 사태의 전모를 이해하지 못하고 있는 게 아닐까, '알고 있는' 사람은 없는 게 아닐까?"라고 말한 적이 있습니다. 물론 이번 원전 사고에선 '은폐'라 불러도 될 만한 일이 있었다는 것이 밝혀졌습니다만 은폐했던 사람들도 실은 자기가 무엇을 하고 있는지 몰랐던 게 아닐까요? 자신의 일시적인 입장이나 이익을 위해 그런 언동을 했을 때, 그것이 머나먼 미래에 어떤 결과를 불러오게 될지, 어떤 화근을 미래의 인류에게 남길지 모르고 있는 것입니다. 때문에 그런 행동을 할 수 있는 것이고, 지금도 실제로 그런 행동을 하고 있는 것이죠. 그렇다면 누가 '알고' 있고, 누가 모르고 있을까요? '전문가'가 아니면, 원자력 공학이나 방사선 의학 전문가가 아니면 모른다고들 하죠. 물론 저도 전문가는 아닙니다. 따라서 말할 자격이 없는지도 모릅니다. 하지만 '전문가가 되는' 과정 자체가—세뇌라고 하면 표현이 지나치겠습니다만—일종의 맹목을 내장하는 과정이라면 어떻게 될까요? 특정 부분에 대해 반은 무의식적으로 눈을 감는 것이 그 분야의 '전문가가 되기' 위한 전제라고 한다면 어떻게 될까요?

　반복하겠습니다. 그렇다면 무엇이 옳을까요? 어느 쪽이 옳은 걸까요? 모릅니다. 누구도 판단할 수 없습니다. 히로시마, 나가사키, 체르노빌 그리고 많은 핵 실험과 열화 우라늄탄 사용에 대한 조사를 통해 어느 정도 파악할 수는 있겠죠. 하지만 후쿠시마는 후쿠시마대로 전대미문의 사태여서 앞으로 어떤 일이 일어날지 다 알 수는 없습니다. 여기까지 이르면 물리학이나 의학의 문제가 아니라 철학의 문제가 됩니다.

　'종언의 철학자'이자, 이 때문에 근대 최대의 철학자가 된 헤겔이라는 사람이 있습니다. 철학을 하려는 사람은 헤겔을 거부하기 위해서라도 먼저 헤겔주의자가 돼야 한다는 말이 나올 정도의 철학자입니다. 그는 『정신 현상학』에서 "진리는 전체다. 그리고 전체란 자신을 전개함으로써 스스로 완성해가는 실재에 다름 아니다"라고 말하고 있습니다. 또 『법철학』에서는 "미네르바의 부엉이는 황혼에야 날개를 편다"고 말하고 있습니다. 미네르바의 부엉이는 여기서 '인식하는 이성'을 상징합니다.

　이 자리가 헤겔을 논하는 장소는 아니므로 간략하게 설명하겠습니다. 그에 따르면 진리란 전체입니다. 즉 원전 사고에 의한 건강상의 피해는 미미한 것에 불과하다는 논자와 원전 사고는 비참한 피해를 가져온다는 논자가 있습니다. 원전 추진파, 탈원전파 등의 꼬리표마저 우리에겐 익숙한 말이 되고 말았습니다. 이 중에는 다양한 입장과 이론이 있을 겁니다. 하지만 이들 하나하나가

'진리'는 아닙니다. 헤겔은 이들 여러 사람이 주장을 논하고, 비판하고, 반비판하는 과정 자체가 '역사'며, 그 '역사 전체'야말로 '진리'라고 말한 것입니다. 즉 일반적 의미로는 나중에 오류로 알려진 논리 또한 역사의 일부로서, 최종적으로는 '전체로서의 진리'에 포함됩니다. 따라서 헤겔 철학은 근본적인 의미에서 역사 철학이며 '종언'의 철학입니다. 왜 그럴까요? 왜냐하면 역사가 끝나지 않으면, 더 이상 인간이 진보하지 않는 '종언'이 도래하지 않으면 역사가 닫혀 '원환圓環'을, '전체'를 이루지 않기 때문입니다. 예를 들면 헤겔은 축구 월드컵이 끝난 뒤에 와서는 우승한 팀을 가리키며, 그리고 거기서 치른 모든 시합을 가리키며 "이것이 진리다"라고 선언하는 것입니다. 따라서 헤겔의 승리는 확실합니다. 틀림없이 진리를 골라냅니다. 왜냐하면 '나중에' 고르기 때문입니다.

역사가 끝나야 비로소 역사는 하나의 체계화된 '전체'가 됩니다. 그리고 역사가 끝나지 않으면 이를 멀리서 바라보는 시점 또한 나타나지 않습니다. 그리고 이 장대한, 오류와 죽음도 포함한 인류 역사 전체가 '진리'인 것입니다. 끝에 이르러서야 확실한 절대 진리가 나타납니다. 왜 절대일까요? 오류도 그 역사 전개 안에 포함되어 있기 때문입니다.

하지만 과연 이 원전 사고에 끝이 있을까요?

이번에 일어난 원전 사고에, 그리고 앞으로 일어날지도 모를 원전 사고에, 혹은 핵 실험이나 핵무기에 의한 피해에 끝이 있을까요?

세슘 137은 반감기가 약 30년이라고 합니다. 하지만 플루토늄 239의 반감기는 아시는 것처럼 2만 4천 년입니다. 열화 우라늄의 대부분을 차지하는 우라늄 238은 45억 년이라고 합니다. 2만 년 전, 우리는 문자를 몰랐습니다. 농경을 하지 않고 있었습니다. 목축을 몰랐습니다. 개를 사육하고 있지 않았습니다. 북극성은 우리가 알고 있던 북극성과는 다른 별이었습니다. 이 열도는 지금과 다른 모습이었고, 소야 해협宗谷海峽은 존재하지 않았습니다. 2만 년 후, 우리가 어떻게 되어 있을지 누가 알 수 있을까요? 끝은 존재하지 않는 것입니다. 헤겔이 말하는 '전체로서의 진리'를 만드는 '역사의 종말'은 전혀 통하지 않습니다. 나중에 골라야 하는데 그 '나중'이 없기 때문입니다.

예를 들어 그나마 30년이라면 어느 정도 피해를 파악할 수 있을 겁니다. 이 사고의 피해가 어느 정도인지, 허위와 은폐가 없다면—가능성은 희박하지만—알 수 있을 것입니다. 어찌 되었든 '종말'이 오면 그로부터 거슬러 올라가 나중에 고른 '진리'를 손에 넣을 수 있을 겁니다. 하지만 그때는 너무 늦습니다. 미래에 도래할 '나중에 고른 진리'는 아무 쓸모가 없습니다. 우리는 지금 그런 사태에 놓여 있는 것입니다.

그럼 어떻게 해야 할까요? 양쪽 '전문가들'의 의견 모두—백보가 아니라 천보 양보해서 이렇게 말하겠습니다—어느 정도 진리로 보인다면 어떻게 해야 할까요? 여러분은 조금씩이라도 원자력 발전이나 방사선에 관한 책을 읽거나 공부를 하고 계실 겁니다. 이건 제 친구가, 어머니가 된 지 얼마 안 된 평범한 직장인이 그에 대한 공부를 하다 지쳐서 거친 목소리로 중얼거린 말입니다. "결국 믿느냐 안 믿느냐의 문제라는 거야?" 여러분도 그렇게 생각하고 있지 않습니까? 예를 들어 어느 한쪽을 진리라고 여겨 이를 '믿고' 그 의견 쪽에 선다면 '나중에' 도래할 헤겔적 진리를 가진 자들에 의해 단죄당하고 조소당할지도 모릅니다. 그러나 판단을 내릴 수밖에 없다면 어떻게 해야 할까요? 이는 도박입니다. 헤겔 이후의 철학자들이 '목숨을 건 도약'이나 '행운' 그리고 '도박'을 강조한 것은 겉멋이나 허세, 말장난이 아닙니다.

원전 사고의 방사선 피해는 있습니다. 그리고 모든 종류의 핵무기와 원전은 전 세계에서 신속하게, 완전히 '폐기'돼야 합니다. 인류는 모든 지혜를 모아 이를 향해 '진화'해야 합니다. 이는 후퇴도 철수도 아닙니다. 이는 변혁이자 새로운 세계의 시작입니다. 저는 이렇게 생각합니다. 즉 이쪽에 걸겠습니다. 그리고 여러분께서도 이쪽에 거셨으면 합니다.

한쪽에 걸 때 명확한 근거는 없습니다. 아니, 없어도 됩니다. 그러나 한마디만 덧붙이죠. 만약 방사선이 건강에 거의 영향을 미치지 않는다고 가정한 후 건설한 우리 미래와, 방사선 피해는 막대하다고 가정한 후 건설한 우리 미래에 벌어진 최악의 사태 중 어느 쪽이 비참할까요? 답은 하나입니다.

원래 얘기로 돌아가죠. 어디까지 얘기했죠? 아, 그렇죠. "그토록 놀라운 일이 있었는데 우리는 '실감'이 나지 않습니다"였죠. 우선 지금 말씀드린 것처럼 이 사태에는 거의 '종언'이라는 것이 없기 때문에 '끝장'나는 일이 없으며, 따라서 전체를 내다보는 시점이 성립하지 않습니다. 아무리 시간이 지나도 '알았다'는 실감이 없는 것입니다. 하지만 이뿐이 아닙니다.

두 가지 죽음이 지금 모습을 드러내고 있는 듯합니다. 하나는 찰나의 죽음입니다. 지진이 있었고 쓰나미가 있었습니다. 안타깝게도 순식간에 죽어간 사람들의, 직접적이고 순간적인 죽음입니다. 적어도 특정 시간 내에 죽음이 도래하는 '짧은 죽음'입니다.

이런 '짧은 죽음'조차 '실감'하기는 어려울 것입니다.

여러분 중에도 가족이나 소중한 사람을 잃은 분이 계시겠죠? 이분들은 아실 겁니다. 죽음이라는 게 좀처럼 실감 나지 않는다는 것을.

장례식이 끝나고, 49제도 마치고, 바쁜 나날 속에 나도 모르게 찻잔을 두 개 내놓고 차를 따릅니다. 차를 마시며 바로 앞에서 김이 피어오르는 또 하나의 찻잔을 멍하니 쳐다보다가, 그때서야 '그러고 보니 이 찻잔은 이제 쓸모없는 거구나' 하며 겨우 받아들이곤 합니다.

이를 '받아들이기' 위해 인류는 탄생 때부터 장례를 치러왔고, 이에 많은 지혜와 창안의 효과를 쏟아왔습니다. 이 또한 아시는 바대로입니다. 이런 장례나 추도가 한 사회에서 제대로 기능하지 않을 때야말로 그 사회의 근본적인 위기입니다. 이에 대해서는 따로 상세히 논한 적이 있으므로 생략하겠습니다.

　문제는 또 하나의 죽음입니다. 원전 사고로 또 하나의 다른 죽음이 주어졌다고 할 수 있습니다. 바로 완만한 죽음 말입니다. 천천히 다가오는, 미량의, 끝이 없는 죽음이 주어졌습니다. 거대한 수영장에 잉크를 한 방울, 하지만 틀림없이 떨어뜨린 것과 같죠.

　다시 말씀드립니다. 이토록 아무렇지도 않게 일상이 계속되고 있습니다. 제게는 방사선량이 높아서 핫 스폿이라 불리는 가시와柏 시에 살고 있어 불안해하는 친구가 꽤 있습니다. 군마群馬 현 북부 그리고 이바라기茨木 현 북부도 그렇죠. 한데도 그 후에 비가 추적추적 내리는 계절이 오고, 이어 여름이 오고 가을이 오더니 또 가을비가 내리고 있습니다. 평소처럼 전철과 버스가 운행되고, 절전하자는 얘기를 그토록 외쳤지만 지금은 그런 적이 있기라도 했냐는 듯한 분위기입니다. 도쿄에서도 말입니다. 절전이나 정전이 정말 필요했는지에 대해서조차 결국 아무도 설명해주지 않고 있습니다. 물론 '실제로는 전기가 충분하다' 등의 얘기는 연구하는 분들에게 맡길 일이지 제가 할 말은 아니겠지만 말입니다.

　이처럼 아무렇지도 않게 남은 우리는 계속 살아가고 있으며, 3·11 이전과 거의 구분되지 않습니다. 어쩌면 이게 우리가 겪고 있는 고통인지 모릅니다. 공포의 원인인지도 모릅니다.

　죽음이 절박하지 않습니다. 우리는 얇은 가죽 한 장 정도, 겨우 한 장뿐이라 해도 아마 죽음에 가까워졌을 겁니다. 하지만 죽음은 믿기지 않을 정도로 완만하게 진행돼 '실감'도 없으며, 그 가벼운 둔탁함만이 막연하게 삶을 침식하고 있습니다.

하이데거가 말했죠. 인간은 언제 어디서든 죽을 수 있다는 것을 잊은 채 살고 있다. 죽는 것은 항상 '다른 사람'이다. 이 죽음의 절박하지 않음, 망각 속에서 일상을 일종의 '기분'으로 살고 있다.

하지만 그것은 지금도 마찬가지 아닐까요?

여러분도 아시다시피, 방사선 피폭 피해는 무엇보다 늦게 발견되고 발병한다는 데 그 무서움이 있습니다. 말 그대로 "바로 건강에 영향을 미치지는 않는다"*는 거죠. 20년, 30년 뒤에 어쩌면 후쿠시마에서도 백혈병이나 갑상선암 사망률이 몇 퍼센트 증가하는 데 그칠지도 모릅니다. 게다가 그 원인이 전적으로 후쿠시마 원전 사고에 의한 방사선 피해임을 입증하기는 매우 어렵습니다. 조금 전에 말한 전문가 중 한쪽은 담배나 알코올, 염분 등의 사례를 또다시 들이댈 게 뻔합니다. 전가의 보도인 '스트레스 학설'도 있죠. 이는 히로시마와 나가사키 원폭증原爆症 소송 때 큰 문제가 됐습니다.

그러므로 우리는 방사선이 퍼진 이 열도에서 살아가며, 입증도 인과성도 확정할 수 없는 상태로, 얇은 가죽 한 장만큼 죽음에 근접했고, 죽음에 가까워지고 있습니다. 하지만 죽음이 즉시 오지는 않습니다. 절박하지 않습니다. 수십 년이 지난 먼 훗날의, 입증할 수 없는 완만한 죽음이 안개처럼 뿌려져 있습니다.

---

* 후쿠시마 원전 사고 당시, 일본 정부가 사고와 관련된 발표를 할 때 자주 썼던 표현이다.

이게 왜 무서운 일일까요?

이 새로 주어진 죽음의 완만함이 삶 그 자체와 닮아 있기 때문입니다.

수십 년 뒤 여기에 있는 사람 혹은 그 아이 중 두세 명은 이미 죽어 있겠죠. 아니, 더 많이 죽어 있을지도 모릅니다. 하지만 이는 원전 사고가 일어났든 안 일어났든 똑같은 말이 통합니다. 이것이 이 죽음의 완만함, 즉 재해 이후의 삶이 지닌 잔혹함입니다. 이것이 우리를 힘 빠지게 합니다. 삶을 부식시키고 있습니다.

비슷한 말이 통한다고 했습니다. 결코 같다고 하지는 않았습니다. 비슷할 뿐이지 단연코 같지 않습니다. 이 '유사함'이야말로 우리 삶이 지닌 고통의 원천입니다. 그리고 망각의 원천입니다. 이를 분명히 지적해두고 싶습니다. 이를 '같다'고 해버리면 누군가에게 면죄부를 주고 맙니다.

도망가려는 사람들이 있습니다. 지금 말씀드린 인과 관계의 입증 불가능성을 이용해서, 수십 년 후에야 결과가 나온다는 사실을 이용해서, 그리고 통계 수치의 조작 가능성을 이용해서 꼬리 잡히지 않고 도망가려는 사람들이 있습니다. 그들이 도망치게 내버려둬도 될까요?

3·11 이후 모든 게 바뀌었다는 사람이 있습니다. '실감'하면서 말하는 사람이 있는 겁니다. 그중에는 제가 존경하는 작가나 비평가도 있습니다. 그 마음은 압니다. 하지만 그 마음만 알 뿐이죠. 그 이상은 알 수가 없습니다. 왜냐하면 그것은 9·11 이후 세상이

전부 바뀌었다고 말하는 사람들과 같은 논리가 되기 때문입니다. 9·11 이후 세상이 자신을 노리는 '테러리스트'의 소굴로 보이던 사람들이 있었죠. 그들이 무엇을 했습니까? 무엇을 퍼뜨렸습니까? 이는 원전 문제와 크게 다르지 않을 것입니다.

　3·11 이후 모든 게 바뀌었다는 주장은 무엇이 문제인가? 누가, 무엇을, 어떻게, 얼마나 바꾸었는지 분명하지 않다는 게 문제입니다. 나아가 이 사태 속에서 살아남기 위해 무엇을, 어떻게, 얼마나 변화시켜야 하는지도 알 수 없게 되고 맙니다. 모든 것이 바뀌었다고 말해버리면 모든 사람들에게 책임이 있다는 게 되고 맙니다. 그러나 모든 사람이 져야 할 책임은 책임이 아닙니다. 모든 사람에게 책임이 있다는 말은 책임 회피의 수단일 뿐입니다. '1억 총 참회'였기 때문에 '무책임의 체계'를 허용하고 말았습니다. 이것 아니면 저것All or nothing이라는 생각만큼 도움이 안 되는 것은 없습니다. 완만한 죽음이 우리의 삶과 아무리 닮았다 해도 결코 같지는 않습니다. 누군가가 일으킨 일입니다. 그 누군가. 누가 그랬는가?

　여기서 또 하나 문제가 대두됩니다. 이는 앞에서 말했습니다만 '치욕'과 '굴욕'의 문제입니다. 저는 이 둘을 구분합니다. 질 들뢰즈가 "남자로서 존재한다는 치욕이야말로 글을 쓰는 최대의 이유가 아닌가?"라고 말했습니다. 페티 벤슬라마는 이를 이렇게 바꿔 말했죠. "남자로서 존재한다는 치욕이야말로 혁명을 행하는 최대의 이유가 아닌가?" 왜 '남자'인가에 대한 설명은 일단 생략하겠습니다. 모든 철학이 정치와 연관되는 것은 결국 이 치욕 때문입니다.

치욕honte은 굴욕humiliation과 다릅니다. 치욕은 어디까지나 '우리'의 치욕입니다. 자신에 기인한 그 무엇이 치욕입니다. 굴욕은 그렇지 않습니다. 예를 들어 "제9조는 강요된 헌법이다! 일본인이 이렇게 된 건 중국인 때문이다!"라고 말하는 사람들이 느끼는 것은 '굴욕'입니다. 그것은 항상 '그 누구' 때문에 생긴 것입니다.

굴욕을 느끼는 사람들은 자기 자신을 바꿀 생각이 없습니다. 자기를, 자기 세계를 변혁하고자 하는 동기가 되는 것은 항상 '치욕'입니다. 굴욕은 그 무엇도 바꾸지 않습니다. 그것이 낳는 것은 약자에 대한 폭력과 차별뿐입니다.

이 대지진, 이 재해, 이 사태는 어디까지나 우리의 치욕입니다. 우리의 손도 더러워졌다는 겁니다. '예상 밖'이라는 말은 변명에 불과한 것이, 이미 이 정도 지진은 일어날 수 있고, 일어나면 어떻게 되는지 미리 조사해놓은 자료도 있었습니다. 원전이 얼마나 위험한지, 원전과 관련된 재계, 관료, 정치가 얼마나 기만과 유착에 찌들어 있었는지를 계속 연구해온 사람도 있었습니다. 자료도 있고, 책도 있었습니다. 그런데도 우리는 이를 알려고 하지 않았습니다. 저를 포함해서.

일본이 이런 나라임을 여러분도 희미하게나마 알고 계셨을 겁니다. 하지만 아무것도 하지 않았습니다. 고로 이번 사태는 우리 자신의 책임이기도 합니다. 따라서 우리가 변하지 않으면 아무것도 변하지 않습니다. '누군가가 잘하겠지, 누군가가 제대로 바꿔주겠지'라는 생각은 버려야 합니다. 입을 벌리고 있으면 언제든 할머니가 초콜릿을 입안에 넣어준다는 생각을 해도 되는 것은 유아 시절까지입니다. 시위는 직소直訴가 아닙니다. 우리를 구해주는, 읍소하면 품에서 마패를 꺼내 보여주는 '암행어사' 같은 존재는 존재하지 않습니다. 그런 '누구'는 없습니다. 우리가 우리를 바꾸지 않으면 안 됩니다. 우리의 이 세계를.

그리고 여기서 분명히 해둘 것이 있습니다.

이 치욕의 이름 아래 이 재해는 우리의 책임이기도 합니다. 하지만 이것과 이 재해를 불러온, 거기에 가담한 사람들의 책임을 묻는 것은 모순되지 않습니다. 책임은 추궁해야 합니다. 왜냐하면 이런 무능과 무책임을 허용해온 우리를 바꾸는 것이야말로 우리 손으로 책임지는 것이기 때문입니다. 그렇다면 우리에 속하는 그들로 하여금 우리의 이름으로, 치욕의 이름으로 책임을 지게 해야 합니다. 도망치게 내버려둬서는 안 됩니다.

이런 얘기를 하면 패잔병의 확인 사살이라고 할까, 몰아세운다고 할까 일본인의 못된 점이라고 생각하는 분도 계실지 모릅니다. 하지만 소문만 무성한 작은 '세간世間'에서 누군가를 몰아세우는 일은 잘해도, 우리가 살아가고 아이를 낳아 키우는 거대한 '세상' 차원에서 책임을 묻는 일은 정말 못합니다. 전쟁 때, 사카구치 안고坂口安吾도 일본인은 끝까지 철저히 책임을 묻지 못한다는 얘기를 했죠. 제 말은 그런 작은 '세간' — 원자력 '마을'이라고 바꿔 말해도 됩니다—을 상대로 '세상'의 이름을 걸고 책임을 물어야 한다는 것입니다. 가능하다면 스스로의 책임을 자각했으면 합니다. 얼마 안 되지만 원자력 관련 업무에 종사하는 분들 중에 그런 존귀한 치욕의 감정을 지닌 분도 계시니까요.

다시 한번 말씀드립니다. 책임을 물어야 합니다. 복구가 우선이라고 말하는 사람은 그 누군가를 돕고 있을 뿐입니다. 왜냐하면 이 복구라는 작업이 이뤄지는 과정에서 책임 소재가 갈수록 애매해질 것이 뻔하기 때문입니다.

사이토 다마키齋藤環라는 정신과 의사가 『문학의 단층』에서 매우 흥미로운 얘기를 하고 있습니다. 사이토 씨가 아주 열심히 공부하는 정신과 의사 한 분과 알고 지내는데, 이 분은 철학과 문학에 일가견이 있으며 이를 치료에도 활용하십니다. 그런데 이분이 고베 대지진에 조우해, 말하자면 '압도적인 현실' 앞에서 지식이나 철학 따위는 다 쓸데없다며, 방대한 장서를 모두 버렸다고 합니다. 그리고 이후에 아연실색하고 다시 한 권 한 권 사 모으고 있다고 합니다. (웃음) 이 의사가 말하기를, 자기는 '리얼병'이었다고.

"이 압도적인 현실 앞에서 ○○는 무력하다!" 이런 말을 하는 사람이 지금 많습니다. 이 빈칸에 들어가는 것이 뭐든 상관없습니다. 문학, 예술, 사상 등 뭐든 다 들어갑니다. 하지만 이상하다고 생각되지 않으십니까?

그렇다면 민주당은 무력하지 않았을까요? 자민당은 무력하지 않았을까요? 경제산업성, 보안 요원, 관료는 무력하지 않았나요? 도쿄 전력 사람들은 무력하지 않았나요? 원자로를 만든 미국 회사는? 미국은? 매스컴 또한 무력했죠. 인터넷도 무력하지 않았습니까? 인터넷을 통해 처음으로 알려진 것도 분명 있습니다. 인터넷을 통해 시위가 일어났고, 저도 참가했습니다. 하지만 그렇다고 해서 인터넷이 '힘이 있다'고는 할 수 없습니다. 인터넷도 민주당이 갖고 있던 정도의 '힘은 있었다'는 것이죠. 하지만 그 힘 자체가 '무력'했습니다.

이 '압도적인 현실' 앞에서 무력하지 않았던 것은 하나도 없습니다. 도대체 '힘이 있다'는 게 무얼 의미하는 걸까요? 이 세계에서 가장 '힘 있는' 것은 무엇인가요? 미군? 요 근래 수십 년간 세계 각지에서 계속 실패하고 있는 그 군대가?

처음부터 무력했던 것입니다. 문학이나 예술만 특별히 무력했던 게 아닙니다. 이런 의미에서는 모두 다 무력했습니다. 무엇을 해도 무력하고, '힘 있는 것'은 아무것도 없습니다. 이것이야말로 '현실'입니다.

그리고 여기서 "우리는 무력해!"라고 말하면서 모든 것을 다 버릴 수 있다면 얼마나 편할까요? 버리겠습니까? 모든 것을 버린다는 게 가능할까요?

무력합니다. 하지만 쓸모없는 것은 아닙니다. 무력하지만 무의미하지는 않습니다. 예를 들면 문학이든 사상이든, "이 압도적인 현실 앞에서 문학은 무엇을 할 수 있는가?", "사상은 무엇을 할 수 있는가? 아무것도 못한다" 이런 말을 하는 사람은 예술이나 사상에 '권력'이 있다고, '힘이 있다'고 여긴 게 됩니다. 자기가 하고 있던 일이 특권적으로 무력하다고 말하는 것…… 이는 어딘가 잘 못됐습니다. 어쩌면 권력을 갖고 싶어서, 유명해지고 싶어서, 돈을 벌고 싶어서 사상이나 문학을 했다는 얘기가 아닐까요?

예를 들면 파울 첼란이라는 20세기 최대의 시인이 있습니다. 그는 우크라이나로 도망간 유대인으로, 젊었을 때 부모가 강제 수용소에서 살해당했습니다. 자신도 수용소에 들어갑니다. 강세 수용소에서 "이 녀석은 더 이상 일을 못하겠어"라고 낙인찍히면 어떻게 될까요? '유지비'가 드니까 죽입니다. 원래 유대인을 멸하기 위한 '공장'이니까요. SS 대원이 와서 너는 이쪽, 너는 저쪽 하고 살려두는 쪽과 죽이는 쪽으로 줄을 나눕니다.

첼란은 세 번 정도 죽는 쪽 줄에 서게 됐습니다. 그리고 발각되면 그 자리에서 바로 살해될 것을 각오하고 대원들의 눈을 피해 살려두는 쪽으로 달려갔다고 합니다. 도박이죠. 그는 이후 말도 안 되는 표절 누명 등으로 고생하다 피해망상에 빠져, 정신병을 앓다 센 강에 투신자살하고 맙니다. 그의 나이 쉰 살 때의 일이었죠. 꼭 읽어보시기 바랍니다. 번역된 것 중에서라면 저는 나카무라 아사코中村朝子 선생님의 세이도샤青土社 시집을 좋아합니다.

음, 비밀을 살짝 누설해버릴까요? (웃음) 이 시집은 오랫동안 절판 상태였습니다만 곧 복간된다고 합니다. 꼭 읽어보세요. 바로 그의 시 중 한 줄을 제목으로 삼은 『잘라라, 기도하는 그 손을』에서 저는 20세기 최대의 시인으로 파운드, T. S. 엘리엇, 발레리, 릴케와 함께 첼란의 이름을 열거했습니다. 실은 그 당시 어느 독실한 석학에게 "사사키 군, 대체로 이 정도면 됐다고 생각하지만 스페인어권에서 한 명 가르시아 로르카가 들어가야 하지 않을까?"라고 점잖게 지적당했습니다만. (웃음) 하지만 그 정도의 사람이라는 것입니다.

책의 축제에 불러주신 것이므로 독서 안내를 해야겠죠? (웃음) 그 강제 수용소에 에마뉘엘 레비나스라는 철학자도 있었습니다. 그의 책을 처음 일본어로 번역한 불문학자에게 들은 얘기에 따르면, 그는 웃는 표정이 풍부하고 관대한 사람이라고 합니다. '관대'라는 것을 사람의 모습으로 만들면 이렇지 않을까 싶을 정도의 사람이랍니다. 니시타니 오사무西谷修 씨가 번역한 『존재에서 존재자로』를 추천합니다. 매우 정통적인 철학 논문인데 불가사의한—뭐라고 말하면 좋을까요—불가사의하게 간소한 아름다움을 품고 있는 문체입니다. 성장한 후에야 배우고 선택한 프랑스어인데도 말이죠. 뛰어난 번역 덕분에 일본어역으로도 이를 충분히 느끼실 수 있으리라 생각합니다.

또 한 명, 폴란드의 브루노 슐츠라는 사람을 추천합니다. 헤이본샤平凡社 라이브러리에 『슐츠 전집』이 들어 있습니다. ……음, 사사키 아타루 소설의 원재료가 하나 들통 나는데, 그래도 좋습니다. (웃음)

그도 유대인으로 역시 비참한 죽음을 맞습니다. 그는 자기 고향이 나치에 점령당해 게토로 내몰립니다. 그리고 어느 날 빵을 배급받으려고 거리를 걷던 중에 별 의미 없이 우연히 무차별 살육 작전을 실시하던 게슈타포 대원 총에 맞아 죽었습니다. 그 대원은 슐츠라는 사실도 모른 채 죽였습니다.

지금 말한 첼란, 레비나스, 슐츠 등의 위대함은…… 괴테가 이런 말을 했습니다. "바흐의 맛을 모르는 사람은 행복하다. 그 사람에게는 인생에서 최대의 지복 중 하나가 기다리고 있으니까." 이와 마찬가지로 여러분이 첼란, 레비나스, 슐츠를 모른다면 여러분의 미래는 장밋빛입니다. 훌륭한 저서가 여러분을 기다리고 있으니까요.

과연 이들이 그 압도적인 현실 앞에서 문학이나 철학이 무력하다고 말한 적이 있을까요? 아니요! 없습니다. 그런 의미에서 보면 애초부터 무력합니다. 책을 쓴다고 학살당한 유대인이 살아 돌아올까요? 쓰나미로 죽은 분들은요? 후쿠시마 사람들이 고향으로 돌아갈 수 있을까요? 그런 일은 결코 일어나지 않습니다.

문학은 무력합니다. 하지만 문학은 승리합니다. 단순한 진리입니다. 첼란, 레비나스, 슐츠 모두 위대한 책을 쓴 겁니다. 그 가혹한 하루하루 속에서, 또 그 이후에. 이것은 지금도 할 수 있는 일입니다. 따라서 쓸모없지도, 무의미하지도 않다고 말씀드린 것입니다.

아도르노라는 철학자가 있습니다. 저 같은 사람이 굳이 말할 필요도 없이 매우 예리하고 뛰어난 사람입니다. 하지만 그는 심하게 회의주의적이고, 너무 아이러니해서 저는 별로 좋아하지 않습니다. 그가 『프리스멘-문화 비판과 사회』에서 "아우슈비츠 이후 시를 쓰는 것은 야만이다"라고 했습니다. 꽤 유명한 말이죠.

그리고 이 말과 첼란에 관해 두 가지 논의가 있습니다. 전기적 사실로서 첼란 본인이 아도르노에게 직접 반대 의견을 주장했을 가능성이 있다고 합니다. 혹은 아도르노 자신이 아우슈비츠 이후 쓰인 첼란의 시를 읽고 반성했다는 사람도 있습니다.

이 얘기는 여러분께서 이미 아실 텐데, 그 후일담은 별로 알려지지 않은 것 같습니다. 그 후에 쓴 『부정 변증법』에서 아도르노는 "시를 쓰는 것은 야만이다"는 선동을 철회하고 있습니다. "틀린 주장이었는지도 모른다"라고요.

그런데 『부정 변증법』의 주어캄프 전집판 359쪽. 잊히지도 않습니다. 아도르노는 그럼에도 "아우슈비츠 이후의 문화는 모두 Müll이다"라고 썼습니다. "그에 대한 통렬한 비판도 포함해서 Müll"이다. Müll은 먼지, 쓰레기, 폐기물 등을 뜻합니다.

물론 여기서 한 가지 염두에 둬야 할 것이 있습니다. 아도르노는 이 두 문장을 의도한 바가 있어 써놓았다는 사실입니다. 전자의 문장은 문명의 극점에 이른 근대 유럽이야말로 최악의 야만을 이루었다는 사실, 아도르노 자신의 말을 빌리자면 '궁극의 변증법'을 전제로 하고 있습니다. 즉 '궁극'이기에 최악인 '변증법'을. 후자의 문장은 저 재난을 망각한 '부흥'을 향해 도발적으로 던지는 말입니다. 따라서 어쩌면 우리의 '현실actuality'에 대응하는 말일지도 모릅니다. 아니, 그렇다고 생각합니다. 아도르노에 대한 존경이 모자란 적은 없다고 자부합니다. 그런데도 이런 식의 말은 좋아하지 않습니다. 첼란이 불쾌해했다는 전기적인 사실이 있다는 것도 납득이 갑니다. 예를 들어 이 Müll에 아톰을 붙여 Atommüll이라고 하면 핵폐기물이 됩니다.

그렇다면 후쿠시마 이후, 우리의 문화는 모두 핵폐기물일까요? 이에 대한 비판까지 포함해서 말입니다. 아도르노 식으로 말하면 그렇습니다. 우리의 문화는 핵폐기물이 됐나요? 답은 하나입니다. '그렇다'도 '그렇지 않다'도 아닙니다.

"두고 봐." 이것이 유일한 답입니다.

벌써 시간이 다 됐군요. 이 열도에 정의를. 이 열도에 문학을. 이 열도에 새롭게 살아남을 기술art을. 이상입니다.

파울 첼란을 읽어보자
—『파울 첼란 전집』간행 추천의 말

파울 첼란을 읽어보자. 시詩란 유리병 통신通信이라고 말했던 첼란을. 비슷하게 재해 '이후'를 살고 있다지만 그와 우리의 차이는 바다처럼 크다. 하지만 그가 말한 대로 그 유리병에는 시인의 이름이, 운명이, 의지가, 날짜가 밀봉되어 있다. 그리고 우리 눈앞에 당도한 것이다, 이 대양을 횡단하는 고난을 헤치고 도래한 것이다. 그의 유리병이 당신 앞에. 당신에게. 이렇게.

그러니 파울 첼란을 읽어 보자. 지금이야말로.

2011년, 세이도샤

「우리의 제정신을 살아남을 수 있는 길을 가르쳐달라」
(2011년 12월 8일, 교토세이카대학 강연)를 요약한 기본 주기 21개

I

부기

교토라는 땅의 게니우스 로쿠스Genius Locus는 내게 미세하지만 확실하게 어떤 작용을 미치는 듯하다. 오랫동안 뇌리를 스친 적도 없던 실러의 이름이 불현듯 떠오른 것은 기타야마北山에서 구라마鞍馬 쪽으로 향하던 차 안이었다. 가모가와鴨川를 건너 평평하고 삭막한 잿빛 거리가 천천히, 그러나 확실하게 가파른 언덕으로 바뀌면서 녹음이 진해지는 바로 그때, 이미 10여 년이 지난 학생 시절에 한 석학의 강의에 이끌려 헤매게 됐던 독일 관념론에 대해 얘기하기로 마음먹었다. 마음먹었다기보다는 그러기를 강요받았다. 『바스러진 대지에 하나의 장소를』에 수록된 이곳의 강연과 마찬가지로 교토라는 도시에 잠재된 그 무엇은 내게 아슬아슬한 도박을 강요한다. 너무도 준비가 부족한 채로 몸뚱어리만 내던질 것을 강요한다. 겨울 숲의 풋내가 떠도는 대학의, 산자락을 꽉 채운 강의 동棟 속 대기실에 들어가기 전에, 기억에 기대어 요점만 끄적인 메모가 도대체 얼마나 맞는 내용인지 모르는 상태로 강연을 시작했다. 가장 정확성이 요구되는 논의였는데 말이다. 다음은 그 요약이다. 실러의 요지가 갈지자를 그리고 있어 강연 내용도 조금 혼란스러워졌다. 그래서 지난 교토 강연과 마찬가지로 짧은 고찰을 열거하는 형식을 취했다. 추후의 정오訂誤와 보유補遺는 일부러 하지 않았다. 내용 자체에 생각보다 틀린 점은 없었으나 성급한 논의이긴 할 것이다. 아마도 이 성급함은 나로부터 기인한 것이 아니다.

1. 특권적인 미美나 예술만 대지진 이후 무력한 것은 아니다. 모든 것이 무력했다. 이 치열한 무력만이 성취할 수 있는 게 있다.

2. 여기는 '미술 대학'이다. 미 혹은 예술을 '가르치는' 장소이다. "이것이 과연 가능한 일인지. '미술'을 가르치는 장소에서 철학자가 무엇을 얘기할 수 있는지." 이에 대해서는 18세기 말을 전후로 한 백 년 동안 거의 모든 논의가 이루어졌다.

3. 먼저 사뮈엘 베케트의 다음 말을 기억하자. "제게 극장은 실러가 말하는 의미에서 도덕적인 시설이 아닙니다. 저는 사람들을 교육하고 싶지도 않고 향상시키고 싶지도 않으며, 또한 따분하게 만들 생각도 없습니다. 제가 원하는 것은 연극에 시를 도입하는 것입니다. 허공을 뚫고 나가 새로운 여백에 새로

운 시작을 새기는 듯한 시를. 새롭게 펼쳐지는 세계에서 저는 기본적으로 자신이 이해받고 있는지 여부를 신경 쓰지 않습니다. 저는 여러분이 기대하는 답을 못할 겁니다. 쉬운 해답은 없으니까요." 베케트는 무엇을 얘기하고 싶은 것인가, 무엇을 거부하고 싶었던 것인가?

4. 기본적인 것부터 확인하자. 소위 '예술'이 출현한 것은 18세기 중반이다. 파인 아트fine art 혹은 보자르beaux-arts(정확히 말하면 beaux-arts라는 프랑스어는 약 17세기까지 협의의 예술 개념과는 다른 의미도 갖고 있었다), 즉 '미술'이라고도 번역되고, 이와 같은 뜻으로 쓰이는 예술은 근대의 산물이다. 이는 유용성이나 이해관계와 무관한 '예술을 위한 예술'이라는 말로 명료하게 제시되는, 지금 우리에게 익숙한 예술 개념이다. 또한 지리적으로나 역사적으로 한정된 현상으로, 매우 짧은 역사를 갖고 있을 뿐이다. 따라서 새삼스레 '예술'을 부정하는 것은 의미가 없다. 다시 말하건대 미나 예술을 단순한 제도성으로 환원해 비판하는 입장은 미를 '미에 대한 특정한 태도'로 환원한 칸트 미학의 사고방식과 같은 형식을 갖고 있다. 예술 비판은 더 이상 의미가 없다. 예술art, Kunst은 라틴어로 아르스ars라고 하며, 원래 그리스어인 테크네τεχνη의 번역어다. 짧게 설명하자면 자연Nature, Natur, Natura, Φύση 내부에서 때로는 이를 거스르며 살아남는 것을 가능케 하는 '기예' 혹은 더 나아가 '궁리'

라고 번역해야 할 말이다. 이는 오락이나 장식의 형태를 띤다. 그러나 결코 오락이나 장식에만 관계되는 것이 아니다. 이는 변혁 가능한 삶의 양식을 의미한다. 따라서 이것이 사멸했다고 생각할 근거는 아무것도 없다. 바로 지금 이 열도에서는 이 아르스의 문제야말로 정면에서 다루어야 할 문제니까.

5. 시간이 부족해 심하게 단순화할 수밖에 없지만 이 '예술'의 의미가 어떻게 변해왔는지를 약술한다. 앞으로 표기는 '아트'로 통일한다.

    (1) 아리스토텔레스. 아리스토텔레스는 '아트'를 다음과 같이 정의했다. "아트란 자연을 모방하는 것이다." 회화나 조각 작품은 예를 들어 귤 그림이라면 그것이 귤을 잘 모방하는 것이 좋은 아트의 조건이 된다. 이는 언어 작품도 마찬가지다. 또는 '우리가 살아남기 위한 기예'라는 의미와도 어느 정도 부합되는 점이 있다고 생각한다. 포획이나 사냥을 할 때 또는 '영역'을 주장하기 위해 기교를 구사할 때, 우리는 자연의 동물처럼 탁월할 수 있다. 이 모방설은 17세기까지 계속되었다고 볼 수 있다.

    (2) 베이컨과 데카르트. 이 두 사람은 아트와 자연의 관계를 어떻게 보고 있는가? 이들에게 둘은 '같은 것'이다. 기계론이 커다란 영향력을 미쳤던 17세기 철학에서는 원칙적으로 인간도 물리 법칙에 따르는 기계며, 따라서 기예 또

한 기계적인 것으로 여겼다. 이는 지금도 그러하다. 예를 들어 '인격'을 일단 무시하고 '신체'를 '기계'로 여겨야만 외과 수술을 할 수 있다. 처치해야 할 대상에 쓸데없이 그때마다 '인격'을 느낀다면 처치가 지연돼 오히려 환자를 더 고통스럽게 만든다. 이때는 기계인 의사가 기계인 환자를 기계적으로 수리하는 것이다. 덧붙여 "예술은 길고 인생은 짧다"는 의학의 아버지라 불리는 히포크라테스의 말로, 이때의 예술은 단적으로 의술을 뜻한다.

(3) 라이프니츠와 섀프츠베리. 이 두 사람에게 "아트는 유한하지만 자연은 무한하다". 이때 자연은 단적으로 신이며, '인간과 그 제작물의 유한성'을 '신과 그 창조물의 무한성'과 대비시키고 있다. 이는 (4)와 대조적이다. 버크와 흄 등 다양한 논의를 추가할 여지가 있으나 오늘의 주된 논의에 들어가기 전에 문제를 복잡하게 만들 위험이 있으므로 생략한다.

(4) 칸트, 실러 그리고 셸링. "아트는 유한하고, 자연은 무한하다. 하지만 예술가나 예술 작품은 유한한데도 그 안에 무한을 내재하고 있다." 유한하고 개별적인데도 무한을, 즉 보편성을 배태하고 있다. 혹은 질료적인데도 형상을 내재하고 있다. 우연적, 필연적 등도 마찬가지다. 여기에서 근대 예술 개념이 탄생한다. 사과를 예로 들자면 사과라는 개체의 묘사야말로 개체를 뛰어넘은 보편적 미를 형상

화하고, 구체적인 고유명을 가진 개인의 삶에 대한 묘사가 개인을 뛰어넘은 보편적 가치를 지닌다. 물론 여기에선 뿌리 깊은 '그리스도론'의 구조를 찾아볼 수 있을 것이다. 목수의 아들 속에서 무한자를 본 일신교 말이다. 이토록 혼탁함으로 가득 찬―그들은 이렇게 말한다―대지에 한 번은 신과 '같은 가치'를 지닌 '그'가 직접 발을 내딛고 그 위를 걷고 있었다는 사실에서 유한자와 무한자가 교차하는 역사적이고 공간적인 이 '특이점特異點'에서 막대하고 특출난 '향락'을 찾아내고 마는 그 일신교 말이다.

6. 베토벤 교향곡에 쓰인 「환희의 송가」의 시인, 열여덟 살 때 「도적 떼」를 쓴 극작가로 알려진 프리드리히 폰 실러는 프랑스 혁명 시대를 살았던 철학자기도 하다. 실러는 '순환'의 사상가이자 칸트에게 큰 영향을 받았으면서도 그에게서 탈출하려는 노력을 게을리하지 않고 사고의 명석함도 잃지 않았던 철학자다. 그런데도 그의 텍스트는 자신의 '순환'이 그리는 곡선에 이끌려 기묘하게 굽이치기 시작해 돌연 이해 불능을 강요하는 면이 있다. 이를 전부 글자 그대로 따라가지는 않고, 한 문제에 초점을 맞춰 논하겠다. 바로 정치와 미와 교육의 문제다. 앞으로는 주로 「인간의 미적 교육에 대해」라는 논문에 의거해 논하겠다.

7. 프랑스 혁명이 한창 진행되던 때 쓰인 그의 예술 철학은 프랑스 혁명에 찬동하면서도 왜 이 혁명이 "허무한 바람"으로 실패할 수밖에 없는지를 논하고 있다. 즉 "아래로부터의" 혁명이 나중에는 "위로부터의" 혁명으로 변질되면서 어떻게 해서 실패하게 되는가, 라는 문제를 논하고 있다. 거의 예언적이라 할 수 있는 이 사상을 전개하면서 '순환'의 사상가인 실러는 여기에서도 특이한 '순환'을 발견한다. 실러는 이 순환 속에서 개인과 국가가 어떻게 하면 합치할 수 있는지, 그 조건을 찾으려 했던 것이다. 그에 따르면 국가가 개인과 일치하는 방식은 두 가지가 있다. 하나는 (1) "경험적인 인간을 억압하고, 국가가 개개인을 폐기=지양하는" 방식과 (2) "개인이 국가가 되는", 즉 "시간 안"에 있는—경험 혹은 질료 안에 있는—구체적인 인간이 "이념 속에 있는 인간으로 스스로를 고취"하는 방식이다. 즉 도덕과 완벽하게 일치하는 법에 완전히 따를 수 있도록 인간을 "고귀하게 하는" 길이다. 쉽게 말해 (1)은 "위로부터의"—말하자면 톱다운식—"강제"고, (2)는 "아래로부터의" 법과 국가의—보텀업식—"형성"이라는 것이다. 그리고 프랑스 혁명에 대해서는 "인류의 거대한 운명이 심리 중이다"라고 말하고, 이 혁명에 관한 논의에 참여하지 않는 것은 "사회의 안녕에 대한 비난과 맞먹는 무관심"이며 이런 심리가 "모든 독창적인 사상가의 관심을 끌 것이 틀림없다"고까지 단언하는 실러가, 그런데도 이 혁명이 "허무한

바람"으로 끝날 것이라고 왜 혁명이 진행 중일 때 말해야 했는지를 푸는 열쇠가 여기에 숨어 있다. "루소의 피투성이 손"이라 불리며 "테러"의 어원이 된 공포 정치를 펼친 로베스피에르보다 실러는 한 살 어릴 뿐이다. 완전히 동시대인이었다는 점에 주의하자. 그리고 실러는 정치 철학자로서는 루소에서 칸트를 거쳐 일직선으로 그어지는 선상에, 그러나 매우 비판적인 계승의 선상에 있다는 점도. 로베스피에르의 공포 정치가 시작된 것은 1793년으로, 실러가 덴마크 왕자 아우구스텐부르크 공을 위해 서간書簡인「인간의 미적 교육에 대해」를 쓴 것도 같은 해다. 실러가 어느 정도 파리 정세에 정통해 있었는지에 대해 나에게는 판단할 자료가 없다. 하지만 실러가 설정한 문제는 다음과 같다. 민중 봉기라는 "보텀업"으로 시작된 혁명조차 결국은 "톱다운"의 혁명으로, "국가에 의한 개개인의 폐기=지양"이라는 최악의 모습으로 변질되고 말 것이다. 왜 그럴 수밖에 없으며, 혁명 ─ 새로운 국가, 법, 도덕의 형성 ─ 은 어떤 모습을 해야 하는가? 프랑스 혁명과 이를 뒤잇는 제 혁명의 무참함을 아는 우리에게 실러의 이런 동시대적 문제의식은 실로 중요하다.

8. 그렇다면 실러는 어떤 변혁을 기획하는가? 진정한 "보텀업"에 의한 정치 변혁은 "인간을 고귀"하게 하는 것을 통해서만 실현된다. 하지만 이는 현존하는, 최종적으로는 "톱다운"에

의한 개개인의 "억압, 폐기"라는 수단을 취할 수밖에 없는 "야만적인 국가 기구"에서는 실현할 수 없다. "국가가 부여한 것이 아닌", "어떤 정치적 부패가 있어도" 가능한 수단, 실러에 따르면 그것은 "예술이다".

9. 이렇듯 순진할 수가. 그야말로 "허무한 바람" 아닌가? 이렇게 생각할지도 모르겠다. 하지만 아직 야유는 접어두고 그의 논지를 좀 더 따라가보자. 예술가 또는 기술자(아티스트Künstler)를 그는 셋으로 분류한다. (1) "기계 아티스트mechanischer Künstler". 번역하면 '직공'을 말한다. 기계 아티스트는 소재에 형식을 부여하기 위해 "폭력을 행사한다". 즉 "톱다운"이다. "그가 힘을 행사하는 자연은", "전혀 존경할 가치가 없다". 석공은 돌의 "인격" 같은 것은 존중하지 않는 것이다. (2) "미적 아티스트schöner Künstler". 이들 또한 소재를 존경하지 않으며 주저하지 않고 폭력을 가하지만, "소재에 대한 외견상의 양보를 통해 현혹"한다. 즉 존경하고 폭력을 행사하지 않는 척한다. "보텀업인 척하는 톱다운"이다. (3) "교육·정치 아티스트pädagogischer und politischer Künstler" 혹은 "국가 아티스트Staatskünstler". 이때 소재는 단적으로 "인간"이며 인격이 있고, "존경의 마음을 갖고 다가가야 한다". 돌이나 흙처럼 소재를 절단하고 부수고 변형하고 탈색하는 것은 용납되지 않는다. 이 예술은 객관적인 현실성을 소재로 한다. 이는 또한 자

기 자신을 소재로 한다. 이 아티스트들도 똑같은 인간이며, 이 "아트"의 소재였을 것이고, 그 효과기도 할 것이다. 여기에는 순환이 있다. 이는 "보텀업"이다. 더 정확히 말하면 "톱다운이 보텀업이 된다", "톱다운과 보텀업이 순환하고 있다".

10. 세 번째 아티스트만이 소재를 "수단으로만이 아니라 목적으로도"(칸트) 다루려 한다. 혁명은 첫 번째와 두 번째 아티스트에 의해 이루어져서는 안 된다. 혁명이 개개인의 보덤업으로 일어나 그 보텀업이 관철돼야 하는 것이라면, 즉 우리 하나하나가 스스로 바뀌어야 한다면 이런 수단은 예술, 세 번째 예술밖에 없다. 그리고 이를 굳이 "예술"이라는 이름으로 불러야 하는 이유는 예술에 있어서만 감성·우연성과 이성·필연성이 일치하기 때문이다. 실러 자신의 술어를 사용하지 않고 쉽게 말하자면, 예술 작품은 물질이고 감성에 호소하는 그 무엇(따라서 서양 형이상학적 사고에 따르면 이성이나 법칙, 형식에 반하는 것이다)인데도 뛰어난 예술 작품을 제작하거나 감상하면서 일종의 '이성', '논리', '법칙', '필연성'을 발견할 수밖에 없다. 따라서 예술이야말로 감성을 이성과 잇는 길인 것이다. 그러므로 예술은 개별적인 '감성적인 욕구'나 이해를 지닌 개인을 그보다 위에 있는 도덕이나 법, 국가로 '높일' 수 있다.

11. 그러나 이쯤에서 얘기의 흐름이 이상해진다. 즉 그에게 있어

개인의 '국가'로의 통합은 '유기적organisch'으로 이루어져야 한다. 그러므로 개개인에 의해 '보텀업'식으로 이루어지는 '예술에 의한' 혹은 예술로서의 '교육' 효과로 나타나는 '국가'는 '유기적 조직Organisation'이어야 한다. 이는 실러 자신이 말하는 것처럼 고대 그리스의 폴리스를 이상으로 삼은 "부분이 전체인", "조직"이다. 부분을 잘라내도 그 하나의 단편에서 전체를 재현할 수 있는 "폴리프"*적인 공동체가 이곳의 이상이다. 개개인이 그대로 국가일 수 있는 국가, 여기에는 개인과 국가의 대립이 애초에 존재하지 않는다. 이에 꺼림칙함을 느끼는 것은 정당하다고 할 수 있다. 물론 여기서 대비되는 대상은 그전에 오랫동안 논해왔던 분단된 개개인이 사회 계약을 통해 형성한 통합체인 '기계적 국가'다. 좀처럼 탈피하기 힘든 독일 관념론의 '유기벽有機癖'이라고나 할까……. 어쨌든 지금 여기서는 중세 정치 이론부터 홉스, 로크, 루소를 거쳐 칸트와 헤겔에 이르는 국가 이론을 훑을 시간이 없다. 다만 하나만 지적하자. 들뢰즈=가타리는 "기관 없는 신체"라는 개념을 제기했다. 이는 프랑스어로 Corps sans Organes이다. 따라서 "유기적으로 결합하는 부분이 없는 신체"로 번역할 수도 있다. 또 그들은 이와는 별도로 "욕망하는 기계"라는 개념도 내놓았다. 여기에는 정치 철학에서 오랫동안 논해온 유기체와 기계

---

* '폴리프'는 실러가 「인간의 미적 교육에 대해」에서 쓰고 있는 비유다. 잘려 나온 폴리프 단편에서 완성된 개체가 다시 생겨나는 현상에 빗대고 있다.

라는 개념 쌍을—욕망과 신체라는 또 하나의 개념 쌍까지 포함해—다른 형태로 분배하려는 의지가 담겨 있다고 나는 생각한다. 이 Corps가 "그리스도교 공동체"라고 할 때의 "공동체"라는 뜻을 갖는다는 사실 그리고 욕망을 의미하는 désir라는 말을 강하게 번역하면 "신을 고대한다"는 뜻으로 근세까지 쓰였다는 사실을 고려할 때, 들뢰즈=가타리는 분명 정치철학적인 함의를 넣어 이 개념을 고안했다. 그들의 철학을 비정치화하는 것은 잘못된 것이다.

12. 그러나 실러의 주장을 "꺼림칙하다"는 이유만으로 거부할 수는 없다. 다만 실러가 이상으로 삼은 "미적美的 국가"에 대해 허를 찌르는 반문을 던질 수 있을 것이다. 이 미적 국가에서 개인과 국가 간에는 모순이 없다. 개인이 "자기 행위를 아무리 보편화해도 자신의 특징을 상실하는 일은 없"으며, 국가는 "그의 본능을 단순히 전개하는 것, 그의 내적 입법을 더 명확히 한 형태"에 불과하다. 개체와 보편을 연결시키는 "예술"이 도야하는 미적 국가에서는 "사적"인 "감성적 욕구"나 "감각기관의 쾌락"도 동시에 인류의 욕구로서, 국가의 쾌락으로서 추구하고 향유할 수 있다. 그리고 개개인의 다양하고 독자적인 감성적 욕구나 쾌락을 억압하지 않으며, 이는 국가나 제도와 모순되지 않는다. 또한 그것은 보텀업식으로 "통합"을 이룰 것이다. 그렇다면 이는 다음을 의미하는 것이 아닐까? 실

러의 "미적 국가"란 다름 아닌 근대 자본주의의 시장을 뜻하는 것이 아닐까? 여기서 요구되는 도덕은 "자본주의의 논리"에 불과하고, 여기서 권하는 자유는 "경제적 자유주의의 자유"에 불과한 것이 아닐까? 사적 욕구에 의거한 이익 추구가 시장을 형성하고, 거기에서 개개인은 '법칙'이나 '필연성'을 찾아내는 것이 아닐까? 우리는 미적 국가를 살고 있는 것이 아닐까? 혹은 그 이면을. 애덤 스미스는 프랑스 혁명 중에 죽었고, 리카르도는 혁명이 일어났을 때 열일곱 살이었다.

13. 물론 이것이 실러의 논지를 모두 무너뜨리지는 않는다. 그럴 수도 없다. 실러의 철학은 아직 유효하다고 나는 생각한다. 특히 "아래로부터의 혁명"이 "위로부터의 혁명"으로 변질되어 "억압과 폐기"를 가져온다는 예리한 우려가 그렇다. 아직도 혁명의 "하부 구조"를 운운하는 사람들은 그에게 머리를 조아리고 배울 것이 충분히 있을 것이다. "사회의 경제 기구야말로 법적, 정치적 상부 구조의 토대고, 하부 구조의 변혁이 상부 구조의 변혁을 불러일으키므로 하부 구조를 외면한 혁명은 공허"하다는 식의 — 마르크스의 『경제학 비판』 서문에 대한 이해로도 수준 이하인 — 얄팍한 주장은 반드시 실러의 우려에 복수당할 때가 온다. 이는 구체적인 "개개인의 폐기"로 나타나게 될 것이다. 공산주의든 자유주의든, 이는 역사가 증명하고 있다(신자유주의란 결국 '자유 경쟁'이라는 위장된 '보텀

업'을 최대의 수단으로 삼은 것이 아니었던가? 그 결과는 모두가 아는 바이다).

14. 하부 구조라고 하지만 그것이 정말 '하부' 구조일까? "생산적 제 관계의 총체"가 형성하는 "사회의 경제 기구"(마르크스)는 정말 "법, 정치, 종교, 예술 또는 철학의 제 형태"를 포함하지 않는 것일까? 즉 상부 구조라 불리는 '이데올로기'를? 이를 구별하는 것은 가능한가? 법이나 정치 없는(즉 '교섭', '계약'조차 없는 상태에서) 경제는 가능한가? 금전에 대한 종교적 집착(이는 프로이트와 라캉의 분석에 의거할 필요도 없이 자명하다) 없이 경제가 가능할까? 혹은 '경제'는 원래 '재생산=번식'을 위한 '재분배'의 원리인 가정家政(오이코노미아)을 의미하는데, 이는 비잔틴 신학에서 예수가 관리하는 것으로 여겼다. 그것은…… 운운.

15. 베케트는 실러가 말하는 미적 교육을, 거기에서 가능해지는 도덕과 그에 의거한 유기적 국가로의 통합을 믿지 않았다. 아니, 믿을 수 없었다(이는 베케트가 정치적으로 '내향'하고 있었음을 의미하지 않는다. 그의 레지스탕스 활동과 피억압자에 대한 원조는 널리 알려져 있다). 그리고 실러의 물음을 다른 형태로 계승한 것은 베케트주의자인 푸코였다.

16. 푸코는 한 인터뷰에서 "인간을 만드는 것은 예술일지도 모르겠네요?"라는 물음에 "결단코 맞습니다"라고 즉답했다. 알튀세르와 함께 그는 다음과 같이 생각했다. '하부 구조'와 '상부 구조'의 구별 자체가 그 결과에 해당하는 '그 무엇'이 있다. 상부 구조는 하부 구조의 파생에 불과하다는 속류 마르크스주의가 아닌, 이 둘 모두가 그 수준에서 파생하는 특정 수준을 생각했던 것이다. 푸코는 이를 '규율 권력'이라 불렀고, 알튀세르는 ─ 지금은 살짝 오해를 불러일으키는 용어일지도 모르지만 ─ 이를 '국가의 이데올로기 장치'라고 불렀다. 규율은 우리가 거쳐온 것이다. 그리고 아마도 어디에서든 이루어지고 있을 것이다. 즉 규율 권력의 장場이란 학교, 군대, 감옥, 매스 미디어 등을 포함하고 이들은 모두 우리를 '훈련'*한다. 우리는 초등학교 시절부터 신체적으로 숫자와 계산에 "길들여"졌다. 숫자를 모르면 경제 활동을 할 수 없다. 그리고 숫자와 계산을 선천적으로 알고 있는 인간은 존재하지 않는다. 숫자와 사칙 연산 습득을 강요당하고, 이는 부기와 회계가 되어 간다. 하부 구조도 그 결과며 이를 전제로 하고 있다. 이 과정은 "반복을 통해" 실시될 수밖에 없다. "'2'라고 쓰시오"라는

---

* 사사키는 '조교調敎'라는 용어를 쓰고 있는데, '조교'라고 번역하면 어색하므로 이와 유사한 뜻이며 훨씬 자연스러운 '훈련'으로 번역했다. 하지만 다음과 같은 이유로 원래 용어가 '조교'였다는 점을 밝혀두고자 한다. 일본에서도 '조교'라는 용어는 흔히 사용하지 않는 용어인데도 사사키가 '훈련'이라 하지 않고 '조교'라는 용어를 고른 데는 이유가 있을 것이라고 여긴다. 특히 사사키의 저서 『영원과 야전』에서는 이 '조교'라는 용어가 중요한 개념 중 하나다.

말을 들으면 '2'라고 쓸 수 있을 때까지 반복할 수밖에 없다. 이 '2'라는 숫자가 왜 '2'를 뜻하는지 그 근거는 없기 때문이다. 근거가 없는 최초의 전제를 가르치는 일은 감성적 반복에 기댈 수밖에 없다. 만약 영특한 아이가 있어서 "나만의 새로운 '2'를 발명했다"며 새로운 숫자 도안을 보여주어도 안타깝지만 그것은 무효다. 문자도 마찬가지다. 우리는 문자 쓰는 법을 훈련받았기에 이렇게 메모를 하고, 노트를 쓰고, 칠판에 글을 쓰고 있다. 우리는 기계 아티스트도, 미저 아티스트도 아닌 "교육·정치 아티스트"의 "예술"을 통해 "형성된" 것이다. 우리는 '가공'되었다. 다행히도 여기에 있는 이상은 아마도 기계적·미적 아티스트가 그들의 대상에게 그러는 것처럼 그 과정에서 부러뜨림 당하거나 깎이거나 분쇄당하지는 않았으리라.

17. 상부 구조와 하부 구조 "이전에 있는", 그리고 상부 구조와 하부 구조를 "가능케 하는" 개체로서의 한 사람 한 사람을 만드는 "제조"의 수준. 물론 이에 대해서는 니체가 『도덕의 계보학』에서 상세히 논한 바 있으며, 이는 푸코가 해왔던 사유의 원류 중 하나기도 하다. 그리고 이 둘에게 실러의 '도덕'은 다시 던져야 할 질문이다. 하지만 이에 대해서는 여러 곳에서 이미 말했으므로 생략한다.

18. 이 니체=푸코적인 '훈련'은 어떻게 이루어졌는가? 우리의 몸짓, 우리의 언동, 우리의 문자, 우리의 계산은 어떻게 주어졌는가? '아'를, 그리고 '2'를 우리는 어떻게 쓸 수 있게 됐는가? 실러가 말한 바와 같이 이는 감성적인 것 안에서 이성을 보게 하는 작업이며, 감성적인 반복을 통해 이성적인 것을 심는 작업이다. '아'가 '아'여야 할 이유는 아무것도 없다. 그러나 50음*을 모두 배워 이를 연결해가는 방법을 습득하고 문장을 쓸 수 있게 되면 필연성과 논리성이 출현한다. 숫자도 마찬가지다. 그냥 그림 문자로 느꼈을 뿐인 '3'이나 '9'가 시간이 흐를수록 놀라운 수학의 세계, 이성의 세계를 펼쳐간다. 오로지 감성적인 것에서만 이성적인 것으로 나아갈 수 있으며, 이성적인 것은 감성적으로만 주어진다. 이는 실러가 말하는 예술과 "미적 교육"이다. 인간은 예술에서 태어나, 예술을 살며, 예술을 낳는다. 인간은 예술의 결과고, 예술의 원인이다. 실러적인 '순환'. 피에르 르장드르는 실러보다 냉철하게, 인간을 가공하고 훈련하는 이 감성적이고 미적인 수단을 서슴없이 '의례儀禮'라고 부른다.

19. 18세기를 연구한 역사가기도 한 푸코는 규율 권력이야말로 "자본주의 이륙"의 원인이라고 단언하고 있다. 18세기에 발

---

* 일본어의 기본 문자.

홍한 특정 '훈련의 형식'이 자본제, 근대 국가, 세계 시장을 만들어낸 것이다. 따라서 아직 가능성은 있다. 이 형식은 변할 여지가 있다, 변화시킬 수 있음을 의미하므로. 여기에는 엄청난 '위험'이 도사리고 있으며, 모두 안전하지 않은 여울을 건너고 있다. 하지만 우리의 예술이 우리 자신을, 우리 인간을 계속 제조하고 있다는 점만큼은 분명하다.

20. 우리는 예술에 의해 만들어졌고, 우리는 예술을 만들어낸다. 그리고 우리 아이들에게 예술을 펼칠 것이다. 고로 우리가 작품을 만드는 작업은 우리 아이들과 우리 부모를 동시에 구원한다. 이는 우리 부모들이 좋은 예술을 갖고 있으며, 우리 아이들에게 좋은 예술을 펼칠 수 있다는 것을 증명할 것이기 때문이다. 이는 어떤 버팀목도 없는, 실로 위험천만한, 어떤 보증도 바랄 수 없는 도박이다. 하지만 다른 방법은 없다.

21. 우리는 강인하게 만들어졌음을 증명해야 한다. 제군들이 할 수 있는 것은 무엇인가? 바로 예술 작품을 만드는 것이다. 우리 앞 세대 중 일부가 비열하기 그지없는 자기기만에 빠져 이런 참화를 불러왔다 하더라도, 그들만 있었던 것은 아니라는 것을 우리는 증명할 수 있다. 이 대지진 이후에 뛰어난 작품을 제작하는 것은 결코 무의미하지 않다. 그것을 보고 후세 사람들이 무슨 생각을 할까? 그런 지옥 속에서 그녀/그들은 이런

것을 만들었구나. 이렇게 생각할 것이다.
 문학이나 예술이 무력하다는 뻔한 말을 하고 있을 여유는 없다. 우리는 훌륭하게 '제조'되었다는 것을 증명해야 한다. 우리를 만든 사람들이 틀리지 않았다는 것을, 우리는 작품을 통해 증명해야 한다. 이 참화의 나날 속에서 아무것도 하지 못한 것은 아니었음을.

아무것도 끝나지 않아, 왜냐면 열받았거든
— 『사랑하는 원전』, 『행복했을 적에 그랬던 것처럼』 간행 기념 대담

I
대담
다카하시 겐이치로
사사키 아타루

『행복했을 적에 그랬던 것처럼』은 까불고 있다?

다카하시   『아날렉타 3』에 아사부키 마리코 씨의 대담이 실릴 거라 생각했는데, 아사부키 씨의 발언이 빠진 채 실렸더라고요. 무슨 일이 있었나요?

사사키   그 때문에 많은 분께 심려를 끼쳐드린 것 같아요. (웃음) 자초지종은 이렇습니다. 어느 대담에서 제가 매우 뛰어난 작가로 평가받는 한 작가를…….

다카하시   마루야 사이치丸谷才一죠? (웃음)

사사키   마루야 사이치를 비판했어요. 대담 시작부터. 여러 의미에서 용납할 수 없잖아요? 다만 그녀의 편집 담당자와 대담이 실릴 예정이었던 슈에이샤集英社 문예 잡지 담당자의 의향이 있어서.

다카하시   그래서 실리지 않았다.

사사키 하지만 저는 철학자입니다. 그 대담은 아사히 컬처 센터에서 실제로 청중 앞에서 했던 것입니다. 그곳에는 바쁘신데도 많은 분이 와주셨어요. 거기서 그 발언을 들은 청중들이 있어요. 객석에는 제가 존경하는 작가도 있었습니다. 그런데 그 부분을 지워서 싣는다면 그 자리에 있던 그녀/그들을 배반하는 것이 됩니다. 제가 옳다고 생각한 것을 외적인 압력에 굴복해 스스로 '검열' 한다면, 만약 그런 행위를 한다면…… 저는 더 이상 철학자가 아니게 됩니다. 어른스럽지 못하지만, 이런 종류의 어른스럽지 못함을 잃어버리면 철학자가 아닙니다. 다만 아사부키 씨를 눈앞에 두고 제가 하고 싶은 말만 직설적으로 한 것은 사실이고, 두 편집자의 입장이나 조직에 속한 구성원으로서의 심정과 고충 또한 이해가 되죠. 제 발언이나 제가 취한 강경한 자세가 잘못됐다고는 조금도 생각하지 않지만 관계자 여러분의 업무는 물론이고 심리적 부담도 늘렸습니다. 그런 의미에서 '폐'를 끼친 것은 사실입니다. 냉정하게 논의를 거듭한 끝에 절충점을 찾아 원만히 마무리 지었습니다. 분위기가 험악해지거나 그런 일은 없었을 겁니다. (웃음) 실제로 다음 『아날렉타』에는 다마 미술 대학에서 안도 레이지 씨, 아사부키 마리코 씨와 함께한 좌담이 실립니다. 그 좌담 대기실에서 "지난번엔 미안했어!"라고 먼저 말했더니 아사부키 씨가 파안일소하면서 "천만에요!"라고 말해줬습니다. 그걸로 끝났어요. 그녀도 고집이 세지 않고 사교성 있는 사람이잖아요.

다카하시 그녀는 대단하죠. 그 사람은 제 천적이에요. (웃음)

이제부터 사사키 씨의 소설에 대해 얘기하죠. 저는 소설가입니다만 대학에서 강의도 하고 있습니다. 그중에 『현대 문학론』이라는 책―거의 소설― 수업이 있습니다. 『현대 문학론』이라는 이름만으로도 재미없는 것 같죠? 문부과학성에 제출한 것이어서 강의 이름을 바꿀 수가 없어요.

사사키 '현대 문학'이라는 표현 자체가 이미 싫은데요. (웃음)

다카하시 '현대'도 싫고, '문학'도 싫고. (웃음) 제가 가르치는 곳은 문학부가 이닌 국제학부리서 학생들 대부분이 문학에 흥미가 없어요. 하지만 그게 좋은 점입니다. 최근 읽은 책은? 하고 물으면 대체로 『마음』*과 같은 답이 돌아오는데, 언제쯤 읽었냐고 물으면 "중학교 2학년"(웃음)이라는 대답이 돌아오곤 해요. 하지만 읽게 하면 정말 자유롭게 독해하는 겁니다. 문맥 없이 읽는 거죠. 그게 재미있어서 정통 현대 문학만 골라 읽게 했어요. 첫 번째가 나카하라 마사야中原昌也. (웃음) 그랬더니 3분의 1이 다음 수업부터 안 들어오더군요. (웃음) 하지만 나머지 3분의 2는 어딘지 모르게 재미있다는 겁니다. 그럼 더한 것을 읽혀도 되겠다 싶어 다양한 책들을 읽게 했습니다. 강의 방식은 집단적인 독서입니다. 과제를 낸 다음 30명 정도를 몇 그룹으로 나누고 그중에 발표자를 정해 학생들끼리 자유 토론을 하게 합니다. 그러면 읽는 방법이 뒤죽박죽이라고 해야 할까, 제멋대로 읽는 겁니다. 예를 들어 가

---

*   근대 일본 문학사에서 첫 번째로 꼽히는 문호, 나쓰메 소세키의 소설.

와카미 히로미川上弘美의 『재두루미〔眞鶴〕』에는 유령이 나오는데, 어떤 학생은 "그녀의 내적인 의지가 현실화된 것이다"라고 합니다. 이런 식으로 얘기를 나누다 보면 남편이 실종 상태이므로 "남편은 살해된 거야! 이건 살인 사건이야!" 하는 식으로 생각지도 못한 논의가 나오고, 다들 흥분해서 일종의 '특별한 상태'에 빠지게 돼요. 혼자 읽어도 '특별한 상태'에 빠지지만, 집단도 그렇죠. 이게 재미있어서 계속하지 않을 수 없게 됐어요.

사사키   재밌겠어요. (웃음) 텍스트를 혼자 쓰는 것도, 혼자 읽는 것도 극히 최근에 시작된 현상이죠. 예를 들면 렌가連歌* 같은 것은 집단적인 열광 상태에서 이뤄졌으니까요. 따라서 어떤 의미에선 '정통성'이 있네요.

다카하시   '이건 실패하겠지?' 하고 생각한 책을 척척 받아들이는 겁니다. 오히려 그런 책을 읽을 때 학생들이 '특별한 상태'에 빠지더라고요. 예를 들어 마치다 고町田康의 『여관 순례』를 읽으면 모두들 마치다 고에게 빙의하는 겁니다. (웃음) 그래서 4월부터 시작되는 강의에선 사사키 씨 소설을 꼭 읽히고 싶어 『행복했을 적에 그랬던 것처럼』을 읽어봤습니다. 좋더라고요. 읽어보신 분들도 많을 텐데요, 우선 이 소설은 까불고 있다는 생각이 들어요. (웃음)

사사키   "까불고 있다."……어떤 의미이신지 좀 더 설명해주실 수 있나요?

---

*   일본의 전통 시인 와카和歌에서 분리되어 나온 집단 시 창작 활동과 그 결과물. 여럿이 모여 시를 이어가는 형식을 취하며, 시대에 따라 여러 규칙이 존재한다.

다카하시　극히 진지하게 쓰고 있는 것처럼 보이지만, 여기에는 웃음이 담겨 있습니다. 어디든 상관없어요. 예를 들어 28쪽을 읽어볼까요? "눈동자 깊은 곳만 연보라로 번쩍거리고, 두꺼운 미소 속에 거친 귀기鬼氣가 깃들어 있다. 사는 것이 나른한 것도, 노곤한 것도 아니다." 대체 누가 이런 일본어를 쓰냐고요! (웃음)

사사키　바로 접니다! (웃음)

다카하시　그래요. 평범하게 생각하면 지금은 쓰이지 않는 일본어의 대량 투하. 이것밖에 없죠. 처음부터 끝까지. 때때로 현대어 비슷한 것도 나오지만, '대체 왜 고어야?'라는 생각에 처음 20쪽 정도는 열받더라고요. 근데 거기서부터가 재미있어요.

사사키　열받으셨군요. (웃음) 음, 다카하시 씨가 어떤 의미로 '열받았다'는 말을 쓰시는지는 모르겠지만, 앞부분은 열받게 만드는 측면이 있을지도 모릅니다.

다카하시　옛 단어, 쓰이지 않는 한자를 사용하고 있잖아요? 그걸 접하면 '이 단어가 쓰이던 시대는 언제지?'라는 생각을 하게 되죠. 30년 전? 50년 전? 하지만 실제로는 존재하지 않아요, 그런 시대는. 이런 말을 쓰던 사람은 있어도, 이런 말을 이런 용법으로 사용하던 시대는 없거든요. 때문에 이것은 거짓입니다.

사사키　네, 그렇습니다. 맞아요. 옛것으로 단순히 회귀하려는 마음은 없습니다.

다카하시　거기에 생각이 미치면서 갑자기 재미있어지는 거예요. 열받다가 기분이 좋아지는 거죠. 왜 그런 걸까요?

사사키 '열받았다'는 말은 신선한 표현이네요. (웃음) 하지만 위화감 있는 문체라는 얘기는 많은 분께 들었습니다. 그러나 일부러 그런 것은 아닙니다. 저는 정말 진지한 사람이거든요. 목눌하게 한 줄 한 줄 써나갔을 뿐입니다. 고풍스러운 걸까요?

다카하시 아니요. 사실 예된 것도 새로운 것도 없습니다.

사사키 네. 여러분도 아시는 바와 같이 여기 있는 다카하시 겐이치로高橋源一郎는 『일본 문학 성쇠사』를 쓴, 박람강기한 작가입니다. 이분은 '알고 있는' 거죠. 일본 근대 문학에서 이런 문체가 쓰인 적이 없다는 사실을요. 일반 작가나 비평가라면 이를 모르기 때문에 "고풍스럽다, 의고擬古적인 문체다" 정도로 끝납니다. 하지만 다카하시 씨는 대번에 알아챕니다. 무서운 일입니다만.

다카하시 그래서 거짓인 겁니다.

사사키 아, 들키고 말았네요.

다카하시 그러면 이건 무엇인가? 이것은 소설이죠.

사사키 ······다카하시 겐이치로가 "소설이죠"라고 말할 때의 독특한 복잡함이 느껴집니다. 다카하시 씨에게는 일반적인 의미에서 '소설이 아닌 것'이 소설이니까.

다카하시 일반적으로 소설이라 불리는 것은 소설이 아니죠.

사사키 마루야 씨한테 "소설이 아니다"라는 말을 들으신 적이 있죠?

다카하시 그가 말하는 소설은 제가 말하는 소설이 아니죠. 『들고 있으면 점점 무거워지는 장미꽃』을 읽어봤나요? 나는 재미없었어요. 사사키 씨는 다른 의견을 갖고 있을지도 모르지만, 저는 재미없는 것은 재미없다는 이유 때문에 좋아합니다. 평범한 것도 좋아하지만 싫어하는 것도 있어요. 여기에 쓰여 있는 것이 소설이라고 인정할 때 두 가지 방식이 있어요. 하나는 부분적으로 이 부분은 소설이지만 나머지는 아니다라는 의미의 소설. 다른 하나는 처음부터 끝까지 엉망진창이지만 전체적으로 소설이라고 할 수밖에 없다는 의미의 소설. 사사키 씨는 후자라고 생각해요.

사사키 아…… 이건 새롭네요. 처음 들어보는 지적입니다.

다카하시 이 소설, 감동적인 얘기잖아요?

사사키 네? 그런가요?

다카하시 어? 감동했다니까! 눈물 나던데? 이거.

사사키 그래요? 감동하는 사람은 얼마 안 된다고 생각하는데요.

다카하시 누나가 있었는데 이 누나한테는 20대 중반에 죽고 만, 재능을 지닌 친구가 있었어. 이거 소녀 만화잖아? 친구가 죽은 후에 누나는 천재 작가가 되겠노라 결심하지만 서른여섯에 전신 암에 걸려 죽어요. 이 시대에. 비극적인 죽음이죠? 그리고 마지막에 남동생에게 유고를 남기는 거예요. 보통 이런 얘기는 너무 감동적이어서 눈물이 안 나지만 눈물이 나더라고요. 왜냐? 문장이 이상해서. (웃음)

사사키 "소녀 만화인데 문장이 이상해." (웃음) 이건 뚜껑 열려서 화를 내야 할지, 순수하게 기뻐해야 할지 전혀 모르겠네. (웃음)

다카하시　정말 좋은 거예요. 열받았던 첫 20쪽의 매운 양념이 효과를 발휘하는 거지. 프랑스 후기 낭만파적인 쥘리앵 그라크 Julien Gracq 같은 느낌이 들어요. 여기서 얘기가 잠깐 옆길로 새는데, 사사키 씨랑 취미가 꽤 일치하는 것 같아요. 저도 헨리 밀러를 좋아해요. 『마르시의 거상』과 『나의 독서』만 있으면 되거든요. 밀러의 장점은 길다는 거잖아요? 『넥서스』라든지. 길고 같은 얘기만 반복하니까 질려버리죠. 하지만 그게 또 좋아. 몇 십 년 동안 활동한 만담 같은 소설이잖아요? 하지만 그런 밀러도 걸작을 쓸 때가 있는데 단편은 정말 솜씨가 좋아요. 요시유키 준노스케吉行淳之介가 번역한 단편은, 분하지만 오금이 저려오죠.

사사키　오금이 저린다. 밀러는 정말 위대해요. 「디에프=뉴헤이븐 경유」나 「마드무아젤 크로드」에서 솜씨를 발휘하고 있죠. 물론 완성도로 승부하는 작가로 알려져 있지는 않지만.

다카하시　그리고 사사키 씨는 솜씨가 좋은 건지 나쁜 건지, 그걸 잘 모르겠어요. (웃음)

사사키　칭찬하시는 건지 헐뜯으시는 건지. 재미있습니다. (웃음)

다카하시　제가 소설을 읽을 때는 소위 '특별한 상태'에 빠져 읽거든요. "여기에 이런 걸 쓰다니 바보 아냐?" "이거 좋은데?" "양념이 제 맛을 내는데!" 이런 식으로 계속 중얼거리면서 읽지요. 그리고 이 소설은 언뜻 보면 미문美文 분위기를 풍기고 있잖아? 그런데 잘 보면 미문도 뭣도 아니거든.

사사키　아…… 그걸 지적해준 사람은 다카하시 씨뿐이네요.

다카하시　미문과는 다르거든. 미문은 자기 목적화돼 있으니까.

사사키　네. 정말 치밀하게 읽어주시고, 숨은 뜻까지 챙겨주셔서 오늘은 배가 가득 찼습니다. 이제 집에 가도 될까요? (웃음)

다카하시　아, 그렇다면 가도 됩니다. (웃음) 그렇게 이해하기 어려운 것은 아니라고 생각해요. 어떤 의미에서 매우 금욕적인 미문이랄까요? 이렇게 무리하면서까지 읽기 힘든 이야기를 쓴다는 것은 정말 고생스럽습니다. 처음에는 이야기를 모르겠는데, 유고를 받으면서 점점 깔끔한 이야기가 돼가요. 카프카 이야기가 나오고, 보이지 않는 걸작에 대한 얘기가 되어가지만 실제로 그런 이야기라면 열받습니다. 하지만 문장 때문에 견딜 수 있거든요. 정말 그런 의도로 쓴 것인지 아닌지는 모르겠지만 구성은 그래요.

사사키　그런 의도는 없었지만 구성은 그렇네요.

'악랄'한 인공성과 신체성

다카하시　요즘 엔조 토円城塔 씨 소설을 몰아서 읽고 있는데, 그도 이과 계열 분위기를 풍기는 쿨하고 알기 어려운 문장을 구사하지만 마지막에 감정의 해방이 자리 잡고 있어서, 거기에 이르기 위해 쓰고 있다는 게 눈에 보이잖아요?

사사키　저는 엔조 씨와 대담한 적이 있고 제 책에도 수록돼 있습니다. 그때 그가 이런 말을 했어요. 어떻게 끝맺어야 될지 몰라

적당히 둘러대고, 적당한 대사를 던져 끝맺는다는 거예요. 그런데 그때 던지는 대사가 매우 서정적이죠. 하지만 그는 자신의 서정성을 인정하지 않더라고요. 도회韜晦가 아닌가 싶은 느낌까지 드는 태도란 말이죠. 딱 엔조 씨답지만. (웃음) "자기 텍스트, 문체는 물리학의 제대로 된 번역이 아닌 번역에서 영향을 받았기 때문에 거기에 미적인 판단 같은 것은 없다"고 하길래, 저는 지금 다카하시 씨가 그러신 것처럼 "그건 거짓말입니다"라고 말했습니다. (웃음) 미적 판단은 있다고 말이죠. 다만 노려서 그런 것이 아니라 의도치 않게 나와버리는 거잖아요, 엔조 씨는. 그게 대단한 거죠.

다카하시 사사키 씨는 왜 소설을 쓰려고 마음먹었습니까?

사사키 이유가 뭘까요?

다카하시 대담선 "할 수 있는 게 이것밖에 없어서"라고 하셨는데, 소설이란 할 수 있는 게 이것밖에 없어서 쓰는 거죠. 당연한 말이라고 생각해요. 사사키 씨는 『잘라라, 기도하는 그 손을』 같은 것도 쓰고 있잖아요? 그걸 소설이라 불러야 할지 말지는 저도 보류해야겠지만. 말하자면 픽션이 아닌 것도 함께 쓰고 있잖아요. 나중에 소설이 나온 것인가요?

사사키 순서로 따지면 『야전과 영원』이 첫 번째입니다. 그리고 『구하 전야』는 2010년 봄에 이미 완성한 상태였습니다. 그해 초여름부터 시작해 가을에 나온 게 『잘라라, 기도하는 그 손을』입니다. 『야전과 영원』은 2006년에 썼습니다. 따라서 그 후에 쓴 거죠. 하지만 왜 소설일까요……. 말도 안 되는 것을 시작하고 말았다는 생각이 듭니다.

다카하시 그렇다면 출발점이 어디였는지는 아시나요?

사사키 『야전과 영원』은 박사 학위 논문입니다. 논문을 수정한 것도 아닌, 논문 그대로입니다. 다른 것은 제목뿐이죠. 2년 동안 열 군데 이상의 출판사에서 거절당했어요. 그야 그렇겠죠. 누군지도 모르는 놈이 쓴 그 두꺼운 걸 내줄 데가 어디 있겠어요? (웃음) 2008년 가을에 겨우 나왔고, 2009년 가을쯤에 박사 학위를 받았습니다. 그때 여름이 하나 덩그러니 남게 됐습니다. 매우 아름다운, 더운 여름이었죠. 그래서 "여름이네" 하며 이런저런 생각을 하다 보니 손이 움직여서, 쓱쓱 20장 정도.

다카하시 그거 거짓말이죠.

사사키 거짓말 아닌데요! (웃음)

다카하시 손이 맘대로 움직였다고?

사사키 네. 애초에 소설이라는 생각이 없었습니다. 나중에 처음 세 장을 추가했죠. 20장 쓰고 나서 '도대체 내가 뭘 하고 있지?'라는, 이런 뭔지도 모르는 글을 쓰고 있을 때가 아니라는 생각이 들어 그만뒀습니다. 하지만 여름은 몇 번이고 돌아오잖아요? (웃음) 그래서 다음 여름에 다시 그걸 꺼내 20장 쓴 다음, 도대체 뭘 하고 있나 싶은 생각이 또 들어서 내팽개쳤습니다. 그때 다음 철학서를 쓰고 있었습니다. 하지만 마음먹은 내용에 문체가 전혀 따라오지 않는 겁니다. 그래서 2백 장 정도 썼던 것을 다 버렸어요. 그때, 이 이상한 글을 다 쓰고 나면 상황이 바뀌지 않을까

하는 막연한 생각이 들었습니다. 정말 『야전과 영원』 이후로 2년 정도 거의 아무것도 쓴 게 없었거든요. 갑자기 쓰게 된 겁니다. 써 보고 나서 '이게 소설인지 뭔지' 고민한 게 시작입니다. 이렇게 해서 『구하 전야』가 만들어지고 또 하나 쓰라고 해서 『행복했을 적에 그랬던 것처럼』이 만들어진 겁니다.

다카하시 소설이라고 생각해요?

사사키 음…… 소설이라고 이해하셔도 상관없습니다.

다카하시 "상관없습니다"라. 꽤 겸손하다고 할까, 으스대고 있다고 할까. (웃음) 난 소설이 아니라고 생각해요. 중간까지는. 얘기가 좀 옆길로 새지만 소설에 대해서는 소설가가 가장 잘 안다고 했다가 논쟁이 벌어진 적이 있잖아요? 그때 '대담 상대였던 호사카 가즈시 씨에게는 아무 말 안 하고, 왜 나한테만 뭐라고 하는 거지?'라는 생각을 했는데.

사사키 호사카 씨도 말을 많이 들었던 것 같은데요……. (웃음)

다카하시 호사카 씨도 그랬다고 하더라고요. 어쨌든 '안다'는 차원의 문제가 아니라 소설가 고유의 보는 관점이 있다고 생각해요. 별다른 뜻은 없고 '그냥 소설가로서 읽는다'라는 의미입니다. 건축가가 다른 사람이 만든 건축물을 보고 '왜 이런 데에 경첩이 있는 거지?'라며 이런저런 생각을 하게 되잖아요? 그거랑 같은 거죠. 사사키 씨의 소설은 방에 들어가서 '왜 여기에 이런 말을 뒀을까', '여기는 이게 아니지 않을까' 이런 생각을 하면서 읽어나가는 느낌이 안 드는 거예요. 앞부분은 아직 소설 속으로 들어가고 있다는 느낌이 안 나는 거죠.

사사키   아, 재미있네요.

다카하시   그런데 어느새 이미 '소설' 안에 들어와 있다는 걸 깨닫게 돼요. 어디서부터 그랬는지는 모르겠어요. 처음부터 소설로 들어가는 사람이 있잖아요? 카프카처럼 맨 앞 문장에서 노크하면 "네, 들어오시죠" 하고 들어가게 되는 사람도 있지만, 이건 특정 경향을 띤 산문 하나가 윤곽이 잘 잡히지 않은 채로 덩그러니 놓여 있어요. '이야기인지, 소설인지, 문학인지 모르지만 분명 어딘가에서 뭔가가 시작되겠지, 이런 생각을 하면서 걸어가다 보니 어느새 소설 안에 들어와 있더라' 이런 느낌을 받았어요.

사사키   그러셨군요. 흥미롭습니다.

다카하시   이 작법은 사사키 씨가 의도했다기보다는 자신의 무의식을 신뢰하고 있다는 걸까요? 음, 하지만 그런 순진무구한 면은 없단 말이죠. (웃음)

사사키   나름대로 신뢰하고 있는데요……. (웃음)

다카하시   처음에 뭔지 모르지만 20장 썼다, 그런 느낌은 확실히 있어요. '뭔지 잘 모르지만 써나가는 방식'이 아니면 사사키 씨는 소설을 쓰지 못하는 거죠. 이건 병인데. (웃음)

사사키   앗. (웃음)

다카하시   그런데 중간부터 소설이 되는 거니까 앞부분은 필요 없지 않을까 하는 생각도 들었어요. 하지만 앞부분이 없으면 소설이 아니란 말이죠. 반대로 사사키 씨의 가장 큰 특징이라고 할 이 인공적인 문체 말인데요, 신체성도 겸비하고 있어요. 미시마 유키오와도 다르고, 후루이 요시키치와도 달라요. 더 악랄하달까? (웃음)

사사키 그건 대단한 칭찬의 말씀이네요. 저를 나쁜 녀석으로 만들 심산이신 것 같기도 하고요. (웃음)

다카하시 나쁜 녀석으로 만들려는 것처럼 보이지만 저는 원래는 좋은 사람입니다. (웃음)

사사키 그렇지 않죠. 다른 사람에게 악랄하다고 하는 사람이 가장 악랄한 법입니다. (웃음)

다카하시 이 작법은 생각해낸 것이라기보다는 자신의 신체적인 부분에 따른 것이라는 느낌이 들어요. 자연스러운 부분과 인공적인 부분이 묘하게 섞여 있어서 논하기가 어려워요. 누가 하게 될지 모르겠지만. 그런데 이와는 별도로 지금 이토 세이코 씨랑 조금 특이한 방법으로 소설을 쓰고 있죠?

사사키 한 장章씩 연작 단편 형태로 쓰고 있는데요, 각자가 한 장씩 소위 보너스 트랙을 더해서 단행본으로 만들 예정입니다. 대지진 이후 문학적인 실험을 한번 시도해, 이를 자선 활동으로 연결한다는 기획이죠.

다카하시 그건 어떤 방식으로 이뤄지죠?

사사키 'Back 2 Back'이라는 DJ의 즉흥 기술이 있습니다. DJ는 곡을 믹스해서 연결시키잖아요? DJ 하나가 플로어 분위기나 곡의 흐름을 보면서 리얼 타임으로 해가죠. 그런데 이걸 두 사람이상의 DJ가 한 곡씩 교대로 하는 것이 Back 2 Back입니다. DJ가 렌쿠連句*하는 거라고나 할까요? 처음엔 중간에 누군가 끼어들어올 수 있게 하자는 취지였는데, 생각해보니 Back 2 Back이라는 힙합적인 개념을 이해하고 있는 사람이 없어서 일단 둘이 계속해나가게 됐습니다. 이렇게 해서 결과를 내면 다음에는 누군가 들어와주겠지 하는 기대를 가지고.

다카하시 그럼 읽어보지 않으면 설명은 어렵겠네요.

사사키 네. 처음에는 둘이 전혀 다른 곡을 틀다가 점점 서로 보조를 맞추면서 연계가 이뤄집니다. 여러 방식으로 연결이 가능해지죠. 피치를 조정하면서 BPM을 맞춰가는데, 꼭 그래야 하는 것도 아니고. 1970년대식 펑크 튠에 '같은 프로듀서가 만든 다른 시대의 곡'을 이어가는가 하면, 그 곡을 샘플링한 최근 힙합을 즉석에서 포갠다든지. 어떤 식으로 이어갈지는 각자의 센스죠. 전혀 이어지는 것 같지 않다가도 실은 이런 식으로 이어져 있다든지, 이어져 있는 것 같지만 이 부분은 끊긴다든지. 이런 작업을 소설로, 사전 조율은 전혀 없이 계속해왔습니다.

다카하시 그렇다면 이런 문장이 전혀 아닌 건가요? 알 수 없는 한자 등은 안 쓰고?

사사키 그대로 씁니다. 이런 것밖에 못 쓰거든요. 하지만 이토 씨가 3인칭이라든지, 그때까지는 없던 요소를 끼워 넣습니다. 그

---

* 하이카이俳諧(에도 시대에 정립된 일본의 짧은 시)의 렌가連歌.

러면 저도 그와 이어지도록 하기 위해 1인칭만으로는 쓸 수 없게 되거나, 서로의 등장인물을 도입하거나 하죠. 소설을 즉흥으로, 둘이 써가는 시도는 별로 없지 않을까요? 사실 작가 이토 세이코를 부활시키고 싶다는 의도가 저에게는 있어요. 이토 씨는 15년간 안 써왔잖아요.

다카하시　통일된 스토리도 없이 단편이 이어져 있다고 이해하면 될까요?

사사키　네. 렌쿠와 비슷합니다. 리얼 타임으로, 즉흥으로 상대방의 끝 부분을 받아서 이야기를 만들어가는데, 통일된 스토리를 만드는 것은 아니죠. 아마 Back 2 Back이라는 DJ 플레이를 본 적이 있는 사람은 아실 거라고 생각합니다. ……또는 그 자리에서 연주하는 잼 세션 같은 느낌이라고 할까요? 미리 조율하는 것은 하나도 없습니다. 심지어 이토 씨는 소설이 마무리될 때까지 만나지 않는 게 쿨하다고 말하시더라고요. (웃음)

왜 AV인가

다카하시　이쯤에서 제 소설에 대해서도 얘기하지 않으면 고단샤講談社 분들에게 혼날 테니, (웃음) 질문해주시겠어요? 어려운 질문은 빼고요.

사사키　그럼 단도직입적으로 간단한 질문을 하겠습니다. 왜 그

렇게 AV를 좋아하십니까? (웃음)

다카하시   10년 전에 연재하던 소설이 있는데, 그게 원형입니다. 9·11 성금 AV를 만드는 얘기였지요. 실은 10년 전과 완전히 상황이 달라진 부분이 있습니다. 10년 전의 성인 비디오는 아직 표현의 최전선에 있었습니다. 그런데 지금은 어떻게 됐냐면 소멸 직전이죠. 성인 비디오라고 하지만 비디오는 거의 없습니다. DVD조차 줄어들었죠. 지금은 다운로드한 성인 동영상이니까요. 어느새 일소—掃되기 직전인 겁니다. 처음부터 하나의 커다란 공간에 대해 쓰고 싶은 마음이 있었습니다. 대지진도, 이 언어 공간도, 일본 근대도 그 너머에 뭔가 있거든요. 이런 상대를 어디서든 찾아내야겠다고 생각했어요. 예를 들면 '나'와 세계의 대립이라든지. 하나의 외설 얘기를 만들어 이와 대결하고 싶었어요. 뭐가 좋을까 몇 가지 생각을 했습니다. AV는 이미 다 뻔한 게 아닐까 싶었는데 지금 멸망 직전이라는 것을 깨닫고 괜찮겠다는 생각이 들더라고요. 왜 멸망 직전이냐면 시대에 맞지 않아서, 사람이 필요하다고 여기지 않게 되면서 몰락해가는 거죠. 하지만 그 순간을 함께 지켜보는 사람도 있거든요. 그런 시점에서 쓰면 어떻게든 되지 않을까 하는 직감이 왔어요. 그래서 140년에 이르는 근대에서 완전히 탈락한 것을 하나 써보자는 마음이 생겼습니다.

사사키   일본 근대 문학과 AV를 겹쳐 보고 계신 건가요?

다카하시   이건 뭐 제가 말할 필요도 없이, 일본의 AV는 여러분도 아시다시피 — 자세히 말하면 성희롱이 될 수 있지만 — 모자이크가 일본 AV의 열쇠가 되는 개념이잖아요? 모자이크가 없으면 일본 AV는 더 일찍 망했을 거라고 당사자들도 말하고 있습니다. 보여주기 위해 있는데, 보여주지 않음으로써 성립하고 있습니다. 이렇게 뒤틀려 있는 것은 다른 나라에는 없죠. 그래서 우아하고 감상적인 AV*임은 틀림없습니다. 이거라면 어떻게든 될 것 같았습니다. 사사키 씨도 대담에서 말씀하셨습니다만 3·11 이후에 대해 논하는 것은 좀처럼 어렵습니다. 뭔가 말을 하면 바보 같잖아요? 말하지 않는 것도 바보 같지만, 말하는 것도 바보 같으니까 '실은 모른다'는 입장에 서고 싶다는 생각도 있어요. 그리고 뭔가를 한다면 이기는 게임을 해야겠죠. 이길 수 있을지는 모르겠고, 지는 걸 전제로 한 게임이라도 무승부까지는 가져가고 싶습니다. 처음 질문으로 돌아가서 『일본 문학 성쇠사』에도 쓴 것처럼 보면 볼수록 일본의 근대 문학과 성인 비디오는 닮았거든요.

사사키 소위 '노골적인 묘사'와 '서사'죠?

다카하시 맞습니다. 묘사와 서사가 있었어요. 다야마 가타이田山花袋가 자연주의 선언을 했을 때, 문학은 유럽에서 수입한 개념으로 진실을 묘사할 수 있다는 환상을 전제로 성립한 것이었습니다. 노골적인 묘사라고 말했지만 본인이 얼마나 알고 있었는지는 모르겠어요. 있는 그대로를 쓴다는 생각으로 써나간 결과가 결국 자기 주변의 작은 정사情事를 쓰는 것이었습니다. 실제로 노골적

---

* 다카하시 겐이치로가 쓴 작품 중에 『우아하고 감상적인 일본 야구』라는 소설이 있다.

인 묘사를 한 것은 그 이후의 리얼리즘 작가들이었고, 다야마 가타이가 말한 노골적인 묘사는 좀 다르거든요.

사사키 AV와 일본 근대 문학이 닮았다는 다카하시 씨의 말씀은 이해됩니다. 하지만 거기엔 전제가 되는 구조라고 할까요, 사고 회로 같은 것이 있지 않을까요? 어떤 베일이 있어서—모자이크인가요? (웃음)—쉽게 말해 우리를 '진리'로부터 격리시키고 있는 베일, 막이 있다. 그래서 그것을 찢어내고 '진리'에 도달해야 한다. 하지만 그건 지나친 서양 형이상학적인 사고 형태잖아요? 이런 자리니까 요약해서 말하자면 진리는 그리스어로 알레테이아라고 합니다. '덮여 있지 않다', '가려져 있지 않다'는 뜻이죠. 베일이 벗겨진 '노골'적인 상태. 하지만 '덮여 있지 않은' 상태란 실은 베일이 있기 때문에, 그것을 걷어낼 수 있기 때문에 존재하는 거죠. 베일은 진리를 인식하는 데 있어 장애물이지만 베일이 없다면 '덮여 있지 않은' 것 또한 사라져버립니다. 그런 의미에서 진리는 그것을 가리는 베일을 전제로 하고, 이에 의존하고 있습니다. 하이데거는 이 사태를 간략하게 "진리란 드러내면서 덮여 있는 것이다"라고 했습니다. 보이지만 보이지 않기 때문에, 노출돼 있지만 감춰져 있기 때문에 진리라는 얘깁니다.

따라서 "아무리 더럽혀진 진리라 하더라도, 현실이라 하더라도 그로부터 절대로 시선을 돌려서는 안 된다. 사람들은 몽매하게 그것을 못 보지만 나는 **특권적으로** 그것을 볼 수 있다. 제군들도 봐야 한다"라는 사고방식은 정말 따분한 서양 형이상학입니다. 지금 말한, 닫힌 사고 회로 속에 안주하고 있습니다. 그래서 저는 그런 소설은 쓰지 않습니다.

다카하시 네, 그렇죠.

사사키 "현실을 봐라!"라고 을러대는 말에 대해 제 나름대로, 하지만 절대적으로 저항해왔습니다. 옛날부터 사람을 협박하고 세뇌하고 아득바득하게 만들어, 그야말로 헨리 밀러 식으로 말하면 "사랑하는 힘을 빼앗는" 교활한 수법입니다. 라캉이 말하듯 "당신이 말하는 '현실'이야말로 망상이고 환상"인 거죠. 게다가 지금 말한 진리에 대한 사고 회로는 노골적으로 성적 판타지와 연결돼 있잖아요? 그래서 저는 그런 소설을 쓰지 않습니다.

하지만 다카하시 겐이치로라는 희귀한 소설가의, 비정상적인 '성실함'과 기묘한—버릇없게 감히 말씀드립니다만—'결함'이 여기서 명확해집니다. 왜냐? 다카하시 씨는 일반 작가들과는 다릅니다. 지금 말한 사고 회로의 덫, 알레테이아 같은 것은 처음부터 다 알고 있습니다, 다카하시 씨는. 그러니까 알면서 하고 있는 거죠. 게다가 이분은 품격이 있어서 "알고 하는 거야"라고 말하지 않아요. '알고 있지만 한다'고 변명하면서 하는 것이 가장 꼴불견이잖아요? 일본 근대 문학과 AV가 노골적인 묘사를 통해 '진리'와 '현실'에 이른다. 하지만 이를 방해하는 베일이나 모자이크가 그 운동을 지탱하고 있다. '문학은 진리여야 한다'는 강박 관념을 봐라. 이런 말씀이시죠? 베일을 벗겼다고 생각하겠지만 또 베일이 나타납니다. 베일을 벗겨내지 못하면, 벗겨내지 못했기 때문에 다시 베일을 벗겨내고 싶다는 욕망이 출현합니다. 이 끝없는 순환.

다카하시 씨는 정말 신기하다고 생각해요. 다카하시 씨는 지금 말한 회로에 갇혀 있는 것처럼 보입니다. 하지만 그렇게 보일 뿐이지 마지막의 마지막에 가서 다카하시 씨의 소설 속에는 지금 말한 회로로는 설명할 수 없는 '그 무엇'이 나타납니다. 아마 이런 회로의 한계를 파악하고 있으면서도, 일본 문학이 이 회로를 적어도 일부는 떠안은 채 형성되어온 역사적 경위가 있기 때문에 이에 몸담으려 하는 것이 다카하시 씨의 윤리라고 느낍니다. 그로부터 '그 무엇'이 나오는 게 아닐까 생각됩니다. 이런 식으로 칭찬해봤자 하나도 기쁘지 않을 수도 있겠지만. (웃음)

『사랑하는 원전原電』은 틀림없는 걸작이라고 생각합니다. 여지없이 웃음을 자아내니까요. 저는 『Back 2 Back』 제11장에서 헨리 밀러의 한 소설을 암암리에 참조하면서 "아무렴 어때. 쾌활하게 살자고"라고 썼습니다. 그러나 쾌활하게 살자고 말만 하고 있을 뿐 소설 자체는 쾌활함과는 거리가 멉니다. 하지만 『사랑하는 원전』은 당당하게 쾌활해요. 웃기거든요. 지금 말한 진리에 관한 고지식한 회로의 덫을 알고 있기 때문에 장난치는 것을 두려워하지 않습니다. 그래서 익살극을 펼칠 수 있는 거죠. 원전 사고라는 '보이는' 것과 '안 보이는' 것 사이에서 동요하고 있는—사고와 그 계측치 자체는 어느 정도 보이지만, 방사선이나 그것이 수십 년 후에 가져올 재난은 결국 안 보니까요—'압도적인 현실' 앞에서, 그 보이다와 안 보이다 '사이'에서 하염없이 회로를 비틀면서 익살극을 펼칩니다.

　이런 재능은 세계적으로도 찾아보기 힘듭니다. 다카하시 겐이치로가 이처럼 계속 쓰고 있는 것은 문학으로서는 분명 좋은 일이죠. 이는 전제로 깔려 있습니다. 하지만 여기서 조금 이상한 게 나옵니다. 다카하시 씨의 다른 방면의 '성실함'이라고 할까, 항상 걸리고 마는 다른 '덫'이라고 할까요……. 다카하시 씨는 말이죠…… 소설 마무리 짓는 게 서툴러요. (웃음)

다카하시　아~. (웃음) 그건 제가 생각해도 정말 그래요.

왜 끝나지 않는가?

사사키　소설은 깔끔하게 끝나선 안 됩니다. 깔끔하게 시작해도 안 되죠. 오로지 '깔끔한 시작', '깔끔한 마무리'를 결정적으로 거절하면서, 시작 없음과 '마무리 없음'을 풀어놓듯이, 마무리를 한없이 해소하듯 끝내는 것이 가능하거든요. 그런 시작과 마무리를 거절하면서, 화려하게 시작해 끝난 것이 유일하게 『사요나라 갱들이여』입니다. 하지만 그 책이 가장 좋다는 얘기를 듣는 건 엄청 싫으시죠?

다카하시　그렇죠.

사사키　그러시겠죠. 첫 작품이니까. 하지만 다카하시 씨의 작품을 오랫동안 읽어온 독자 중 한 사람으로 정말 불가사의해서 어쩔 줄 모르겠어요. 일본 문학과 세계 문학을 모두 제대로 파악하고 있고, 이를 우리에게도 알기 쉬운 말로 게다가 결코 아는 척 으스대지 않으면서 몇 십 년 동안 얘기해주던 다카하시 겐이치로가, 소설의 기교를 훤히 다 알고 있는 다카하시 겐이치로가 거짓말 하나 안 보태고 고꾸라지면서 끝나요. (웃음) 소설은 깔끔하게 끝나서는 안 된다는 걸 제게 가르쳐준 분이 여기 있는 다카하시 겐이치로거든요? 제가 10대 때 읽었던 다카하시 씨의 에세이가 있는데, 거기서『달려라 메로스』를 다루고 있습니다. 마지막에 "고맙다, 친구여!"하고 포옹하는 장면에서 마무리하면 '깔끔하게' 끝나잖아요. 하지만 다자이 오사무太宰治는 사족을 붙입니다. 벌거벗고 있는 메로스가 이를 지적받고 창피해하는 장면을. 이런 사족이 좋다고. 깔끔하게 끝나지 않는 것이 소설의 소설성이라고. 깔끔하게 끝나지 않았다는 것이 아닙니다. 깔끔하게 끝나지 않는데, 이 '끝나지 않음' 자체를 무한히 해방하면서 끝나는 것은 가능하거든요. 그런 예는 문학사에서 얼마든지 있습니다. 버지니아 울프, 제임스 조이스, 사뮈엘 베케트 다 그렇거든요. 끝이 없는 끝이라고 할까, 마무리 없는 소진이라고 할까. '끝나지 않는다'를 '완수하는' 형태로 끝납니다. 이유는 모르지만 다카하시 씨는 이것을 하지 않으세요. 왜 안 하시는 거죠?

다카하시 이유를 말할까요? 열받기 때문입니다. 근본적인 기분상 열받고 있다는 걸 알게 됐어요. 3·11 이후의 분위기에 열받은 것도 있고, 3·11 이후에 침묵하고 있는 녀석한테도 열받아요.

열받는다는 건 근거가 없거든요. 그냥 단순히 열받고 있을 뿐이지 자신에게 돌아옵니다. 결국 자기한테 열받고 있는 거죠. 왜 그런 생각을 했냐면 제 공식적인 데뷔작이『사요나라 갱들이여』잖아요? 사실은 그전의 한 작품으로 데뷔하려고 했는데 선고 위원이 떨어뜨렸어요. 그 소설을 썼을 때 기분을 잘 기억하고 있는데 계속 열받아 있었어요. 뭐에 열받았냐면 1960년대에 일어났던 일을 망각하고 있는 시대에 열받았었어요. 일본 문학 중에 뭘 읽어도 열받고 있었어요. 뭐가 싫었냐면 "문학보다 열받는 건 없어. 뭘 잘했다고 으스대는 거야"라는 거였죠. 일본근대문학이 태어났을 때는 도쿄 제국 대학 옆에서 돈이 없어 다들 고픈 배를 달래며 문학 얘기만 하고 있었습니다. 그런데 지금은 뭘 잘했다고 으스대고 있는지. 직접적인 관계는 없지만 서른 정도 됐을 때 문학이라고 할까, 소설에 대한 깊은 애정을 끊을 수 없어 돌아왔다. 제 자신은 그렇게 생각했던 거예요. 아무튼 열받은 상태였기 때문에 이 녀석들한테 한 방 먹이지 않으면 죽을 수 없다고 생각했어요.

사사키 '이 녀석들'은 무엇이죠?

소설적인 존재 양태

다카하시 '문학'이라는 존재 양태입니다. '이런 얘기를 하는 나도 별 볼일 없으니 열받네.' 이런 감정으로 쓴 것이『존 레넌 대화성인』입니다. 그에 비해 『사요나라 갱들이여』는 왠지 깔끔하잖아요? 내가 말하는 것도 뭣하지만, 그걸로 스트레스를 해소해버린 거예요. (웃음) 사랑이 넘치고, 역으로 전적으로 긍정하는 사람이 돼버렸죠. (웃음) 그 후로 자신을 오해하고 있었던 거죠. 그런 이유들을 스스로 만들어 '최종적으로 문학은 전적인 긍정을 위한 길을 어떻게 만들 것인가' 이런 생각을 갖고 쓰곤 했어요.

하지만 3·11이 일어나고 이 소설을 쓰려 했을 때 바로 깨달았어요. 뭘 깨달았냐면 30년 전의 열받았던 모습이 진짜 나였다는 것을요. 좀 전에 사사키 씨가 베일 얘기를 했는데, 베일이란 안 보이기 때문에 여러 모습으로 여러 장소에 둘러쳐져 있잖아요? 그게 사회일 때도 있고, 개인의 습관일 때도, 언어일 때도, 문학이라는 장르가 자기도 모르게 갖고 있는 베일일 때도 있어요. 평소 생활할 때는 몰라도 아무 상관 없는데, 위기에 처했을 때 분명히 눈에 보이게 되는 겁니다. 곤란한 것은, 이때 우리가 베일을 찢는 도구로 문학을 이용하는데 이 또한 말하자면 베일이거든요. 즉 가장 믿을 만하다고 여겼던 녀석이 제일 위험한 거예요. 이럴 때 문학에 다가가기는 정말 어렵죠. 그럼 어떻게 하면 되느냐. 기껏해야 끝내지 않는다거나 그러는 거죠. 열받은 감정을 그대로 갖고 있으면 그렇게 돼버립니다. 꽤 단순하다고 생각해요. 어쩌면 이 부분이 소설과 문학이 나뉘는 지점일지도 모릅니다.

소설은 조금 다릅니다. 문학은 더 넓은 개념이기 때문에 베일이 있다는 사실을 모른 척하고 행동해도 이를 통해 무언가를 달성

해내면 상관없어요. 베일이 있어도 괜찮습니다. 근대 문학, 현대 문학 모두 대놓고 말하진 않았지만 내심 그런 것보다 좋은 작품이 중요하다는 생각이 있었어요. 하지만 이런 상황에선 좋은 작품 같은 게 필요 없잖아요?『지진 문학론』에 조금 적었지만 가와카미 히로미川上弘美 씨의『하느님 2011』은 문학적·예술적 기준으로 볼 때 좋다고 하기 힘들어요. 하지만 작가가 열받았다는 것은 확 와 닿아요. 저도 열받고 있었으니까. 즉 이럴 때는 문학이어서는 안 되는 겁니다. 걸작은 쓸 수 없다고 생각해요. 극단적으로 말하면 잘못된 부분이 좋은 겁니다. 소설에선 통하는 거죠. 때문에『하느님 2011』은 문학이 아니라 소설이라고 저는 생각해요. 문학은 일상생활을 살아가는 우리의 공동체를 보강하는 기능을 합니다. 표면상으로는 그렇지 않은 말도 하죠. 진실은 이렇다, 이 사회는 기만이 넘쳐난다. 하지만 다 거짓말이기 때문에 저는 공범이라고 생각해요. "그럼 당신은 그 공범 관계에서 벗어나 있어?"라고 물으면 대답할 길이 없습니다만 소설이라는 존재 양태는 겨우겨우 그렇지 않은 그 무엇을 담보할 수 있을지도 모른다고 생각해요. 그러다 보니 마무리가 이렇게 되더라고요.

사사키 거기에서 문학과 소설을 나누시는군요. 소설의 '열받음'이야말로 '진리의 닫힌 회로' 자체에 대한 저항이 된다는 말씀인가요? 음…… '노골적인 묘사'로 베일을 걷어내냐 안 걷어내냐를 문제삼는 게임으로서 '진리의 회로'는 사실 다음을 전제하고 있습니다. 바로 '언어 바깥에 진리가 있다'는 전제죠. 하지만 이 또한 그들이 멋대로 정해놓은 거죠. 이를 무효로 만드는 방식으로 언어를 사용하려는 게 제 작업입니다. 그게 전부예요. 여기에 저항의 가능성이 있지 않을까 싶어서요.

　하지만 역시 이런 마무리는 최악이라고 생각하는데요? (웃음) 모순되는 것 같지만 최고라는 생각도 들고요……. 여러분은 읽어보셨나요? 『사랑하는 원전』이 어떻게 끝나는지. 중간까지는 정말 좋아요. 어쩌면 이렇게 바보 같으면서 좋게 느껴지는지, 눈물이 나올 지경이에요! 그러나 역시 마지막이 '열받습니다'. (웃음) 왜냐면 맨 마지막에 주인공의 기획이 퇴짜를 맞거든요. "그런 건 AV가 아니란 말이야!"라는 이유로. 이건 좋지 않아요. 이 말을 해선 안 됩니다. 다카하시 씨는 지금 AV와 소설을 닮은꼴로 본다고 하셨습니다. 하지만 마루야 사이치가 당신 소설을 두고 "이런 건 소설이 아니야"라고 말해서 열받으신 거잖아요? 놀랍게도 다카하시 씨는 일관되게 "이런 건 소설이 아니야"라는 말을 듣는 소설 쪽에 서서 항상 옹호해왔고, 스스로 그런 소설가이고자 해왔지 않습니까? 그런데 이래서는 안 되는 것 아닐까요? 이것은 『달려라 메로스』의 '깔끔한 마무리'에 대한 거절과는 질이 다르다고 생각합니다.

다카하시　하지만 그 부분이 없으면 문학이 돼버리거든.

사사키　알아요. 하지만 그걸 어떻게 할 수 없을까요. (웃음)

다카하시　방법이 없어, 방법이. (웃음) 끝 부분은 그대로가 좋아. 그 부분을 엔조 토나 자네처럼 마지막에 해방 가능한 방식으로 쓰면 열받거든. (웃음) 하지만 아슬아슬하게 문학이 안 되는 부분은 좋다고 생각해. 왜냐하면 제대로 열받을 수 있게 만들어놨으니까. 조금 부자연스러우니까. 하지만 내가 썼던 분량을 그 방식으로 해버리면 대단원이 되고 말아. 문학이 돼버리는 거지. 문학이 돼버리면 끝이야. 그런 생각을 하기 때문에 나는 병적인 거지.

사사키 압니다. 안이한 카타르시스를 제공하는 마무리를 해선 안 된다는 것은 압니다. 저는 그것을 다른 사람도 아닌 다카하시 씨한테 배웠으니까요. 그래서 밑도 끝도 없이 이런 얘기를 하고 있는 거죠. (웃음) 하지만 정말 무례를 각오하고 말하자면 뭔가 다른 방법이 있을 것 같은 생각이 들거든요…….

다카하시 그럼 묻겠는데, 어떻게 쓰면 되는 거지? (웃음)

사사키 다음에 둘이서 『Back 2 Back』 같은 걸 써볼까요? (웃음)

다카하시 그때는 사사키 씨가 결말을 맡는 것으로 하죠. (웃음) 조금 전에 이토 세이코 씨랑 공동 창작을 하고 있다는 말을 들었을 때 매우 소설적이라고 느꼈어. 문학은 혼자 하니까 문학이 되기 쉽거든요. 어떤 의미에서는 내가 나임을 긍정하기 위해서 쓰는 거지. 정체성의 확보, 승인이지. 이와는 다른 것을 하려는 거죠?

사사키 그야말로 다자이의 "으스대지 마!"죠. 둘이 하면 으스댈 수 없거든요. 게다가 이토 세이코 씨는 일본어 랩을 처음 시작한 사람이므로, 저는 한계 지점에서 절충하듯 세션할 수밖에 없어요. 이거야말로 소설적이라는 생각이 들었습니다.

다카하시 공동 창작은 좋은 것 같아. 건네주면 고쳐주기도 하고. (웃음)

사사키 원래 얘기로 돌아가죠. 아마 세 가지가 있을 겁니다. '깔끔한 마무리조차 불가능한 것', '깔끔하게 마무리하는 것', '깔끔하게 마무리하는 것을 거절하면서 끝나지 않음을 해방시키듯 끝내는 것'. 다카하시 씨는 이 세 가지 다 열받으시는 거죠? 아마 엔조 씨랑 제 경우엔 이 세 가지는, 특히 후자의 둘은 분명 서로 다르다는 확신이 있습니다.

다카하시 아~ 너희 참 행복하구나. (웃음)

사사키 하하, 이렇게 꼬여 있는 '다카하시 씨'를 보는 경험은 팬 여러분께서도 별로 없지 않을까요. (웃음) 하지만 저는 이 부분이 납득이 안 돼서요. '깔끔하게 마무리하는 것'도 '끝나지 않음을 해방시키듯 끝내는 것'도 가능한데 어느 쪽도 열받으니까 하지 않고, 이 때문에 자기 소설이 실패작이 되는 것을 두려워하지 않으면서 30년 동안 집필을 계속하는 것은 무엇을 의미할까요? 보통 작가한테는 불가능하다고 생각하는데요. 제 소설도 나름대로 좋든 나쁘든 파탄이고, 실패라고 생각합니다만.

다카하시 소설은 시작이 있고 끝이 있다고 하지만, 시작은 어떻게든 쓸 수 있어요. 그러나 끝은 어디서 끝나도 상관없는 게 아닙니다. 예를 들면 『잃어버린 시간을 찾아서』를 끝까지 읽은 적이 한 번 있어요. 마지막은 감동적이죠. 감동합니다. 그게 열받아. (웃음) 너무도 훌륭해서 눈물 흘리면서 열받아. 사랑이 넘치죠.

사사키 눈물 나죠, 그건. (웃음) 버지니아 울프한테는 열 안 받나요?

다카하시   물론 열받지.

사사키   와, 대단하네요. 이 증오.

다카하시   어떻게 이토록 완벽하게 쓰는 걸까, 하는 생각이 들어서.

사사키   중간에 파탄 나 있으니까 된 것 아닌가요?

다카하시   아니, 안 돼. 그렇게 말하면 프루스트도 중간에 뭐가 뭔지 모르게 되곤 하죠.

사사키   그렇죠. 그게 정말 좋은 부분이에요.

다카하시   하지만 마지막도 파탄이기를 바라거든요. 그래서 뭘 좋아하냐고 묻는다면 결국 『명암明暗』*이죠. 이건 끝난 게 아니거든. (웃음) 이거 정말 좋아. 이런 방법이 있구나!

사사키   다카하시 씨가 장편을 쓰다 죽으면 제가 나와서 "최고 걸작이다!"라고 말하면 되겠네요?

다카하시   그건 또 싫네~. (웃음) 그래도 『명암』의 끝은 좋다는 생각 들지 않아요? 그건 개인의 힘이 아니니까. 자연의 힘으로 쓰러져 그렇게 된 거니까. 자연과 공연共演을 한 거지. '두 명'이니까.

사사키   맞는 말이긴 한데, 그렇게 되면 작가는 오로지 딱 한 번만 '정말 좋은, 깔끔하게 마무리 짓지 않은 결말을 끝낼 수' 있는 게 돼요. (웃음) 저는 철학자로서는 단순하게 "아무것도 끝나지 않아, 않는단 말이야!"라고 말하면서 사라지는 것으로 마무리 지으

---

*   나쓰메 소세키의 유작이다. 소설을 끝마치지 못하고 죽었기 때문에 미완의 작품이다.

려 합니다.

다카하시   철학자는 원래 그렇게 막가는 건가? (웃음)

사사키   제가 끝나지 않는다고 되뇌면서 끝난다고 했죠? 하지만 논문에서는 이것이 허용된다는 것 자체에 열받아요. ……열받는지도 모르겠어요.

다카하시   어떻게 그리 단정해질 수가 있지? 징그럽잖아, 그러는 건. (웃음)

사사키   하나도 단정하지 않아요! 문장이 이상하다니 어쩌니 말씀하시다가 단정하고 징그럽다니 왠지 제가 당할 대로 당하고 있는 기분이네요. (웃음)

다카하시   아니, 꼬여 있긴 해도 그렇기 때문에 마지막에 깔끔하게 끝낼 수 있단 말이지.

사사키   다카하시 씨는 중간이 굉장히 단정해요.

다카하시   맞아. 원래 워낙 단정한 사람이라……. (웃음) 하지만 단편은 꽤 깔끔하게 마무리 지어. 왜 그러냐고 따지면 할 말이 없어지는데, 단편은 될 수 있는 한 감동적으로 만들려고 하거든. 중간은 아무래도 상관없으니까 마지막은 감동적으로 만들고 싶다는 생각이 있어. 아마 장편에 대한 반동이겠죠. 욕구 불만이 쌓이는 건 틀림없으니까요. 그러니까 둘 다 읽어주시면 고맙겠습니다!

사사키   음, 조금 납득이 안 되는데요. (웃음) 『'악惡'과 싸운다』를 읽었을 때 가장 먼저 떠올린 것이 오에 겐자부로 씨의 『핀치러너 조서』였어요. 어떻게 『핀치러너 조서』와는 다른 형태로 '악과

싸울지'를 쓴 소설로 제겐 읽혔거든요. 오에 씨도 이 소설을 놀랍게 끝내고 있죠.

다카하시   저는 오에 씨를, 뛰어넘을 수 없는 목표로서 참 좋아해요.

사사키   다들 너무 좋아해요. 약간 야유한 적이 있는 작가도 함께 술 마시면서 말을 나눠보면 "오에 씨 소설은 진짜 좋아!"라는 얘기를 하더라고요.

다카하시   왜냐하면 오에 겐자부로는 멋지게 실패하기 때문입니다.

사사키   그게 문젭니다. 오에 씨는 화려하게 실패하거든요. 소설의 소설성을 체현하고 있습니다. 성공한 소설 따위는 제대로 된 게 하나도 없죠. '단정하고 깔끔하게 끝나는' 아무것도 아닌 소설을 의미하니까요. 화려한 실패야말로 대성공이라는 건 하나의 전제라고 할 수 있겠죠.

다카하시   오에 씨는 한때 소설 평판이 최악으로 나빴잖아요? 하지만 나는 정반대라고 생각해. 점점 재미있어졌던 거죠. 아마 근대 문학의 중력에서 벗어났던 거야. 본인의 의도와는 다를지 모르지만. 무슨 생각을 하는지 알기 어려운 사람이고. 어쩌면 곧 고지마 노부오小島信夫의 경지에 이를지도. (웃음) 이걸 어떻게 흉내 낼 수 있는 방법은 없을까 고민하곤 해요.

사사키   흉내 내고 싶네요. (웃음) 다카하시 씨는 단정합니다. 좋은 의미로도 말이죠. 그리고 이걸 무리해서 실패시키려는 느낌이 들어요.

다카하시   그건 아니고, 그냥 실패하고 있을 뿐이야. (웃음) 일단 성공을 목표로 삼지만 실패하고 말아.

사사키   ……오에 씨라는 사람은 어떻게 그처럼 화려하게 실패할 수 있는 거죠?

다카하시   그건 다음 기회에 얘기하죠. 이미 예정된 시간이 넘어버렸네요. 죄송합니다. 끝맺지만 끝나지 않습니다~! 오늘은 와주셔서 감사합니다.

2011년 11월 28일, 아오야마 북센터 본점

2012년

후루이 요시키치, 재난 이후의 영원

후루이 요시키치古井由吉는 생生의, 성性의, 성聖의 자의성을 문체의 자의성으로 직조하며 살아가고 있는 작가다.* 고로 현존하는 최고의 작가고 지금이야말로 읽혀야 할 작가며, 나아가 여전히 앞으로 도래해야 할 작가다. 내 생각에 일본어권에서 그와 비견되는 소설가는 오에 겐자부로뿐이다.¹ 우회를 거치면서, 이 권卷에 수록된 두 작품을 중심으로 초기 작품을 살펴보고 이를 논증하겠다.

1968년 1월에 세상에 나온 데뷔작 「목요일에」로 시작되는 후루이 작품 계열 중 『부모〔親〕』와 『산조부山躁賦』 사이에는 특이한 단절이—이 표현이 적당하지 않다면—비약 혹은 도약이라 부를 만한 그 무엇이 있다. 전자는 초기 후루이 요시키치의 마지막 작품이고, 후자는 후기 후루이 요시키치의 첫 작품이다. 시작하는

---

*   일본어로는 生, 性, 聖 모두 '세이せい'라고 읽는다.

지점에서 미리 이렇게 단언을 해둔다.[2] 이는 주제와 문체 등 다양한 측면에서 분명해질 터이므로.

그러나 여기서 몇 가지 확인해 둘 필요가 있다. 후루이 요시키치 작품들이 지닌 일련의 흐름에서 '단절'이나 '비약'이 보인다 해도 이는 후루이 특유의 어떤 반복의 양상 속에서 그렇다. 당연히 이런 단절 이전이나 이후에도 반복되는 어구와 주제는 있을 수 있다. 최근작에서 초기 작품 특유의 형용사가 생각지도 못한 문맥에서 모습을 드러내기도 한다. 초기 작품의 주인공이 보여주는 젊고 왕성한 거동의 묘사 속에 돌연 『영혼의 날』 등에 나올 법한 늙고 병든 몸의 수척함, 쇠약함, 낯섦을 묘사하는 어구들이 늘어서 있는 것을 ― 아주 오랫동안 이어져온 수맥水脈의 소리가 들려오는 것처럼 ― 목격해 도연陶然해지고 망연해지는 경험을, 후루이 요시키치의 독자라면 누구든 한 적이 있을 것이다. 그러나 이런 종류의, 어떤 작가에게든 있을 법한 여러 수준의 반복보다도 더 집요한 반복을 후루이에게서 찾아낼 수 있다.

한 예로 나카이 히사오中井久夫를 인용하자. 나카이는 특유의 문제로 작가가 된 사람의 몇 가지 도정, 몇 가지 리스크를, 13년의 간격을 두고 간행한 두 시론에서 다음과 같이 말하고 있다. 1997년에 간행한 시론에는 네 개, 2010년에 간행한 시론에는 다섯 개가 있고 그 내용은 물론 차이가 있으므로, 이를 정리하면서 논하겠다.[3] (1) '자기 모방'. 이는 "고정 관객" 혹은 "일부 애호자만의 것이 되어가는 코스의 입구이다". (2) '쉼 없는 실험'. 좋은 예로 다니자키 준이치로谷崎潤一郎가 있으며 '쇼'로 타락한 예로 미시마 유키오三島由紀夫가 있다고 나카이는 말한다.[4] 실험을 계속하다 보면 점점 '실험을 위한 실험'이 되어 "깊이가 얕아지는"[5] 것이다. (3) '침묵'. 1997년에 쓴 논고에서는 발레리를 특권적인 예로 꼽고 있는데, 후년에는 "쇼지 가오루庄司薫를 예로 들어도 실례가 되지는 않을 것이다"[6]라고 쓰고 있다. (4) '자기 파괴'. 이런 예는 얼마든지 꼽을 수 있다. 굳이 열거할 필요는 없으리라. (5) '대중이 이해하기 쉬운 장르로 이동'. "예를 들면 소설가에서 논픽션 작가로, 의학자에서 의학 해설자로."[7] 이 또한 주변을 둘러보는 것만으로 사례가 넘쳐날 것이다.

물론 이 다섯 가지 유형은 유연하게 적용해야 한다. 후주에서 논한 미시마 유키오는 (2)의 극한에서 (4)에 이른 작가라고 할 수도 있으니까. 문제는 다른 곳에 있다. 후루이 요시키치는 과연 어느 유형에 속하는가? 나카이의 '고정 고객', '일부 애호자'라는 단어 선택은 온건한 부정의 시선을 담은 얕은 야유의 어조를 상기시키지만 (1)의 '자기 모방'에 속하리라. 바로 말을 이어가자. 후루이를 이 유형에 넣으면 '자기 모방'의 의미 자체가 바뀐다. 이는 아는 사람들만의 술자리 특기 같은, 아무리 '아는 사람들' 수가 많아도 술자리 특기이기는 마찬가지인 자족과는 한 획을 긋는, 아마도 "강인한 자기 반복"이라고 불러야 할 그 무엇이다. 흔들리지 않고 하나의 주제를 반복하는 것처럼 보이면서 그 반복을 거듭할 때마다 "깊이가 얕아지는" 것이 아니라 더욱 깊어진다. 그뿐 아니라 깊이 파이다 못해 바닥이 뚫려 발 디딜 곳 하나 없는 허공에 서마저, 가능한지 여부도 알 수 없는 버둥거림과 비틀거림을 계속 반복함으로써 결국 역치閾値를 초과하여 기이한 모습을 드러내지만 본인은 이를 전혀 모르는 것처럼 다시 반복을 거듭한다. 큰 웃음이 터지기 직전에 기묘하게 부풀어 오르는 마음속 웃음이 돌연 얼굴에 가득한 귀기鬼氣를 벗긴다. 하지만 그 얼굴은 직전의 낙천적인 미소와 조금도 다르지 않다, 틀림없이 그럴 것이다. 작가 후루이 요시키치의 내력은 그렇다. 집요한 반복의 작가, 후루이 요시키치.

확인이라기보다는 오히려 다짐에 가까운 그 무엇을 계속해 간다. 그렇다면 후루이는 무엇을 반복하고 있는가? 일단 여기서 한 가지 짚어야 할 것은 '전쟁'이라는, 더 정확히 말해 '공습', '재난'이라는 주제다. 1945년, 여덟 살 때 "5월 24일 미명에 야마노테山手 대공습을 겪고, 아버지의 생가인 기후岐阜 현 오가키大垣 시 구루와마치廓町로 소개. 7월에 오가키 시도 공습당한"8 사건에 대한 주제의 반복은 최근작뿐 아니라 초기부터 후루이 작품을 관통하고 있다. 또한 마찬가지로 이를 통해 반복되는 것은 "공습의 직격을 받으면 이 아이를 감싸고 다 함께 죽어요" 하고 "피 같은 외침"9을 토해내는 여자들의 열광 혹은 광녀들의 착란이다. 이는 후에 요코杳子와 사에佐枝라는 특권적인 형상으로 변해, 남자와 일대일로—집단의 열광이 아니라 이제부터 집단을 도래케 할—'개발 지역'에 자리 잡은 '새 가정'의 고독한 광기가 불온한 적막 속에 스스로 비틀어가는 양상을 초래하게 될 것이다. 그리고 이 공습 체험에 나타나는 '남자들의 무력함'도 후루이 문학의 핵심 중 하나가 되어 반복을 피할 수 없다. 전쟁과 미친 여인 그리고 당혹스러움을 감추지 못하는 남자들의 '단란團欒', 그 견고한 반복. 하지만 이는 전개 속도가 너무 빠르고 내용이 가볍다. 다른 논거를 거친 후에 다시 이 지점으로 되돌아올 것을 약속하며 다음으로 넘어가자.

여기까지 확인하고 나서 『부모』를 읽는다. 여기에 수록된 『부모』는 『히지리(聖)』, 『집(栖)』과 함께 초기 장편 3부작을 이루는 마지막 작품이다. 증상은 다르지만—살벌한 정신 의학상의 병명과 증상을 언급하다 보면 글이 산만해지므로 여기선 삼가도록 한다—계곡 바닥에 가라앉은 '요코'의 광기를 물려받은 듯한 사에에 대해 얘기해가는 일련의 작품들은 이렇게 정리할 수 있을지도 모른다. 사에가 속해 있던 고향을 떠나 도쿄로 향했으나 다시 돌아와 그곳으로의 귀속을 확인하게 되는 '촌락 공동체'의 기묘한 관습을 중심으로 전개되는 『히지리』. 그곳에서 다시 만난 남자와 꾸리는 단란과 출산을 거쳐 도쿄에 '새 가정'을 꾸린 후의 광기를 그린 『집』. 그리고 그 광기로부터 치유에 이르게 되는 『부모』. 이 세 작품을 사회학적인 옛 용어로 설명하자면 "공동체의 붕괴에서 핵가족화로", "오래된 근거에 따른 성스러운 계율의 통치에서 뿌리 없는 도시의 삶으로"를 그린 얘기로 읽을 수도 있다. 하지만 이는 틀렸다.

　본고는『부모』를, 이 작품만을 논해야 하지만『히지리』를 어떻게 읽느냐에 따라 뒤의 두 작품이 전혀 다른 작품이 되기 때문에 어쩔 수 없다.『히지리』의 줄거리부터 상세히 들어가보자. 등산을 하다 우연히 어느 마을 외곽의 불당 옆에 있는, 그 안에 돌부처가 여섯 놓인 판잣집에서 잠을 청한 남자에게 도쿄에서 잠시 귀향한 사에라는 젊은 여인이 "새 고용주라도 보는 눈빛"[10]을 하고 찾아온다. 남녀 관계가 되기 전에, 또 얘기를 듣기도 전에 이미 남자는 사에에게 마을의 묘지가 황폐할 대로 황폐해진 데다 "절"과 관계가 없다는 점이 이상하다고 묻는다.[11] 그 자리에서 사에는 죽음을 앞두고 있는 할머니를 위해 "2~3일 이곳에 있어달라"[12]고 남자에게 부탁한다. 즉 이 마을에서 "사에몬"[13]이라 불리는, 날마다 불당 묘지를 지키는 한편, "욕 먹고 비난받고 놀림당하면서 한 줌의 쌀, 콩, 남은 음식을 받아먹으며 목숨을 이어가"[14]지만 일단 일이 벌어지면 사람들이 두 손 모아 공경하는, 절과는 무관하게 사람이 죽으면 큰 소리로 염불을 왼 뒤에 공양하는, 더 정확히 말하자면 시체를 업고 가서 "강 건너"[15]에 방치하는 역할을 떠맡는, 이를 위해 마을 사람들이 키우는 정착 히지리, 즉 '구걸하는 중' 역할을 맡아줄 수 없겠냐는 의뢰를 하는 것이다. 판잣집 속 남자의 그림자에서 사에몬을 본 사에 할머니의 곧 다가올 죽음을 위해. 마지막으로 사에몬이 있었던 것은 "벌써 10여 년 전"[16]이지만 사에몬 제도는 "옛날부터 존재해왔던 것"[17]으로, 젊은 사에까지도 사에몬의 모습을 "어릴 적에 봤다"[18]고 한다. 또 "미친 여자가", 이 차별받기에 성聖스러운 자인 사에몬의 "판잣집에 달려 들어간다".[19] 여자는 가족한테 심하게 두들겨 맞고 벌을 받으며, 임신을 하게 되면 사에몬은 추방된다.[20] 그러나 이처럼 기묘하게 태어난 아이는 입양된 집에서 출세한다고 한다.[21] 사에와 성교하고, 밥을 얻어먹고, 결국엔 갇혀 '사에몬' 역을 맡게 된 '나'는 드디어 그 역할을 완수하고 사에와 미덥잖은 약속을 나눈 뒤 마을을 떠난다.

 옛 생각이 날 수도 있을 법한 얘기다. 문화 인류학, 민속학, 사회학, 종교학 등에서 오랫동안 논의되어온 '성스러운 것'과 '상스러운 것'의 양의성 이론 또는 '중심과 주변' 이론의 명쾌한 도식을 여기서 볼 수 있다. 일상에서 가장 경멸받고, 더러운 존재로 취급당하며, 생산에서 소외된 거지가 비일상의 역전 속에 성스러운 자로 현현한다. 이 불결함은 삶의 반대물인 죽음의 불결함과 연결되므로 이질적인 존재고, 경계에서 살아가는 사에몬이 군림하는 것은 사람이 죽었을 때며, 이 불결함의 성스러움 때문에 불가사의한 힘을 지닌 그는 젊은 여자와 관계를 맺으면 버림받지만 그 자식은 그 힘 덕택에 능력을 발휘하게 된다……. 질서에서 비껴나간 혼돈을 대표하는 이질적 존재의 모습이 일시적인 제례에서 질서의 중심에 침입한다. 그리고 이를 통해 활성화하는 공동체의 질서. 이런 얘기다. 이 고대로부터 쉼 없이 이어지는 전통, 보편이자 불변인 성스러움의 '구조'. 마침 이 소설이 쓰였던 시대에 이 같은 이론이 인문계 담론을 석권하고 있지 않았던가.[22] 후루이 자신도 "나는 삶과 죽음의 경계에서 죽음을 등에 업은 채 산 자들에게 얼굴을 향하고 서 있는 자의—성직자의 원형이라고 할까—발생 형태에 항상 관심을 가져왔다"[23]고 말하지 않았던가. 돌연 그 "이질적 존재"가 되고 만 남자를 1인칭으로 끝까지 써나간 수완은 대단하나, 이 작품은 한 시대를 풍미한 이론적 도식에 포섭되어 있는 것처럼 보인다.

하지만 그렇지 않다. 소설 『히지리』는 그런 협소한 이론의 틀에 안주하는 범작이 아니다. 이를 조금씩 논증해가자.

먼저 마치 태곳적부터 연면히 이어져온 듯 묘사되는 마을의 사에몬 풍습이지만 실제로 작품에 등장하는 사에몬은 세 명이고, 주인공인 '나'를 포함해도 네 명밖에 되지 않는다. 열거하면 다음과 같다.

1. 사에의 할머니가 말하는 "내가 열여덟 살 때까지 마을에 있었던", "선선대의 또 선대에 해당하는 사에몬 히지리".[24] 이 사에몬은 금방이라도 죽을 듯한 극도의 쇠약 상태에 있었는데도 마을 사람이 죽으면 갑자기 일어나 "나무아비"[25]라고 소리 지르며 무거운 관을 짊어지고 공양의 임무를 다하여, 그 거룩한 모습에 마을 사람 모두 두 손을 모았다고 한다.

2. 그다음 대, 주인공인 '나'를 포함하면 "선선대"[26] 사에몬. 자기 분수를 몰라 무작정 "큰 목소리를 내"[27]고 "행동거지와

말투가 스님 같으며",[28] "과장돼 있는"[29] 등 마치 진짜 승려인 척하는 바람에 사람들에게 조롱과 경멸을 당했고, 결국 자신의 염불에 무관심한 소녀 시절 사에 할머니의 모습을 보고 마음을 고쳐먹어 "원래 거지로 돌아갔다"[30]고 할머니는 말한다.

3. 사에가 알고 있는 "다리가 조금 부자유스러운", "마지막 사에몬".[31] 그는 진후* "암시장 패거리"와 어울려 다니며 "마을 여자를", "백주에 당당하게 데리고 갔다".[32] 그것이 몇 년 전 일인지에 대해서는 서술에 진폭이 있어 "15년 전"[33] 또는 "16년 전"[34]이라고도 쓰여 있다.

역시 오랜 공동체의 성스러운 구조 혹은 그 붕괴와 상실 이야기일까? 예를 들어 전쟁 때 "영령을 이런 야만적인 풍습으로 대하다니" 하며 헌병한테 질책받고 "그럼에도 전후 2~3년 후까지 사에몬의 모습이 보였"[35]지만, 이후 사에몬이 사라지고 7~8년이 지나자 "그런 풍습이 마을에 있었다는 것조차 사람들은 잊어버린 듯했다"[36]는 얘기가 있는 것처럼? 그렇지 않다. 헌병 이야기를 포함한 이 세 명의 사에몬 이야기는 모두 사에가 할머니한테 들은 것이라고 주인공에게 얘기하고 있다는 사실, 그 증언에만 매달려

* 일본에서 '전후戰後'란 제2차 세계대전 직후, 즉 1945년부터 5~10년간을 뜻한다.

있다는 사실에 주목해야 한다. 꼼꼼히 읽어보면 다른 증거는 하나도 없다.

나이 들면서 쇠약해진 할머니가 "죽고 싶어도 죽을 수가 없어"[37]라고 중얼거린 "그 밤"에 할머니는 사에에게 "처음으로 강 건너 묘지의 사에몬 히지리 이야기를 했다. 사에는 자기가 어릴 때 틀림없이 봤을 텐데도 기억이 나지 않아 그런 풍습이 이 마을에 있었다는 사실을 한심하게 여겼"[38]고, 그때부터 거듭 같은 얘기를 하는 할머니의 말을 계속 듣다 보니 "사에는 자신도 조금씩 떠올리게 됐고, 자기가 봤을 리 없는 사실까지도 노인 얘기를 듣다 보면 기억이 움직이는 듯한 느낌을 받았다".[39] 그리고 이 둘이 마을 사람으로부터 고립된 모습은 "1년 정도 누구도 상대해주지 않아 고립된 사람끼리, 나이 차이 없는 진짜 마을 처자끼리의 관계 같았다"[40]는 사에의 회상에 묘사된 대로며, "도대체 어디부터 어디까지가 네가 본 거니, 너 자신의 얘기니"[41] 하고 수상히 여기는 남자에게 "어, 그게"[42] 하고 어울리지 않게 당황스러운 목소리를 내며 "어머, 할머니하고만 얘기하다 보니 분간도 못하게 됐네. 다 할머니 얘기야"[43]라고 말하고 있다.

다 할머니 얘기야. 그렇다. 사에몬은 할머니의 또는 할머니와 사에라는 두 "처자끼리"의 관계가 엮어낸—망상까지는 아니라 해도—순전한 픽션상의 등장인물일 것이다. 미리 얘기해두겠다. 여기에 있는 것은 태곳적부터 이어지던 전통도 구조도 아니다. 확실한 근거가 있는 마을의 계율, 바꾸는 건 결코 용납되지 않는 풍습 같은 게 아니다. 사에가 그 안에서 조금이라도 반복 가능한 습관을 찾아내려다 발광하는 '새 가정'과 시골 마을 할머니가 죽음을 맞기 위해 기다리는 시간은, 기댈 곳 없는 습속의 무근거성無根據性에 있어 실은 별 차이가 없다.

다른 방증도 있다. 예를 들어 주인공도 "히지리 님"이라고 자기를 부르는, 보이지 않는 마을 사람의 목소리를 듣는다. 하지만 결국 "사람이 내 이름을 부르며 달려가는 소리가 들린 것 같았다"[44]라고 끝맺고 있으며, 『집』과 『부모』에서 하마디면 사에의 망상에 빨려들어갈 뻔한 '나'의 자질을 사전에 보여주는 데 불과하다. 또한 '나'는 소설 막바지에 판잣집을 나와 높은 곳에서 마을을 내려다본다. 그는 거기서 마을이 "대매출의 선전 애드벌룬"이 보일 정도로 도시 N시와 "의외로 가깝다"는 것을 처음 알게 된다. 이 마을은 "판잣집에서 내가 마음 한 켠에 떠올리고 있던 산골 마을이 아니다. 도시와 같은 평면에 있어 그 침식에 노출돼 있다"[45] 그리고 사에의 입에서는 역설이 담긴, 독자를 향한 일종의 도발로도 느껴지는 말까지 흘러나온다. "툭하면 귀신이니 여우니 그런다니까, 도쿄 사람은."[46]

그리고 "타지 출신"[47]의 오빠 부인이 나타나 드디어 제3자 입장의 등장인물이 중요한 얘기를 해주지 않을까 싶은 장면에서 "옛날 일이에요. 마을 사람도 다 잊은 쓸데없는 얘기예요. 할머니도 지금 와서 왜 그런 걸 떠올리셨는지. 죽을 때까지 못되셨다니까. 사에까지 왜 그러는지. 아무것도 모르면서"[48]라고 말할 뿐이다. 결국 할머니 얘기를 통해 "그런 게" 있었음을 알았다는 점에서 사에와 마찬가지다. 게다가 오빠 부인한테는 얘기도 하지 않았는지, 사에몬에 대해선 일언반구도 없다. 마지막으로 할머니가 죽을 때가 되어 사에에게 "나오면 죽일 테야"[49]라는 말을 듣고 판잣집에 갇힌 뒤 사에몬 히지리의 임무 중 하나인 큰 소리로 염불 외는 흉내 내기를 강요당해, 남자는 한마디라도 "어쨌든 외쳐야 한다"[50]고 생각하지만 나약하게 사에의 이름만 부를 뿐 임무를 이루지 못한다. 그런데 사에가 말하기를, 자기와 할머니는 그 외침을 들었다고 한다.[51] 일종의 환청일까? 함께 있던 가족들은 그 외침을 들었을까? 사에는 "다들 판잣집 쪽으로 귀를 기울이고 있었어"라고 말할 뿐이고, 이 또한 사에의 증언에 불과하다. 게다가 가족이 외침을 들었다는 기술은 전혀 없다.[52] 나아가 마지막 장면에서 사에 집 장례에 모인 스무 명쯤 되는 마을 사람들에게 주인공은 드디어 직접 말을 건넨다. 하지만 "마을 사람들은 다들 저쪽으로 고개를 돌리고, 목소리의 주인에게는 눈길도 주지 않은 채 다 똑같은, 남녀 모두 갈피를 잡을 수 없는 무표정한 얼굴로, 당연하다는 듯 뒤의 범람한 물을 둘러보며 내 옆을 줄줄이 지나쳐 갈"[53] 뿐이다. 덧붙이자면 앞에서 인용한 후루이의 자기 해설은 표표한 어조로 다음과 같이 이어진다. "그런 발생이 근대에 속하는 최근에도 실제로 있었다고 한다."[54] 더불어 방증으로 『부모』 마지막 장에서 퇴원한 사에가 다시 늘어놓는 신세 타령을 미리 들어보자. 스물두 살 때 할머니를 돌보기 위해 불려온 사에는 고향 집에 살면서 "처음에는 기껏해야 반년쯤 쉬는 것이라고 생각했으나 다음 해 여름이 끝날 즈음에는 없혀사는 주제에 마치 할머니와 일심동체인 것처럼 행세하고", "급기야는 늙은이의 망령 든 말을—이는 본심과 심술이 섞인 것이었는데—모두 진실로 받아들여 등산하고 내려오는 이와사키_{岩崎}를 잡아 거지 판잣집에 데려다 놓고, 할머니한테는 사에몬이 왔으니 저승사자가 데리러 오면 꼭 옛날처럼 강 건너 묘지에 건네주겠다고 약속해 눈물 흘리게 하고, 마지막 밤에는 이와사키를 불당에 집어넣어 밭 건너까지 소리 지르게 하는 등 도대체 무엇과 싸우고 있었던 것인지……".[55]

길어졌다. 그러나 『히지리』, 『집』, 『부모』 3부작의 맨 처음을 이루는 이 소설이 놀라운 명석함과 예민함으로 범용한 이론, 그 자체가 뻔하고 애매모호한 서사라고 부를 수밖에 없는 '서사론', '구조론'을 벗어나 있다는 점, 그뿐 아니라 이에 대한 날카로운 비판이 되고 있다는 점, 그리고 그 때문에 바로 괄목할 만한 소설이라는 점을 지적하지 않고는 아무것도 시작할 수 없다(놀라운 것은 후루이가 이 지평을 넘어 더 멀리 향한다는 사실이다). 어찌 됐든 이 정도로 3부작의 제1부를 꼼꼼하게 논해두면 뒤에 넉넉히 생략할 수 있으리라. 이미 말한 바와 같이 뒤의 두 작품에 대한 독해는 『히지리』를 어떻게 읽느냐에 달려 있다고 해도 과언이 아니기에. 한마디만 불쑥 더 하자면 이 같은 후루이 작품을 두고 내향_{內向}이니 몽롱이니 따분하다는 말을 늘어놓는 사람들의 생각이야말로 내향이고 몽롱하며 따분한 것이지, 지금도 그런 잡담에 홀려 있는 사람은 하나도 없으리라 믿는다.

원래 얘기로 돌아가자. 히지리는 자의적인 것이었다. 고로 견고해 보였던 마을 습속 안의 삶 또한 자의적인 것이었다. 이는 한 노파의 자의에 기반한 허구에 지나지 않았다. 그리고 우연히 만나 돌연 몸을 섞는, 『집』 이후 '이와사키'라는 이름으로 불리는 남자와 사에가 보여주는 성(性)의 양상도 필연성이 없는 것이었다. 그럴 것이다. 하지만 이 깊은 자의를 자의인 채로 놔둘 수 없게 되었을 때 사에는 광기에 사로잡힌다. 그렇다. 떠올리자. 물론 할머니의 '이야기'에 불과하지만 『히지리』에는 또 하나의 의미심장한 삽화가 있지 않았던가. 사에의 할머니가 젊었을 때 할머니에게는 예쁜 친구가 있었다. 둘은 "무거운 병에 걸린 몸으로 훌륭히 임무를 완수한"[56] 사에몬 히지리, 즉 우리가 1이라고 번호를 붙인 사에몬을 "아무렇지 않게 놀리고"[57] 참혹할 정도로 못살게 굴었다. 하지만 그 사에몬과 예쁜 친구는 돌연 남녀 관계가 된다. 그러나 마을에 소문이 돌아 벌을 받은 것은 할머니였다. 몸을 섞은 것은 친구이지 사에의 할머니가 아니었는데도. 그 친구의 임신이 발각된 후에도 사에의 할머니는 임신한 것은 자기라고 말하고, 배도 불러왔으며 집에 갇힌 채 "엄청난 먹보"[58]라고 묘사되는 식욕을 보였는데 어찌 된 일인지 점점 야위어가, 끝내는 감시의 눈을 피해 사에몬의 판잣집에 가서 "짐승, 짐승"[59] 하고 계속 절규한 다음 "제정신으로 돌아오는 데 한 달이 걸렸다"[60]고 적혀 있다. 이야기 자체가 사실인지 아닌지 모를, 할머니에게 "주입"당한 이 삽화에 사에의 광기가 배태되어 있었다고 일단 말할 수 있지 않을까? 실제로 사에몬인 이와사키와 몸을 섞고 아이를 갖는 사에.[61] "근데 할머니는 망상이었지만 나는 진짜 임신이야."[62]

이제 『집』과 『부모』다. 도쿄로 상경해서 이와사키의 첫아이를 낙태한 후 "2년 반 동안", "연락해오지 않았던"[63] 사에는 "제멋대로인, 아리송한" 것인 줄 알면서도 "자기 혼자만의 생활 습관"[64]을 만들려고 한다. 조용한 불안이 연기처럼 차오르는 묘사에서 우여곡절을 겪으며 다시 둘은 우연히 만나게 된다. 사에는 또 한번 이와사키의 아이를 임신하는데 이때의 묘사도 "정말 조심했는데", "딱 한 번의 망설임"[65] 때문이라며 우연임을 강조하고 있다. 임신 전후에는 할머니의 얘기를 상기시키는 불가사의하게 왕성한 식욕을 보여준다.[66] 임신 중에도 "도망 못 가. 죽은 아이를 안고 따라다닐 거야"[67]라거나 "판잣집에서 당신, 나를 힘으로 범했죠?"[68]와 같은 살벌한 말을 내뱉으며, 주로 서로의 과거에 대한 질투에서 오는 감정의 뒤엉킴 같은, 제정신의 경계를 오가는 듯한 묘사가—그러나—담담하게 계속된다. 이미 요약한 것처럼 이 '새 가정'을 꾸려가는 동안 사에는 아이를 낳고, 매우 생생한 필치로 묘사되는 과대망상, 피해망상, 주찰망상, 죄업망상[69] 등의 증상을 거쳐 서서히 광기에 빠져들며 『집』의 마지막에 이르러서는 정신 병원에 입원한다. 『부모』에서는 외견상 그로부터 회복하는 과정이 그려지고 폐쇄 병동에서 개방 병동으로, 이어 일시적인 외박, 갑작스러운 이와사키 어머니의 죽음과 그 장례 참석[70]을 거쳐 퇴원한 다음, 고향 집이 있는 지역에 잠시 기거하는 것을 일단락 짓는 장면에서 끝난다. 줄거리를 간추리면 이게 전부이지만 문제는 따로 있다.

여기서는 『히지리』의 화자가 필요로 했던 특정 구조를 묘사한 후에 이를 뒤엎는, 혹은 그 기원의 '왜소함'을 폭로하는 비판을 더 이상 필요로 하지 않는다. 이 두 작품은 '그 후'의 얘기다. 따라서 이를 지적할 필요조차 없다. 뒤이은 두 작품과 비교했을 때 약간 유형화된 느낌을 풍기던 '나'와 사에의 모습은, '이와사키' 그리고 사에라는 3인칭으로 불리게 됨과 동시에 스며드는 것 같은 섬세한 시선에 노출돼, 육감적인 농밀한 내음을 더더욱 짙게 풍긴다. 때문에 이를 다루는 우리의 논지도 커다란 윤곽이나 조형으로 귀착하는 것이 아니라 더욱 미세한 부분에 집중해야 한다. 작품의 질적인 변화에 맞춰 우리의 발걸음도 바꿔야 한다. 네 가지 주제로 나누어 지적해보자.

1. '할머니의 반복'이라는 주제

『집』에 묘사된 발병 과정에서 사에는 마침내 할머니가 했던 말을 이와사키에게 내뱉는다. "짐승."[71] "비켜. 거기서 비켜, 짐승."[72] 상상 차원에서 사에몬의 아이를 밴 할머니와 같은 말을. 잊지 말아야 할 것은, 어쨌든 사에몬이었던 이와사키의 아이를 낳고 정신과에 다니기 시작한 직후, 사에는 자기가 다시 임신했다고 우기며 와병 중인 자신을 범했다고 이와사키를 힐난하지만[73] 이와사키가 산부인과 진찰을 권하자 이를 거부한다는 점이다. 이는 할머니와 마찬가지로 상상 임신이었는데, 이와사키는 "임신이라는 형태로 그에게 뭔가를 말하려 했다는 것까지는 느낄 수 있었다".[74] 그리고 『집』에서 가장 인상적인 장면이 이어진다. 사에가 갑자기 많은 밥을 지어서는 주먹밥을 만든 뒤 맨 처음 것을 이와사키에게 먹인다. 이와사키는 먹는다, 『히지리』에서 사에가 판잣집에 갖다준 주먹밥을 떠올리며. "공복의 극한이 온 것처럼 온몸에서 식은 땀이 흘러나왔고, 무릎이 쉬지 않고 후들거렸다. 주먹밥을 양손으로 꼭 움켜잡고 몸의 후들기림을 억누르듯 입안에 욱어넣었다. 사타구니의 물건은 콩알만큼 오그라들어 있었다."[75] 되로 밥을 지어 이와사키에게 주먹밥을 만들게 한 다음, 사에는 주먹밥을 들고 밖으로 달려나갔다. "걸어다니면서 나눠주려고. 주변 사람들이 적이 되면 이길 수 없으니까."[76] 어디에, 누구에게 나눠주는가? 그것은 "사에가 몇 번이나 아기를 낳기 위해, 태아를 지우기 위해 다녔던 길"의 "거의 모든 모퉁이마다" 있는 "작은 사당"[77]이다. 이와사키는 거기에 존재할 리 없는 "풍화風化한 조각 같은 것이 보인 듯한 느낌"[78]이 든다. 물론 이 3부작 중에 사당 비슷한 성스러운 장소이자, 조각된 성스러운 상이 있고, 나아가 사에가 주먹밥을 공양한 장소는 하나밖에 없다. 바로 사에몬의 판잣집이다. 이와사키가 "현역"으로 있던 사에몬의 판잣집 말이다. 그렇다. 사에는 할머니의 망상을 반복하고 있다. 여기까지는 괜찮다. 하지만 왜 사에가 할머니에게, 그리고 그녀의 망상에 집착하는지 그 이유를 알 수 없다. 또한 이를 사에가 '병을 앓는 원인'이라고 할 수도 없다. 그러나 이에 대해서는 다음 주제를 거친 다음 논할 필요가 있다.

2. '숙모 부부의 학대'라는 주제

『집』에서 정신 병원에 다니던 와중에 의사가 전화를 걸어와 입원이 필요할지도 모른다고 말했을 때, 이와사키의 어머니가 방에 들어온다. 그때 사에는 돌연 시어머니에게 "나를 데려가려고 여자를 보냈네. 마음대로 될 줄 알고? 봐, 표정이 일그러져 있어. 도깨비 같은 눈을 하고 있잖아" 운운하면서 "갑자기 정신 나간"[79] 말들을 늘어놓으며 아파트 전체에 울려 퍼지는 절규를 방에서 계속한다. 그리고 이와사키가 시어머니를 돌려보낸 뒤에 사에는 묘한 말을 한다. "가셨나요? 숙모예요." "아니요, 제 육친이라니까요. 죽은 엄마의 사촌 여동생이죠"[80]라고. 사에는 이와사키의 어머니를 자기 숙모로 착각한다. 죽은 사에 엄마의 "사촌 여동생"인 숙모. 소설 속에 한 번도 등장하지 않는 사에의 숙모에 주목해야 한다. 사에가 착각하는 장면은 바로 이 소설의 후반, 갑자기 죽은 이와사키 어머니의 장례를 기술하는 『부모』의 '비〔雨〕'라는 장 첫머리로 "숙모예요, 라고 나중에 자기 혈육처럼 말했다. 이를 경계로 완전히 미치고 말았다"[81]의 "경계"에 해당하기 때문이다. 사에의 숙모는 어떤 인물인가? 이는 서서히 간헐적으로 이야기된다.

주먹밥을 나눠주기 위해 돌아다니고 입원하기까지의 짧은 기간 동안, 사에는 "딱 한 번 불쑥", "나, 집에서 쫓겨난 적이 있어요. 엄마가 죽고 3년 동안, 열여덟 살 때까지"[82]라고 중얼거린다.

입원한 후에 사에는 딸 사치코佐知子를 걱정하며 "나도 할머니가 키워줬어요. 캄캄해졌을 때 할머니가 혼자 데리러 왔어요. 캄캄한 길을 손잡고 집까지 데려다 줬어요. 아이가 아니라 열여덟 살 된 다 큰 여자인데도. 생리하던 날이었죠"[83]라고 말한다. 이것만으로는 무슨 얘기인지 알 수 없다. 그다음이다. "나, 두들겨 맞던 시절이 있었어요. 얻어맞고, 있는 힘껏 내팽개침을 당한 적도 있어요. 발에 차여 마루에서 뜰로 떨어진 적도 있고요. 생리 중에 허리를 기둥에 부딪혀 쪼그려 앉아 있었던 때도. 그런 일들을 다 잊고 있었네. 열다섯 살 때부터 3년 동안, 부모가 다 죽어서 숙모 집에 맡겨졌었거든요. 그 숙모 남편이 화를 잘 냈는데 한번 화나면 정신 나간 사람처럼 사람을 패는 거예요. 나도 어두운 소녀였지만 아무리 얻어맞아도 신음 소리 하나 안 내는, 고집스러운 부분이 있어서."[84] 즉 작품 속에서 거의 선언이라도 하듯 사에가 말하는 "나를 괴롭힌 녀석들한테 당신 힘을 빌려서 뼈저리게 느끼게 해줘야지"[85]의 "녀석들"은 어쩌면 이 부부일지도 모른다.[86] 그리고 할머니를 통한 구출의 전말에 대해 이렇게 설명하고 있다. 외박 때 자기 방의 자잘한 물품 속에서 나온 인형 머리에 대해—또 집요하게 확인이라도 하듯—"생리 중이었어. 열여덟 살 때", 숙부와 숙모에 대한 증오 때문에 뽑아서 감췄던 것이라고 말을 잇는다. "두들겨 맞아도 발로 차여도 한마디도 하지 않았다. 3일 단식하고 고향 집에 전화했을 때 오빠들은 말도 안 된다고 했지만 심술쟁이 할머니가 20리나 되는 길을 걸어서 와줬기에 함께 집으로 돌아왔다. 할머니는 '너, 냄새난다?' 하고 중간에 한마디 했을 뿐이었다."[87]

요약하면 이렇게 될까? 사에는 맡겨졌던 숙모 부부한테 학대를 받았고, 이것이 병의 원인이다. 할머니의 '망령 든 말'을 듣고, 할머니의 행동을 반복하며, 할머니에게 애착을 보이는 것은 그 처지에서 할머니가 구해주어서일 뿐 아니라 그곳에서 겪은 결정적인 심적 외상을 감추기 위한 것으로, 할머니 자체는 '진정한' 발병 원인이 아니다. 하지만 과연 이야기가 이처럼 단순할까? 할머니의 '망령 든 말'이 거의 다 망상이라 할 수밖에 없는 것처럼, 할머니의 망상을 걷어낸 후에 드러난 '숙모 부부'의 학대가 사실이라는 증거는, 사실 나중에 논하는 것처럼 어디에도 없다. 그렇다고 "따라서 이는 사실이 아니다. 사에의 혹은 사에와 할머니가 함께 만들어낸 망상이 아닐까?"라고 단언할 수도 없다. 유혹 이론을 포기했다는 프로이트가 "심적 외상의 존재 유무는 사유事由에 좌우된다"고 냉정하게 말하고 있는 것을 모방해, 여기서는 판단을 유보한다. 하지만.

여기서 또다시 독자에 대한 도발로 받아들여질 수도 있는 말이 튀어나온다. 병원 세탁소에서 갑자기 말을 걸어오는, 사에와 같은 병실 환자인 야자와矢澤라는 여자가 이와사키에게 이렇게 말한다. "원인 같은 건 없어요." "설령 원인이 있다 한들 그 이전부터 이미 이상한 상태인 거죠. 뭐가 있기는 있어요. 쫓아오는 뭔가가. 쫓기고 있으면 내 마음대로 안 돼요. 입에선 이런저런 말들이 나오지만 일어나는 일은 항상 똑같아요. 얘기하는 것 같은 사태는 전혀 안 일어나요, 아무것도. 우리는 거짓말쟁이랍니다. 대답하면 거짓말이 되거든요. 하지만 대답하지 않으면 병이 나은 게 안 되거든요."[88] 역시 원인은 존재하지 않고, 사실이 아닌 것일까? 그러나 후루이 요시키치는 이 대목에서 안심시켜주는, 그런 작가가 아니다. 그 직후 이 야자키로 하여금 사람을 죽인 적이 있다고 운운하는, 비상식적인 말을 하게 하고 있으니까. 실제로 의사도 원인에 대해 만족스러운 답이 없다는, 그래도 괜찮다는 뜻을 넌지시 내비친다.[89]

그리고 이와사키도 사에가 돌아온 방에서 결론을 내리지 않고 그대로 둔다. '과거의 공포'를 분명히 얘기하는 이 구절에서 곧바로 "이와사키의 아이를 지우고 혼자 살기 시작하던 때의 미친 듯한 적막을, 오히려 이쪽을 알아달라"라는 게 아니냐고 사에에게 마음속에서 묻고 있으니까.[90] 또 퇴원 후에 사에의 몸을 생각해 낮잠을 자게 했다가 그 습관을 그만두고 나서 "일과 중에 낮잠 자는 두 시간이 남게 되었다. 이 남은 시간을 어찌할 줄 몰라 사에는 미친 게 아닐까"[91]라고 독백하고 있다. 적막, 어찌할 줄 모름. 과거의 공포가 아니라 현재의 견딜 수 없는 근거 없음일까?

이를 뒷받침이라도 하듯 눈에 띄게 기묘한 장면이 『부모』의 마지막을 장식하고 있다. 사에는 목욕통에 머리를 처박히는 벌을 받았다고 말한다.[92] 그런데 이와사키는 이 벌을 준 상대를 '부모'로 받아들인다. "부모가 죽은 아빠를 뜻하는 건 아니겠네?"라고 기묘한 물음을 던지는 이와사키에게 "응, 이미 생리가 있었으니까"라고 또다시 말한 다음 "다른 사람의 기억인 것처럼 말했다". "내가 부모라고 했나요? 그들을 부모라고 생각한 적은 한 번도 없는데. 하지만 부모가 목욕통에 머리를 집어넣었다고 생각해왔었나 봐. 그 사람은 화나면 정말 무서웠고 나는 미친년처럼 고집스러웠으니까요."[93] 실제로 『부모』는 "아, 피곤해. 다 정리됐어요. 그 부모도 만나고 왔어요."[94]라는 사에의 말에서 마지막 한 줄로 향한다. "발광할 때와 똑같은 머리 냄새"를 "부드럽게 부풀어"[95] 오듯 풍기는 사에의 모습으로. 사에의 부모는 이미 죽어서 할머니와 오빠들이 키웠다. 하지만 여기선 작품 속에 한 번도 등장하지 않은 숙모 부부라 불리는 사람들의 행동을 부모의 행동이라 여기고 있다. 그런데 그 숙모는 엄마의 "사촌 여동생"이라고 사에는 말했으며, 하지만 그 숙모는 부모다, 이는 이와사키가 한 말이고, 그러나 이와사키는 사에몬이고, 사에몬은…….

독자는 여기서 결정적으로 사실의 공백, 근거 없음 속에 내버려진다.

이미 말한 것처럼 『히지리』는 이론에 저항함으로써 가장 좋은 의미의 이론일 수 있었던 절묘한 소설이었다. 그러나 이후 확고한 사실와 근거를 바탕으로 '망령 든 말'을 '망령 든 말', 환상을 환상이라고 지적한 『히지리』의 후속 편이 쓰여야 했음을 논하려면 이 지적만으로는 부족하게 느껴진다.

그렇다고 여기서 포기할 수는 없다. 다음 주제로 넘어간다.

3. '정리'라는 주제

사에는 이와사키와 만나기 전부터 자기 방에서 "신경증적인 걸레닦이"를 한다. "어느 날 밤 발작적으로 구석구석까지 정리하고 나서 무뚝뚝해진 방에서 쫓겨나 밖으로 나가버리는"[96] 묘사가 눈에 띄고, 이와사키의 방에 처음으로 들어간 아침에도 "구석에서 구석까지 순식간에 정리하고", 이어 "부엌도 몰라볼 정도로 정돈"[97]한다. 이와사키가 직접 분류하고 있는 옷을 "뚫어져라 바라본"[98]다. 동거하게 된 집의 사에 방에 이와사기가 처음 들어갔을 때 그는 "한 치의 흐트러짐도 없는, 하나라도 어지르면 정신의 균형이 무너질 것 같은 정돈 방식"[99]으로, 신경질적으로 정리되어 있다고 생각한다. 출산 후 집으로 돌아온 사에가 처음 하는 말도 "잘 정리돼 있네. 누가 했어?"[100]이다. 이와사키가 사에의 신경증에 빠져들기라도 한 듯 "산후에 혹시 사에의 신경을 거스를까 봐 정돈하고 돌아다니는 동안 아무리 정리해도 정리가 안 되는 것 같은 초조함에 휩쓸렸다. 방 곳곳을 둘러보는 사에의 눈초리가 떠오르며 희미한 전율이 등골을 흐르기 시작"[101]했던 것이다.[102] "'이 방도 이제 완벽한 정리가 불가능해지기 시작했어.' 사에는 때때로 기진맥진한 표정으로 방을 둘러보기"도 한다. 하지만 이와사키가 이사하자고 권유하면 태도가 180도 바뀌어 "조금만 더 이대로 살자. 새로운 데로 옮겨가는 것이 왠지 모르게 무서워. 지금까지 쌓아왔던 게 하나도 남김없이 무너져 내릴 것 같아……"[103]라고 말한다. 아기를 낳은 후에 더 이상 방을 유지할 수 없을 것 같다는 구절 바로 뒤에도 "방은 여전히 구석구석까지 정리돼"[104] 있다고 쓰여 있다. 또 "당신이 있으면 이 아기를 지킬 수가 없어요"[105]라며 이와사키의 소유물을 골판지에 채워 넣고, "등으로 아기를 보호하는 자세"로 "손대면 이 아이를 안고 달리겠어요"[106]라고 말할 뿐 아니라 결국 이와사키를 쫓아내며 "들어오면 창문으로 뛰어내릴 거예요"[107]라고 선언하고, 아기 침대에 등을 보이면서 과도를 집어 들어 보인다.[108] 한마디로 방에서 이와사키마저도 배제하려 하는 것이다. 가정의 한 요소인 남편까지 이물질로 여기는 이 괴상한 행동조차 "정리"를 위한 조치에 포함되는 것이리라. 그 후에도 "완전히 홀려 있는 것처럼" 쉼 없이 이어지는 "언제 끝날지 모르게 이어지"는 작업 때문에 여전히 방은 "구석구석까지 정리"[109]되어 있다. 그리고 이 정리라는 행위가 근거로 삼고 있는 질서조차 미쳐간다. "속옷에 핸드백, 스웨터에 헌 잡지, 보석 상자에 남자 구두, 아기 기저귀에 전지가위, 도무지 알 수 없는 조합으로 물건이 놓여, 쪽매붙임 세공처럼 질서 정연하게 신경증답게 채워져 있다." "기괴한 조합이 한 치의 흐트러짐도 없이 불가사의한 질서의 표정을 짓고 있었다."[110] 따라서 이는 질서의 붕괴 때문에 생긴 광기가 아니다. 혼돈이 문제가 아니다. 그것은 질서 자체 혹은 질서를 유지하려는 시도 자체의 광기다. 그 뒤에도 한없이 계속되는 사에의 열광적인 "정리" 조치를 열거하면 읽는 것만 번잡해질 테니 주석으로 대신한다.[111] 정신 병원에서 투약 진료를 받은 뒤에야 사에의 정돈은 일단 수습된다.[112] 하지만 바로 『집』의 마지막 부분,

입원하는 장면에서 사에는 의사에게 이렇게 얘기한다. "이런. 선생님 방이 이렇게 지저분해서야. 제가 정리해드릴게요."[113] 그러자 "간호사들은 '아, 선생님 뜻에 거스를 생각인 거야'라고 중얼거리는 표정을 지었다."[114] 『부모』에서 입원 중인 사에 또한 "쉴 새 없이 여기저기 치우고 다녀 방은 훨씬 정돈됐고 청결해졌다".[115] 퇴원 후에도 "눈은 편집偏執의 빛을 띠지 않"고 있으나 "사에는 장롱 앞에 앉아 서둘러 정리를 시작하"는 것이다.[116] 사에의 이런 행동이 어떤 의미를 지니는지, 그리고 그녀의 광기와 어떤 관계가 있는지, 다음 주제와 함께 고려해야 할 문제다.

4. '기억의 상실과 근거 없음'이라는 주제

『집』에서 출산하기 전에 "지금의 생활도 언젠가는 사라져버리는 건가", "임신하기 전의 나 따위는 완전히 기억에서 사라지겠지. 배가 나와 있지 않으면 잠을 자는 건지 안 자는 건지 분간이 안 되겠지"라고 아무 의미 없이 중얼거리는 이와사키에게 사에는 "흔들림 없는 어조로", "나, 다리 위에서 묘지에 있는 당신을 보고 있었어요", "그때 이미 당신을 미워하고 있었죠. 남자를 미워한 적은 그때까지 없었어요"라고 "절대적인 근거를 내세우기라도 하듯"[117] 말한다. 그런데 『부모』에서 입원 초기의 사에는 입원 전에 있었던 발광, 자신의 예사롭지 않은 행동을 하나도 기억하지 않고 있어 "어쩜, 웬일이야. 하나도 기억이 안 나"[118]라고 말한다. 그 외에도 "내가 언제부터 여기에 있었죠?"라고 말해 함께 병실을 쓰는 환자들의 웃음을 자아내거나, 병원에서 이와사키에게 "내가 뭘 한 거야? 어디에 있었어? 가르쳐줘"라고 묻는다.[119] 이런 예는 더 있다.

 퇴원 후의 일이다. 이와사키는 사에에게 마치 먼 옛날을 회상하는 듯한 어조로 '병원에서 자신이 이런 곳에 있다는 사실에 놀란 적이 있을 거야, 그렇게 해서 우선 제정신으로 돌아왔는데 "그 전의 기억도 함께 잊어버렸겠지"'라고 말한 다음 이렇게 덧붙인다. "그때와 같은 일이 이 방에서도 일어날까? 어느 날 다시 한번 제정신으로 돌아와, 지금 이 기억도 사라지는. 아니면 이미 모르는 사이에 일어나고 있는 것일까. 날마다 제정신 위에 제정신이 돌아와 기억이 사라지는 걸까. 네가 그래서 편해진다면 나는 그걸로 족하면 될까. 지나간 일은 지나간 것으로 칠까. 나는 어떨까, 네가 보기에 나도 날마다 제정신으로 돌아오는 것 같아? 하지만 끝내는 어떻게 될까……."[120]

 이 말에 작품 속에서 급사하는 이와사키 어머니의 말을 겹쳐보자. 이와사키 어머니는 새로 개발된 지역에 새 가정을 만들어 살기 시작했다. 그때 일을 떠올리며 추억을 얘기한다. "사실은 어떻게 살아야 할지 모르겠더라고."[121]

 사실은 어떻게 살아야 할지 모른다. 그렇다. 후루이 요시키치는 생生의, 성聖의, 성性의 자의성을 글로 쓰는 작가다. 강고한 촌락 공동체의 성스러운 계율로 보였던 사에몬의 장례 의식도 할머니의 '망령 든 말', '망상'에 불과했다. 이와사키와 사에의 조우 그리고 성교도 거의 아무런 필연성이 없는 우연이어서 사에는 거기에 절대적인 근거를 내세우지 않으면 안 됐다. 두 사람의 관계를 필연으로 만드는 사치코의 탄생도 그전에 이와사키에게 알리지 않고 지운 아이의 존재, 그 후 광기 속에서 행한 할머니의 반복, 그 자체가 할머니의 근거 없는 망령 든 말에 뿌리를 둔 기억의 효과에 불과한 상상 임신의 파상 공세에 힘을 잃어가는 듯했다. 그리고 할머니의 반복을 통해, 할머니에의 애착을 통해 지우려 했던 병의 핵심, 혹은 병을 떠안고 사는 사에의 삶의 핵심, 심적 외상이라는 핵심조차 기묘한 비논리성을 보이고, 의사도 치료를 위해 이를 피해갔다. 병의 원인은 무엇 하나 확정되지 않고, 사에가 정말 광기에서 벗어났는지도 분간이 안 된다. 왜냐하면 사에의 광기는 질서의 외부를 구성하고, 질서를 엄습하는 혼돈과는 거의 관계가 없기 때문이다. 이는 질서를 믿고, 질서를 유지하려는 손놀림, 그 행동의 일상적인 반복 자체가 지닌 전적인 무근거성에서 온다. 이 하루하루의 삶을 이루고 있는, 하루하루의 구체적인 행위가, 즉 "정리"가 실은 아무 효과도 없고 아무 근거도 만들어내지 못하며, 그 질서지음이 만드는 "신경증" 자체가 그 질서를, 질서 자체를 통째로 발광으로 바꿔간다면. 사실은 어떻게 살아야 할지 모른다. 하지만 이 같은 모름을 모름인 채로 그 자체를 꾸준히 반복해가는 것이 '사는 것'이라면. 이 모름이 극한에서 반복하는 광기와 교차하고, 때문에 이는 뜻밖의 망각으로 귀결될 뿐이며, 허망하게 순식간에 번져가는 하얀 얼룩 같은 망각에 의해서만 '그 자체가 광기의 긁어모음일 수밖에 없는 하루하루의 영위'를 담아 올릴 수 있다면, 고로 별안간 제정신으로 돌아오기를 반복하는 것, 즉 이 삶의 연속 자체의 소실이 지금 이미 일어나고 있을지도 모른다면, 즉 발광과 '제정신 찾기'가 완전히 같은 것이라면, 만약 그 외의 방법이 없다면 "끝내는 어떻게 될까……".

이처럼 후루이 요시키치는 놀라운 명시明視, 힘찬 통찰이 뜻밖의 맹목에 도달하는 도정을 관통하는 명시를 통해 성聖의, 성性의, 생生의 자의성 자체를 계속 바라보고 있는 것이다. 지금도. 이에 비하면 '성과 속의 반전'이나 '성과 피와 폭력' 같은 문제는, 그 자체로는 이류 작가의 이류 문제에 불과하다. 그리고 물론 이뿐이 아니다. 우리는 드디어 걸작 『산조부』로 향해야 한다.

먼저 확인해둘 게 있다. 『히지리』, 『집』, 『부모』 3부작과 『산조부』 사이의 단절을 찾아낸다고 했다. 그리고 이는 직선적인 시간축을 가로지르는 균열이 아니라 후루이 특유의 반복의 양상 속에 있다고 했다. 실제로 이를 전후한 후루이의 집필 순서는 매우 뒤엉켜 있다. 간단히 정리해보자.

1975년, 서른여덟의 후루이는 1월에 『히지리』를 연재해 12월에 끝맺는다. 그 사이 『밤의 향기』, 『애원哀原』에 수록될 단편 두 편을 썼다.

1976년, 『히지리』와 『집』 사이에 해당하는 『여인들의 집』, 『애원』, 『밤의 향기』에 각각 수록될 단편들을 썼다. 5월에 『히지리』
간행.

1977년, 단편을 추가로 네 편 써서 2월에 『여인들의 집』 간행.
9월 『집』, 『부모』의 발표 매체인 동인 잡지 『문체』가 발간되어
『히지리』 연재가 시작된다. 11월에 단편집 『애원』 간행.

1978년, 『집』의 연재를 계속하는 한편, 다음 단행본인 『찌르레
기』에 수록될 단편들을 집필. 10월에 『밤의 향기』 간행.

1979년, 『찌르레기』에 수록될 단편들이 차례차례 쓰인 한편,
3월부터 『문체』에 『부모』 연재 시작. 11월에 『집』 간행.

1980년, 『찌르레기』(8월 간행)의 마지막을 장식하는 단편 「아나
오모시로」*가 4월에, 『산조부』의 제1장이 되는 「말이 없을 때
는」이 5월에, 『부모』(12월 간행)의 마지막 장이 6월에 발표된다.
11월부터 『나팔꽃』 연재가 시작된다. 『산조부』는 1982년 4월에
간행되고 『나팔꽃』은 계속 연재 중이었다.[122]

『히지리』, 『집』, 『부모』를 쓰는 동안 단행본 세 권 분량에 해당
하는 단편들을 함께 써나갔는데, 3부작은 연속해서 순서대로 집
필되었다. 다만 그토록 문체가 다른데도 『산조부』 제1장은 『부모』
의 마지막 장보다 먼저 발표되었다. 또한 『산조부』와는 분위기가
다른―필자가 보기에는 『산조부』에서 손에 넣은 문체의 영향권

---

*   아나오모시로あなおもしろ라는 말은 '아, 재밌구나'의 고어古語다.

에 있으면서, 큰 변화가 있으나 3부작의 연장선상에 있는 대작이다―『나팔꽃』이 거의 같은 시기에 쓰였다. 하지만 이는 의외의 일이 아니다. 한 번 반복할 때마다 주제와 문체에 새로운 요소가 가미되고, 이와 병행해 지금까지와 같은 요소가 다른 방식으로 재출현하는 경우도 있다. 이는 이미 말한 바 있다. 그러나 역시『산조부』가 다른 작품들과 거의 동시에 쓰인 사실은 주목할 가치가 있다. 왜냐하면 후루이 스스로『산조부』의 특이성을 인정하고 있기 때문이다. 인용해보자.

> 액년厄年에『산조부』를 쓰기 시작했을 때 문장이 구석구석에서 조금씩 떠들어대, '어찌어찌 한 고개 넘었나 보다'는 느낌이 왔다.[123]

> 마흔을 코앞에 두고 작은 장편『히지리』를 썼다. 같은 인물로 두 장편『집』과『부모』를 이어가며 40대에 들어섰다. 이 세 번째 작품 말미에서 주인공의 아내는 아기를 안고 있다. 내 나름대로 청춘 소설에 마침표를 찍은 것일 게다. 당시 내 심경은 병행해서 쓰고 있던 단편들에 표현된 느낌이 들었다. 뒤이어 쓴『산조부』는 내 자질에 걸맞은 작품이었는지 붓과 마음 모두 쑥쑥 뻗어나갔다. '다시 소설로 돌아가기 싫을 정도로 즐거웠다'라는 말이 엉겁결에 입 밖으로 나오려 해서 불온한 그 말을 얼른 집어삼켰다.[124]

기묘한 표현이다. 다시 소설로 돌아가기 싫다니. 이는 애당초 후루이가 『산조부』를 소설로 여기지 않았음을 뜻한다. 지금은 '소설' 이외의 그 무엇도 아닌 『산조부』지만. 그러고 보면 자유롭고 활달한 기행문 혹은 에세이로 읽을 수도 있다. 그 활달함이 그대로 드러나 있고, 소름 돋는 기이한 표정을 벗겨냈기에 필자는 여기서 도약을 발견한다. 그렇다고 해서 이는 소설이 아니라고 해야 할까? 단절과 도약의 발견은 번지수가 다르고, 이는 장르의 차이에 불과한 것인가? 아니다. 후루이 자신이 이렇게 말하고 있다. "그때부터 나는 내가 하고 있는 것을 나름의 에세이즘이라는 막연한 개념으로 파악하게 되었고, 소설이나 평론 등과 같은 형식에 구애받지 않고 내게 맞는 규모의 대상을 전체적으로 표현하고 싶다는 욕구만 따라 있는 그대로 써나가면 되는 거라고, 자신의 망설임을 조금씩 정산해가기 시작했다."[125] "말재주와 글재주를 타고났다면 에세이를 통해 될 수 있는 한 많은 사람에게 말을 걸고, 소설은 되도록 자제하면서 자신이 성숙하기를 기다리는 것이 작가의 긴 여정에 적합할 텐데, 재주도 없는 자가 오히려 거꾸로 길을 걸어왔다. 게다가 자기 소설을 넓은 의미의 에세이(시행試行)라 여기고, 소설과 에세이의 구별을 때때로 번거롭게 느끼곤 하기 때문에 모순 또한 크다."[126] 한마디로 말해 후루이에게 에세이와 소설의 구별은 별 의미가 없다. 최근에는 시와 소설의 구별조차 차분하게 폐기하려 하고 있다. 시든 소설이든 모두 독일어로 '쓰다'를 의미하는 'dichten' 하나의 단어로. "저는 시도 소설도 평론도 거의 구별하지 않습니다. 모두가 디히텐이라고 생각합니다."[127]

이런 힘찬 단언에 이르는 첫 번째 발걸음이 『산조부』다. 고문古文을 자유자재로 인용하고, 자신의 글에도 반쯤 녹여내면서 돌연 부각시킨다. 웃음을 참느라 떠는 열기를 담아 매끄럽게 움직이는 글의 약동이 ― 한순간에 ― 차가울 대로 차가워진 불길한 냉기를 맨살에 전하는 얼어붙은 춤으로 변한다. 시와 소설의 구별을 무의미로 몰아가는, 현대 일본어 최대의 업적 중 하나라고밖에 할 수 없는 이 문체는[128] 재독 삼독은 물론이요 저절로 필사 낭독으로 이끄는 매력을 갖고 있다. 당치 않은 일이겠으나 또다시 주를 대량으로 달아 하나하나 나열하고 싶다. 평론 따위 내던지고 인용에 인용을 이어가고 싶은 욕구를 억누르기 힘들다.[129] 하지만 이미 지면을 크게 넘어서고 있는 데다 이 평론이 실릴 저작집에 『산조부』가 수록돼 있으니 이 지면을 필자의 인용 행위로 한없이 채우는 일을 머뭇거리게 만든다. 그랬다가는 우습기까지 할 것이다. 후루이 자신도 인정하는 『부모』와 『산조부』 사이에 있는 문체상의 '단절'은 이 한 권을 다 읽고 독자 스스로 느끼기를 바랄 뿐이다.

하지만 아직 문제는 남아 있다. 다시 한번 『산조부』에 대한 문장을 인용하자. "당시 내 심경은 병행해서 쓰고 있던 단편들에 표현된 느낌이 들었다. 뒤이어 쓴 『산조부』는 내 자질에 걸맞은 작품이었는지 붓과 마음 모두 쑥쑥 뻗어나갔다." 여기에는 두 가지 문제가 숨어 있다. 먼저 후루이가 자신의 문체에 대해 가지고 있던 관점이 극명하게 변화했음을 알 수 있다. '나'라는 1인칭은 『산조부』 앞부분 「말이 없는 동안은」, 「마을을 보고 비로소」에서 꽤 출현한다. 그리고 중반부를 넘긴 「바다를 건너」에서도 볼 수 있다. 하지만 거기서부터 1인칭은 급속히 배경으로 물러나 사라져가다 마지막 몇 장에서는 완전히 소멸한다. 그 과정에서 후기 후루이 요시키치 특유의 구불구불 구부러진 연마된 문장이 결정적인 형태로 탄생한다. 때문에 나는 이를 단절이라 부른다. 하지만 물론 반복이 자가 후루이는 그전에도 이런 시도를 했다. 그 자신이 "만약 저승 가는 길에 염라대왕 제출용으로 한 작품만 가져가고 나머지는 다 놔두고 가야 한다면 이 작품을 품에 넣겠"[130]다고 했던 1972년의 작품 「물」이 그렇다.

「물」에 대해 후루이는 "쓰는 동안 아무튼 '나'라는 인칭 없이 계속해서 써나갈 수 있다는 데 스스로 놀랐고, 점차 기분이 어둡고 우울해졌다. 문장이라기보다는 체질을 본 느낌이 들었던 것이다"[131]라고 말하고 있다. 인칭을 쓰지 않는 시도에서 자신의 체질을 보고 의기소침해졌던 후루이가 『산조부』에 대해서는—같은 의미를 띤 어휘를 쓰면서—"자질에 걸맞은 작품이었는지 붓과 마음 모두 쑥쑥 뻗어나갔다"고 말했다. 후루이처럼 자각적인 작가에게 스스로 의도한 '문체', '자질', '체질'의 태도 변화는 큰 의미를 지닐 수 있다. 『산조부』가 후루이 문체사文體史상 특권적인 위치를 차지하는 이유다.

그리고 또 하나. "당시 내 심경은 병행해서 쓰고 있던 단편들에 표현된 느낌이 들었다"라는 문장에 주목하자. 『히지리』, 『집』, 『부모』 3부작에 비해 그렇다는 말인데 이는 도대체 무슨 뜻일까? 다양한 그 "심경"은 있으리라. 이 시절의 단편에는 후루이 작품 중에서도 매우 특이한 소재를 다룬 것도 꽤 있으니까. 하지만 여기에선 한 가지 특정 주제를 기준으로 단편들을 논해보자. 3부작에는 거의 결여되어 있는 한편 『산조부』에는 직간접적으로 나타나 있는, 작가 후루이 요시키치가 반복하는 가장 중요한 주제를 다루고 있는 작품이 이 시절의 단편 중에 존재한다. 1977년, 즉 『집』 연재 전부터 그사이에 걸쳐 쓰여, 『애원』에 수록된 두 단편 「빨간 소」와 「안도」다. 한숨에 말하자면 여기서 전경으로 부각되고 있는 것은 '공습', '재난', '전쟁'이라는 주제다.

> 그것은 쇼와 20년* 5월 25일 한밤중부터 미명에 걸쳐 있었던 일로, 내 집이 불탄 것은 24일 미명이다. 시바芝, 아자부麻布, 시부야澁谷, 메구로目黑, 에바라荏原, 오모리大森 등 주로 도쿄 중심부 남쪽 야마노테山手에서 교외에 걸친 넓은 지역이 불에 탔다.[132]

연보와 진배없는 자전적 내용을 포함한 이 작품은, 도쿄에서 공습을 당해 소개한 오가키大垣에서도 또다시 공습을 당해, 미노마치美濃町로 소개하는 일련의 과정에서 불타 죽고, 부상당하고,

---

*   서기 1945년.

정처없이 도망 다니고, 불안에 떨면서도 그 재난의 와중에 기묘한 허탈감, 자포자기, 명랑함, 엉뚱함에 빠진 사람들의 모습을 이야기한다. 그리고 "불타는 것은 기억이 사라지는 것이다"와 같은, 앞서 말한 기억의 소멸에 관한 내용이 쓰여 있을 뿐 아니라[133] 초기 대표작 「둥글게 둘러선 여자들」의 마지막 장면이 형태를 달리해 상세하게 반복된다.

> 정신 차리고 보니 웅덩이인지 취수구인지, 물 근처에 여자들이 대여섯 명 웅크려 앉아 나를 에워싸고 있었다. 젖은 담요가 동그라미 위에 덮여 있어 무거운 숨이 안에 들어찼다. 머리 위에서 신음 소리가 또 들려왔다. 여자들은 물 위에서 머리를 마주 대고 있었으며, 두꺼운 허리가 내 몸을 양쪽에서 서서히 조여왔다. 너무 답답해 내가 허리를 펴려고 하면, 누군가가 양손으로 내 머리를 미지근하게 젖은 몸뻬 무릎까지 꾸욱 눌렀다.
> 　공습을 받으면 이 아이를 감싸고 다 함께 죽어요.
> 　목을 쥐어짜며 외치는 여자가 있었다.[134]

직후에 후루이는 기묘하게 냉정한 자세로, 이 열광과 공포에 어울리지 않는 싱거운 망각과 방심, 그리고 일종의 이인증離人症적인 감각 상실을 겪었다고 쓰고 있다. 그리고 「안도」에서는 열 살인 '내'가 흠뻑 빠져 읽고 있는 "〈라이프〉인지 〈타임〉인지"[135] 외국 잡지에 게재된, 패전한 장군들의 교수형 장면 사진 속 시체들이 "홀가분하다는 듯 매달려 있다"[136]라고, "영락없이 홀가분하다는 듯 매달려 있었다. 살아 있었을 때의 고통과도, 고독과도, 각오와도 더 이상 아무 연관이 없다. 치욕과도 관계가 없다"라고 쓰여 있다. 이와 함께 "하늘에서 적의 힘은 압도적이어서 뜻대로 뭐든 할 수 있었다. 군민 구분 없이 모두 죽이려 했다. 이대로 하늘로부터의 공격만 계속해도 몰살당하리라. 만약 상륙한다면 분이 풀릴 때까지 죽일 것이다. 어른들은 아직 희망이 있다는 표정이다. 그러니 최악의 상황은 면할 수 있으리라. 하지만 졌으니 몇 명 중 한 명은 죽어야 할 것이다."[137] 그리고 어른들의 언동이 달라진다. "말을 할 때도, 자리에서 일어날 때도, 밥을 먹을 때도 '일단은 목숨을 부지해야'라는, 될 대로 되라는 표정이 꼬박꼬박 붙어다닌다. 하지만 따져 물으면, 앞으로 안심해도 된다는 보증은 극히 애매모호한 것이었다."[138]

죽음을, 대량 살상을, 떼죽음을 눈앞에 두고 그럼에도 "홀가분"한 그 무엇을 거기에서 찾아내며 애매모호한, 될 대로 되라는 식의 거동을 반복한다. 아무 근거도 없으면서 희망이 있다는 표정을 짓고. 그렇다. 여기엔 나중에 나오는 '낙천'이라는 주제까지 보인다. 후루이 왈 "낙천은 불안과 잘 어울렸다".[139] 나아가 후루이는 최근에 솔직하게 이 재난 직후의 일에 대해 말하고 있다. 세 군데에서 인용해보자.

어차피 죽을 테니까, 라는 자포자기의 심정도 있습니다. 그런 기분은 그대로 전후戰後와 이어져 있는 게 아닐까요?[140]

전쟁 중(戰中)과 전쟁 후의 연속성을 어떻게든 함께 느끼고 싶다는 생각을 쭉 해왔습니다. 전쟁 전과 전쟁 후라는 구분으로 단절되는 것이 아니라 전쟁 전에 이미 준비되어 있었고, 공습이 한창일 때 드러났던 것이 전쟁 후에 꽃을 피웠다, 이렇게 표현하면 이상할까요?[141]

'육아 교육'이라는 말을 많이 하죠? 하지만 제 경우 가정 교육 따위는 다 불타버렸습니다. 집과 함께 불타 사라졌습니다. 공습이 가까워지면 거의 매일 밤 경보로 잠에서 깨어나 방공호까지 가야 합니다. 그러다 보니 부모는 "셔츠랑 바지를 입은 채 자도 된다"는 겁니다. 제대로 잠자리에 들 준비를 하지 않아도 되는 것은 아이한테 기쁜 일입니다. 이 나른한 안락함은 제 안 어딘가에 아직도 남아 있습니다.

학교 같은 건 안 가도 됩니다. 간다 해도 곧바로 돌아오죠. 일상이 하나씩 하나씩 무너져가는 것은 역시 보통 일이 아닙니다. 발밑에서 아나키가 훔쳐보는 거예요. 목욕탕에도 자주 못 들어가게 됩니다. 아이는 목욕을 싫어하잖아요? 때가 끼는 게 안락하더라고요. 이를 썩게 하는 음식은 먹지도 않으니 이 닦을 필요가 없습니다. 부모한테 잔소리 안 들어도 되는 게 즐겁죠.

이 나른함이 일본인들한테 남아 있는 게 아닐까요? 전쟁 때를 모르는 세대도—부모한테 감염되어—아직 칠칠하지 못한 나른함에 빠져 있다는 인상이 듭니다. 사회보험청 문제 등을 접했을 때 맨 먼저 그 나른함을 떠올렸습니다.[142]

공습, 재난, 파괴된 기억과 일상, 자포자기한 나른함, 안락함. 후루이가 집요하게 주제로 삼는 삶의 자의성. 이는 바로 죽음의 자의성이며 그러하기에 죽음을 눈앞에 둔 일상의, 그 언동의 전적인 자의성이다. 이 파괴의 나른함은 기억을 침식하고, 망각으로 이끌며, 일상을 함몰시킨다. 실은 어떻게 살아가야 좋을지 모르는, 이 '모름'을 드러내 보인다. 그 삶의 무근거성無根據性을. 이 삶의 자의성, '무근거'가 가져오는 안락한 '낙천'은 모두 광기로 지칭해야 할 그 무엇이다. 하지만 이를 거절하려 해도 마찬가지다. 일상을 옭아매는 계율의 자의성을 폭로한 뒤에 이어지는 안락한 나른함을 거부하려 하면 어떻게 될까? 사에는 이 나른함을 거절하려다 그와 같은 강박적인 '정리'의 반복에 빠져, 결국 미치고 말았던 것이다.

그러나 주의하자. 후루이는 여기에서 "전쟁 전에 이미 준비되어 있었고, 공습이 한창일 때 드러났던 것이 전쟁 후에 꽃을 피웠다"고 말한다. 이런 재난이 있기 전에 과연 자의와는 다른, 반대되는 것이 있었는가? 확고한 그 무엇이 하루하루의 움직임 하나하나를 모두 지탱하던 일상이 이 세상에 있었던가? 무로마치 전국室町戰國 시대의 문화적 단절 등 익숙지 않은 일본사 지식을 휘두르지 않아도 알 수 있다. 아무리 거슬러 올라가도 이는 할머니의 망령 든 말과 다를 바 없는 것에 불과하지 않을까? 그러하기에 후루이는 이후에 고전의 소양을 갖추고 천천히 나선을 그리듯 시대를 거슬러 올라가는 것이다. 거기에서 삶의 자의적인 모습을 하나씩 찾아가는 것이다. 그리고 『산조부』는 그 도정의 첫걸음이다. 하지만 이는 나중에 검토하자. 그전에 확인해야 할 일이 있다.

희대의 문체가인 후루이 요시키치가 문체를 얘기할 때 반드시 짚고 넘어가는 것이 있다. "'보양'마저 이미 버림받았나. 그런 의미에서는 문체도 없다. 이 문체가 없는 곳에서 빈약한 하나의 문체적 인식을 모아 (중략) 문체 대신 사용한다. 이런 생각을 하면서 원래는 제멋대로에 불과한 것이 어디에선가부터 조금은 제멋대로가 아니게 되는, 그런 경지에 이르기를 바라는"[143]이라든지, "실로 소박한 인상이지만 문장 단락마다, 끊기는 곳마다, 탄식이 들려온다. 헛된 느낌 혹은 자의적인 느낌의 탄식이다"[144]라든지, "하지만 推와 敲의 판별*이 전통으로부터 고립된 하나의 개성에 맡겨진 것이라면 이는 끝이 없는, 한정 없는 업이 아닐까?"[145]라든지…… 결국 자신과 자기 시대 작가들 문체의 '제멋대로'고, '자의'며, '한정 없음'이다. 후루이 문체의 아름다움은 한 줄 한 줄이 그 문체의 자의성 속에서 아슬아슬하게 여울을 건너는, 그 사이를 지나가는 긴장감에 있는 것이리라. 이 자의성을 가져오는 공포, 절박함을 두

---

* 문장을 다듬는 것을 '추고'라고 하는데, 이는 당나라 중기 시인 가도가 민다(推)고 해야 할지, 두드린다(敲)고 해야 할지 좀처럼 정하지 못한 일화에서 따온 단어다.

고 "이 절박함은 고전 한적漢籍의 소양을 잃은 현대 작가의 문체에 대한 위기감에서 온다"라는 식의 주장은 너무 안이하다. 후루이가 어디에선가[146] 한마디로 정리할 수 없는 감흥과 함께 예로 들고 있는 모리 오가이森鷗外조차 고전 문법 지식이 완전하지 않았다는 사실은 익히 알려져 있다. 만약 문체라는 것이 개개인의 것이 아니라 어느 집단이 나누어 갖는 것이라고 할 때, 그런 확고한 문체가 존재하던 시대가 과연 있었을까? 반면 그런 시대가 없었다고 해서 문체 따위 필요 없다는 "나른한 안락함"에 흠뻑 빠지는 것이 실은 애초부터 불가능하다면 어떨까?[147]

반복할 때가 온 듯싶다. 후루이 요시키치는 생生의, 성性의, 성聖의 자의성을 문체의 자의성으로 직조하며 살아가고 있는 작가다. 고로 현존하는 최고의 작가고 지금이야말로 읽혀야 할 작가며, 나아가 여전히 앞으로 도래해야 할 작가다.

『산조부山躁賦』는 지금까지 논해온 내용이 모두 집약된 작품이다. 제목부터 많은 것을 말하고 있지 않은가? 산山은 단순한 지형이 아니라 신앙의 토포스다. 조躁에는 바쁘고 소란스럽다는 뜻과 함께 '소란스러운 신에게 기도한다'는 뜻이 있으며, 또한 포학暴虐에 경도되는 것을 의미한다. 그리고, 부賦는 '부과하다, 부여하다'는 뜻에 앞서 문체를 뜻하고, 시적 표현으로 대상에 힘을 미치려 함을 뜻한다.[148] 고기를 먹는 승려의 묘사로 시작되는 이 걸작의 골격은 '긴키近畿 지역의 절과 신사를 순례하는 기행문'이다. 하지만 자유자재로 고문古文의 숨결을 담은 문체가 그 예스러운 울림과 팽팽하게 긴장된 율동을 엮어내는 도정에서, 우리의 '집'을 산에서 내려다보고 "다들 묘지와 다를 바 없다", "밤마다 왕생하고 있다"149고 쓰고 있어 그 강고한 주제의 반복에 탄성이 절로 나는가 싶더니 가슴을 조여오는 문장의 절박함에 숨을 들이마시게 되며, 바로 다음 순간에 후루이가 말하는 문체의 출렁임에 빠져 허를 찌르는 경쾌한 유머가 부풀어 올라 들이마신 숨이 나오면서 소리 죽인 웃음으로 바뀐다. 이 자유로운 발걸음을 앞서 말한 자의성에 대한 공포가 지탱하는 가운데, 기괴힌 승병들의 그림자가 돌연 잔혹하고 비참한 광경을 펼치기도 한다. '애도, 장례'도 나오고, 남녀의 진한 관계도 나오는 「겐페이 성쇠기源平盛衰記」, 「헤이케 이야기平家物語」, 「다이헤이키太平記」의 인용과 함께 겐지源氏, 헤이케平家, 남북조南北朝 각각의 당시 전쟁 묘사가 "적기는 이미 사라져 폭음의 그림자조차 남지 않았고, 활활 타오르는 불길이 도시를 삼키고 있다"150와 같이 태평양전쟁의 기억과 포개진다. 생生의 자의성, 성聖의 자의성, 성性의 자의성, 광기, 전쟁과 재난, 죽음의 자의성, 그리고 문체가 지닌 자의성의 약동. 이는 후루이 문학의 본질을 모두 갖추고 있다. 반복의 극한에서 이와는 다른 새로운 모습으로. 그렇기에 여기에는 도약이 있고, 이 작품은 후기 후루이 요시키치 첫 작품인 것인데 이런 사실은 아무래도 상관없다. 이 얼마나 기쁜 경쾌함인가. 향기가 높이 흩날리는, 건강한 발광의 총집합. "두견의 울음소리야말로 자의恣意의 자의恣意였다."151

이미 파괴, 학살, 재난 이후를 살고 그 자의성과 나른함을 산다. 그 거부와 광기를 살고 죽음과 애도를 산다. 성性의 교분, 임신, 육아를 살며 동시에 그 위험을 산다. 찰나의 자기 '집'을, 전망 없는 가정을 살고 그 붕괴를 신경증적인 손길로 수선하는 나날을 산다. 즉 살아남는 것 자체를 산다. 그러나 이를 통틀어 낙천樂天으로, 기쁨으로 읊고 노래하며 춤춘다. 후루이 요시키치는 재난 이후의 영원, 우리의 짧은 영원을 쓰는 작가다. 때문에 지금이야말로 읽혀야 할 작가다.[152]

쓸데없는 짓을 했다. 질 게 뻔한 싸움이었다. 후루이의 소설에 분석의 칼 따위가 들어갈 리 없다. 이렇게 말하는 것 자체가 불손한 것일까? 그러나 후루이의 날카로운 붓이 숨긴 일격에 고스란히 몸을 내놓을, 혹은 이를 피할 도량이 내게 있었냐면 자신 있게 답할 수 없다. 이 서투른 글을 제대로 끝맺지도 못하는 필자는, 독자에게 후루이의 이 말을 던져놓고 서둘러 붓을 내려놓겠다.

노래가 계속되는 한 영원도 두렵지 않다.[153]

주석

1. 오에 씨는 후루이와는 다른 방식으로 이 생, 성, 성을 그리고 '전쟁'이라는 주제를 다루고 있다고 생각되는데 만약 이를 논하려면 따로 지면을 준비해야 할 것이다.
2. 무대 뒷얘기 차원의 에피소드 하나. 필자는 원래 이 저작집 중 『가왕생전시문假往生傳試文』 제1권의 해설을 의뢰받았는데 이를 사양하고 이 책의 해설을 청원해 글을 쓰게 됐다. 왜 사양했는가? 물론 후루이 최고 걸작으로 꼽는 사람도 많은 이 작품의 해설을 맡기에는 역량이 부족하다는 이유도 없잖아 있다. 하지만 그보다도 작가 후루이 요시키치를 논하려면 우선 여기서 말하는 초기에서 후기로의 도약을 읽어야 하기 때문이고 나아가 『가왕생전시문』으로 열린 소위 '노대가'에 이르는 길을 스스로 거절이라도 하듯 철저히 "순전한 현역"(古井由吉, 『人生の色氣』, 新潮社, 2009, 191쪽)이고자 했던 그 후의 행보야말로 후루이 요시키치라는 작가의 한층 더한 위대함일 것이기 때문이다.
3. 中井久夫, 「創造と癒し序說—創作の生理學に向けて」, 『アリアドネからの糸』, みすず書房, 1999, 306쪽; 中井久夫, 「日本語文を書くための古いノートから」, 『私の日本語雜記』, 岩波書店, 2010, 258~259쪽. 앞으로 같은 저자의 같은 저작을 인용할 때도 '같음', '같은 책' 또는 op.cit.나 ibid. 등으로 표기하지 않고 일부러 반복해서 쓴다. 출전을 명확히 하기 위해서다.
4. 中井久夫, 「創造と癒し序說—創作の生理學に向けて」, 『アリアドネからの糸』, みすず書房, 1999, 306쪽. 다소 미시마 유키오에게 엄격한 의견으로 보이지만 필자도 동의한다. 후루이 요시키치와 미시마 유키오의 관계는 그리

단순하지 않다. 예를 들어 후루이는 미시마의 죽음에 대해 "두 번 다시 같은 규모의 무대에 설 기회가 자기한테 오는 일은 없다는 절망이 있었던 것이 아닐까"라고 말하고 있다.(古井由吉, 『人生の色氣』, 新潮社, 2009, 23쪽) 또한 몇 차례 같은 얘기를 하고 있는데 가장 간략한 곳을 인용하면 "11월에 어머니가 갑자기 병에 걸렸다는 소식에 서둘러 갔더니 마침 미시마 유키오 사망 뉴스가 들려왔다"고 한다.(古井由吉, 「年譜」, 『古井由吉作品』 七, 河出書房新社, 1983, 346쪽) 앞으로도 새 저작집에 같은 출판사에서 발행된 구작품집을 출전으로 삼아 해설을 싣는, 독자에게는 불편하고 진기한 상황으로 느껴질지도 모를 일을 하게 될 것이다. 집필 중인 시점에 새 저작집이 아직 존재하지 않기 때문인데 불가피한 조치로 이해해주기 바란다. 물론 후루이는 "그 후"를 살면서 쓰기를 계속한 작가로 기억돼야 할 것이며 그런 관점에서 후루이 요시키치론인 동시에 미시마 유키오론인 비평이 아마도 필요하리라. 그러나 필자는 미시마 유키오에겐 관심이 없다.

5 中井久夫, 「日本語文を書くための古いノートから」, 『私の日本語雑記』, 岩波書店, 2010, 259쪽.
6 中井久夫, 「日本語文を書くための古いノートから」, 『私の日本語雑記』, 岩波書店, 2010, 259쪽. 쇼지 가오루는 후루이 요시키치 씨와 같은 나이로 도립 히비야日比谷 고등학교 동창이다.
7 이 다섯 번째는 2010년 간행한 「日本語文を書くための古いノートから」에만 등장한다.
8 古井由吉, 「年譜」, 『古井由吉作品』 七, 河出書房新社, 1983, 345쪽.
9 古井由吉, 「圓陣を組む女たち」, 『古井由吉作品』 一, 河出書房新社, 1982, 78쪽. 이 초기 대표 단편이 처음 실린 것은 1969년 8월.
10 古井由吉, 「聖」, 『古井由吉作品』 五, 河出書房新社, 1983, 13쪽.
11 古井由吉, 「聖」, 『古井由吉作品』 五, 河出書房新社, 1983, 15쪽.
12 古井由吉, 「聖」, 『古井由吉作品』 五, 河出書房新社, 1983, 16쪽.
13 古井由吉, 「聖」, 『古井由吉作品』 五, 河出書房新社, 1983, 21~22쪽.
14 古井由吉, 「聖」, 『古井由吉作品』 五, 河出書房新社, 1983, 22쪽.
15 古井由吉, 「聖」, 『古井由吉作品』 五, 河出書房新社, 1983, 22쪽.

16 古井由吉, 「聖」, 『古井由吉作品』 五, 河出書房新社, 1983, 16쪽.
17 古井由吉, 「聖」, 『古井由吉作品』 五, 河出書房新社, 1983, 23쪽.
18 古井由吉, 「聖」, 『古井由吉作品』 五, 河出書房新社, 1983, 17쪽.
19 古井由吉, 「聖」, 『古井由吉作品』 五, 河出書房新社, 1983, 25쪽.
20 古井由吉, 「聖」, 『古井由吉作品』 五, 河出書房新社, 1983, 25~26쪽.
21 古井由吉, 「聖」, 『古井由吉作品』 五, 河出書房新社, 1983, 27쪽.
22 이런 이론을 대표하는 것으로 꼽혔을 야마구치 마사오山口昌男의 『문화와 양의성兩義性』(岩波書店)은 『히지리』가 간행되기 한 해 전, 집필 중이었던 1975년에 출판됐다.
23 古井由吉, 「著者ノート 聖の祟り」, 『古井由吉作品』 五, 河出書房新社, 1983, 397쪽.
24 古井由吉, 「聖」, 『古井由吉作品』 五, 河出書房新社, 1983, 38쪽.
25 古井由吉, 「聖」, 『古井由吉作品』 五, 河出書房新社, 1983, 39쪽.
26 古井由吉, 「聖」, 『古井由吉作品』 五, 河出書房新社, 1983, 41쪽.
27 古井由吉, 「聖」, 『古井由吉作品』 五, 河出書房新社, 1983, 61쪽.
28 古井由吉, 「聖」, 『古井由吉作品』 五, 河出書房新社, 1983, 40쪽.
29 古井由吉, 「聖」, 『古井由吉作品』 五, 河出書房新社, 1983, 41쪽.
30 古井由吉, 「聖」, 『古井由吉作品』 五, 河出書房新社, 1983, 41쪽. 뒤에서 논할 예정인데 여기에선 다소 시간 축의 역전이 확인된다. 이는 의도한 것으로 추측된다.
31 古井由吉, 「聖」, 『古井由吉作品』 五, 河出書房新社, 1983, 24쪽.
32 古井由吉, 「聖」, 『古井由吉作品』 五, 河出書房新社, 1983, 26쪽.
33 古井由吉, 「聖」, 『古井由吉作品』 五, 河出書房新社, 1983, 41쪽.
34 古井由吉, 「聖」, 『古井由吉作品』 五, 河出書房新社, 1983, 61쪽.
35 古井由吉, 「聖」, 『古井由吉作品』 五, 河出書房新社, 1983, 23쪽.
36 古井由吉, 「聖」, 『古井由吉作品』 五, 河出書房新社, 1983, 24쪽.
37 古井由吉, 「聖」, 『古井由吉作品』 五, 河出書房新社, 1983, 34쪽.
38 古井由吉, 「聖」, 『古井由吉作品』 五, 河出書房新社, 1983, 34쪽. 강조는 필자.
39 古井由吉, 「聖」, 『古井由吉作品』 五, 河出書房新社, 1983, 35쪽. 강조는 필자.

40 古井由吉, 「聖」, 『古井由吉作品』 五, 河出書房新社, 1983, 19쪽.
41 古井由吉, 「聖」, 『古井由吉作品』 五, 河出書房新社, 1983, 27쪽.
42 古井由吉, 「聖」, 『古井由吉作品』 五, 河出書房新社, 1983, 27쪽.
43 古井由吉, 「聖」, 『古井由吉作品』 五, 河出書房新社, 1983, 27~28쪽.
44 古井由吉, 「聖」, 『古井由吉作品』 五, 河出書房新社, 1983, 42쪽. 강조는 필자.
45 古井由吉, 「聖」, 『古井由吉作品』 五, 河出書房新社, 1983, 53쪽.
46 古井由吉, 「聖」, 『古井由吉作品』 五, 河出書房新社, 1983, 46쪽.
47 古井由吉, 「聖」, 『古井由吉作品』 五, 河出書房新社, 1983, 60쪽.
48 古井由吉, 「聖」, 『古井由吉作品』 五, 河出書房新社, 1983, 59쪽.
49 古井由吉, 「聖」, 『古井由吉作品』 五, 河出書房新社, 1983, 80쪽.
50 古井由吉, 「聖」, 『古井由吉作品』 五, 河出書房新社, 1983, 85쪽.
51 古井由吉, 「聖」, 『古井由吉作品』 五, 河出書房新社, 1983, 85~87쪽.
52 古井由吉, 「聖」, 『古井由吉作品』 五, 河出書房新社, 1983, 87쪽.
53 古井由吉, 「聖」, 『古井由吉作品』 五, 河出書房新社, 1983, 95쪽.
54 古井由吉, 「著者ノート 聖の祟り」, 『古井由吉作品』 五, 河出書房新社, 1983, 397쪽.
55 古井由吉, 「親」, 『古井由吉作品』 六, 河出書房新社, 1983, 161쪽. 여기서 "그것도 지금 생각해보면 좀 미쳤었나 봐"(162쪽)라고 말하는 사에가 "할머니의 망령 든 말"을 상대화하는 시선을 갖고 있는 것은 명백하다. 물론 이를 두고 할머니의 영향으로부터 완전히 탈출했다고 해석해서는 안 될 것이다. 왜냐하면 "불당에서 외치지 않았다"고 말하는 이와사키에게 사에는 "그랬나요 들렸었는데"라고 중얼거리기 때문이다.(162쪽)
56 古井由吉, 「聖」, 『古井由吉作品』 五, 河出書房新社, 1983, 61쪽.
57 古井由吉, 「聖」, 『古井由吉作品』 五, 河出書房新社, 1983, 62쪽.
58 古井由吉, 「聖」, 『古井由吉作品』 五, 河出書房新社, 1983, 74쪽.
59 古井由吉, 「聖」, 『古井由吉作品』 五, 河出書房新社, 1983, 70쪽, 72쪽.
60 古井由吉, 「聖」, 『古井由吉作品』 五, 河出書房新社, 1983, 74쪽.
61 '실제로'라고 쓰여 있지만 이 한 줄에 픽션이 포함되어 있는 점에 유의.
62 古井由吉, 「栖」, 『古井由吉作品』 五, 河出書房新社, 1983, 100쪽.

63 古井由吉,「栖」,『古井由吉作品』五, 河出書房新社, 1983, 100쪽.
64 古井由吉,「栖」,『古井由吉作品』五, 河出書房新社, 1983, 103쪽.
65 古井由吉,「栖」,『古井由吉作品』五, 河出書房新社, 1983, 115쪽.
66 古井由吉,「栖」,『古井由吉作品』五, 河出書房新社, 1983, 112쪽, 116~117쪽.
67 古井由吉,「栖」,『古井由吉作品』五, 河出書房新社, 1983, 136쪽.
68 古井由吉,「栖」,『古井由吉作品』五, 河出書房新社, 1983, 151~152쪽.
69 열거해보자. 古井由吉,「栖」,『古井由吉作品』五, 河出書房新社, 1983, 166쪽, 169쪽, 171쪽, 172쪽. 특히 극적인 175쪽, 177~179쪽 등. 또한 요코에게 현저했던 방향 감각 상실은 사에에게도 176~177쪽에서 인상적으로 나타난다. 또 퇴원 후에 해당하는『부모』(古井由吉,「親」,『古井由吉作品』六, 河出書房新社, 1983, 136쪽)에서도 그렇다.
70 "우리도 시골에 돌아가서 식을 올릴까요? 트집 하나 못 잡게 해야지"라는 장례와 혼례를 동일시하는 듯한 사에의 말이 의미심장한데, 본고에는 더 이상 논할 지면이 없어 지적만 해둔다.(古井由吉,「親」,『古井由吉作品』六, 河出書房新社, 1983, 117쪽) 이 장례는 사에에게 일종의 단절을 가져오는 역할을 함으로써 장례 후 같은 병실 환자들과 관계가 나빠지고 신속한 퇴원으로 이어지는 듯한 묘사가 있다.(古井由吉,「親」,『古井由吉作品』六, 河出書房新社, 1983, 124쪽)
71 古井由吉,「栖」,『古井由吉作品』五, 河出書房新社, 1983, 189쪽.
72 古井由吉,「栖」,『古井由吉作品』五, 河出書房新社, 1983, 225쪽.
73 古井由吉,「栖」,『古井由吉作品』五, 河出書房新社, 1983, 209쪽 이하.
74 古井由吉,「栖」,『古井由吉作品』五, 河出書房新社, 1983, 211쪽. 이것이 진짜 임신이 아니었다는 묘사는 224쪽.
75 古井由吉,「栖」,『古井由吉作品』五, 河出書房新社, 1983, 239쪽.
76 古井由吉,「栖」,『古井由吉作品』五, 河出書房新社, 1983, 241쪽.
77 古井由吉,「栖」,『古井由吉作品』五, 河出書房新社, 1983, 247쪽.
78 古井由吉,「栖」,『古井由吉作品』五, 河出書房新社, 1983, 247쪽.
79 古井由吉,「栖」,『古井由吉作品』五, 河出書房新社, 1983, 215쪽.

80 古井由吉,「栖」,『古井由吉作品』五, 河出書房新社, 1983, 216쪽.
81 古井由吉,「親」,『古井由吉作品』六, 河出書房新社, 1983, 97쪽.
82 古井由吉,「栖」,『古井由吉作品』五, 河出書房新社, 1983, 244쪽.
83 古井由吉,「親」,『古井由吉作品』六, 河出書房新社, 1983, 56쪽.
84 古井由吉,「親」,『古井由吉作品』六, 河出書房新社, 1983, 65쪽.
85 古井由吉,「栖」,『古井由吉作品』五, 河出書房新社, 1983, 223쪽.
86 텍스트에 확실한 증거는 없지만 입원 중인 사에가 이와사키와 자기 사이를 벌려놓으려 하는 '누군가'가 있다고 의사에게 말하는 그 '누군가'는 숙모와 관계가 있을지도 모른다.(古井由吉,「親」,『古井由吉作品』六, 河出書房新社, 1983, 44~45쪽) 물론 두 곳 사이에 사태의 진전은 있으나 그전에 그 '누군가'를 이와사키 자신이라고도 서술하고 있다는 점에 유의.
87 古井由吉,「親」,『古井由吉作品』六, 河出書房新社, 1983, 93쪽.
88 古井由吉,「親」,『古井由吉作品』六, 河出書房新社, 1983, 69쪽.
89 古井由吉,「親」,『古井由吉作品』六, 河出書房新社, 1983, 73쪽.
90 古井由吉,「親」,『古井由吉作品』六, 河出書房新社, 1983, 139~140쪽.
91 古井由吉,「親」,『古井由吉作品』六, 河出書房新社, 1983, 140쪽.
92 古井由吉,「親」,『古井由吉作品』六, 河出書房新社, 1983, 170~171쪽.
93 古井由吉,「親」,『古井由吉作品』六, 河出書房新社, 1983, 171쪽.
94 古井由吉,「親」,『古井由吉作品』六, 河出書房新社, 1983, 181쪽.
95 古井由吉,「親」,『古井由吉作品』六, 河出書房新社, 1983, 181쪽.
96 古井由吉,「栖」,『古井由吉作品』五, 河出書房新社, 1983, 105쪽.
97 古井由吉,「栖」,『古井由吉作品』五, 河出書房新社, 1983, 110쪽.
98 古井由吉,「栖」,『古井由吉作品』五, 河出書房新社, 1983, 122쪽.
99 古井由吉,「栖」,『古井由吉作品』五, 河出書房新社, 1983, 126쪽.
100 古井由吉,「栖」,『古井由吉作品』五, 河出書房新社, 1983, 154쪽.
101 古井由吉,「栖」,『古井由吉作品』五, 河出書房新社, 1983, 155쪽.
102 사에의 병은 이와사키의 병이며 이 병에 이와사키의 광기도 깊이 관여하고 있음을 보여주는 묘사는 여러 곳에서 확인할 수 있다. 하지만 지면이 부족하다. 이 주제는 한번 읽어보면 확연하기 때문에 생략한다.

103 古井由吉,「栖」,『古井由吉作品』五, 河出書房新社, 1983, 160~161쪽.
104 古井由吉,「栖」,『古井由吉作品』五, 河出書房新社, 1983, 172쪽.
105 古井由吉,「栖」,『古井由吉作品』五, 河出書房新社, 1983, 183쪽.
106 古井由吉,「栖」,『古井由吉作品』五, 河出書房新社, 1983, 184쪽.
107 古井由吉,「栖」,『古井由吉作品』五, 河出書房新社, 1983, 185쪽.
108 古井由吉,「栖」,『古井由吉作品』五, 河出書房新社, 1983, 186쪽.
109 古井由吉,「栖」,『古井由吉作品』五, 河出書房新社, 1983, 188쪽.
110 古井由吉,「栖」,『古井由吉作品』五, 河出書房新社, 1983, 190쪽.
111 古井由吉,「栖」,『古井由吉作品』五, 河出書房新社, 1983, 193쪽, 196쪽. 또한 사에는 이와사키를 한 번 더 쫓아내려 한다.(196~197쪽)
112 古井由吉,「栖」,『古井由吉作品』五, 河出書房新社, 1983, 205쪽.
113 古井由吉,「栖」,『古井由吉作品』五, 河出書房新社, 1983, 250쪽.
114 古井由吉,「栖」,『古井由吉作品』五, 河出書房新社, 1983, 250쪽.
115 古井由吉,「親」,『古井由吉作品』六, 河出書房新社, 1983, 12쪽.
116 古井由吉,「親」,『古井由吉作品』六, 河出書房新社, 1983, 161쪽. 물론 이와사키는 이를 타이르고 사에도 희미하게 유머 띤 어조로 이에 답하고 있다.
117 이 일련의 대화는 모두 古井由吉,「栖」,『古井由吉作品』五, 河出書房新社, 1983, 149쪽. 강조는 필자.
118 古井由吉,「親」,『古井由吉作品』六, 河出書房新社, 1983, 28쪽.
119 古井由吉,「親」,『古井由吉作品』六, 河出書房新社, 1983, 46쪽.
120 古井由吉,「親」,『古井由吉作品』六, 河出書房新社, 1983, 144쪽.
121 古井由吉,「親」,『古井由吉作品』六, 河出書房新社, 1983, 79쪽.
122 古井由吉,「年譜」,『古井由吉作品』七, 河出書房新社, 1983, 347쪽 이하에서 발췌.
123 古井由吉,「中間報告ひとつ」,『招魂としての表現』, 福武文庫, 1992, 145쪽. 이 문장이 처음 실린 것은 1987년 9월.
124 古井由吉,「中間報告ひとつ」,『招魂としての表現』, 福武文庫, 1992, 146쪽. 강조는 필자.
125 古井由吉,「私のエッセイズム」,『言葉の呪術 全エッセイⅡ』, 作品社, 1980,

79쪽. 이 글이 처음 실린 것은 1969년 11월.

126　古井由吉,「著者ノート　秋のあはれも身につかず」,『古井由吉作品』七, 河出書房新社, 1983, 330~331쪽.

127　古井由吉·佐佐木中,「ところがどっこい旺盛だ」, 佐佐木中,『アナレクタ2　この日日を歌い交わす』, 河出書房新社, 2011, 136쪽. 그 직전도 참조.

128　1982년 10월 시인 아유카와 노부오는 후루이에 대해 "나 이상으로 시인이며" 게다가 "서두르지 않는 숙달된 산문가기도 하다"고 경탄 섞인 어투로 말하고 있다.(鮎川信夫,「古井由吉小考」,『古井由吉作品』二, 月報, 河出書房新社, 1982)

129　실은 여기에 수십 곳에서 끌어온 장문의 인용이 열거되어 있었는데 지웠다.

130　古井由吉,「著作ノート　やや鬱の頃」,『古井由吉作品』三, 河出書房新社, 1982, 350~351쪽.

131　古井由吉,「著作ノート　やや鬱の頃」,『古井由吉作品』三, 河出書房新社, 1982, 351쪽.

132　古井由吉,「赤牛」,『古井由吉作品』五, 河出書房新社, 1983, 338쪽.

133　古井由吉,「赤牛」,『古井由吉作品』五, 河出書房新社, 1983, 338쪽.

134　古井由吉,「赤牛」,『古井由吉作品』五, 河出書房新社, 1983, 344쪽.

135　古井由吉,「安堵」,『古井由吉作品』五, 河出書房新社, 1983, 347쪽.

136　古井由吉,「安堵」,『古井由吉作品』五, 河出書房新社, 1983, 349쪽.

137　古井由吉,「安堵」,『古井由吉作品』五, 河出書房新社, 1983, 352쪽.

138　古井由吉,「安堵」,『古井由吉作品』五, 河出書房新社, 1983, 352쪽.

139　古井由吉,「栖」,『古井由吉作品』五, 河出書房新社, 1983, 181쪽.

140　古井由吉,『人生の色氣』, 新潮社, 2009, 62쪽.

141　古井由吉,『人生の色氣』, 新潮社, 2009, 62쪽.

142　古井由吉,『人生の色氣』, 新潮社, 2009, 66~67쪽.

143　古井由吉,「貧しき時代に」,『招魂としての表現』, 福武文庫, 1992, 117쪽.

144　古井由吉,「緊密で清潔な表現に」,『招魂としての表現』, 福武文庫, 1992, 121쪽.

145　古井由吉,「樂天家のつぶやき」,『言葉の呪術　全エッセイII』, 作品社, 1980,

134쪽.
146 古井由吉, 「死者のごとく」, 『招魂としての表現』, 福武文庫, 1992, 208쪽.
147 이에 대해서는 졸저, 『定本 夜戰と永遠――フーコー・ラカン・ルジャンドル』(上), 河出文庫, 2011, 제1부 제4장, 특히 25절을 참조.
148 모두 白川靜, 『新訂 字統』, 普及版, 平凡社. 해당 항목에서.
149 古井由吉, 『山躁賦』, 集英社, 1982, 17쪽.
150 古井由吉, 『山躁賦』, 集英社, 1982, 123쪽.
151 古井由吉, 『山躁賦』, 集英社, 1982, 159쪽. 또한 마지막 문장에서 화자 자신을 "쓸데도 없는 품속의 동전을 부스럭거리며 만지작거리고 있는 남자의 모습이 선명하게 산 위에서 보였다"라고 묘사하는 인상적인 수법은, 사실 『집』에서노 쓰이고 있다. 그러나 이 두 곳에서 똑같이 '광狂'이라는 글자를 쓰고 있지만 그 어조는 너무 다르다. 이 차이를 도약의 한 방증으로 꼽을 수도 있다. 『산조부』는 본권 마지막으로 양보하기로 하고, 『집』만 인용하겠다. "그 부하 같은 분위기를 풍기는, 게다가 보호자연하는, 게다가 내심 두려워하고도 있는, 침착한 모습으로 두려워하는 모습이 기억 속에서 타인의 상像처럼 선명하게 보인다. 그 와중에도 자기 자신의 눈에 보였다. 이 사실 자체가 미쳐 있었다(狂っていた)." (古井由吉, 「栖」, 『古井由吉作品』五, 河出書房新社, 1983, 238쪽)
152 물론 후루이 문학의 팔루스phallus 혹은 여성 문제를 정면에서 다룰 필요가 있겠으나 이는 다른 기회로 넘긴다. 또한 지금까지 논해온 내용에 덧붙여 '영토성', '후렴'을, 혹은 '여성이 됨'(경탄을 자아내는 걸작 「밤은 지금」이 바로 이를 그린 소설이다), 혹은 '동물이 됨'(「남동생」)이라는, 동물로의 생성 변화를 그린 소설이 있음을 지적해둔다)을 논한 질 들뢰즈, 펠릭스 가타리를 끌고 와 후루이를 논하는 것도 가능했으며, 그렇게 논하지 않은 것을 의아해하는 독자도 있을 수 있겠다. 오히려 그게 더 타당했을지도 모른다는 생각도 든다. 하지만 이렇게 말하고 싶다. 사랑스러운 들뢰즈=가타리는 일본어를 못 읽기 때문에 후루이 요시키치를 모른다. 불쌍한 들뢰즈. 불쌍한 가타리.
153 古井由吉, 「夜はいま」, 『夜はいま』, 福武書店, 1987, 45쪽. 이 글귀가 쓰여 있는 단락을 통째로 인용해둔다. "'아이들은 건강하지? 꿈속에서 들떠 노래하

길래 왕생했어'라고 말하더니 쓰다듬던 등의 경련이 멈추고 미소가 떠올랐다. 밤새도록 두 여자아이의 톤 높은 목소리가 엉켜, 멀리서 들려왔다. 아이들을 부르고 싶지만, 방향은 물론 위아래도 도무지 알 수가 없었다. 어디에선가 겨우, 비스듬하게, 여기에 누워 있는 몸과 아이들이 서 있는 평면이 교차하고 있다. 도와달라고 애원하는 게 아니라 그냥 맘 놓고 노래하고 있다. 그런데도 만약 이쪽이 몸 움직임 하나라도 잘못하면 그 목소리를 다시는 들을 수 없게 된다. 무슨 일이 있어도 가만히 있어야 한다. 공중에서 헤매는, 자의恣意에 가까운 이 장소를 한순간 한순간 유지해야 한다. 노래가 계속되는 한 영원도 두렵지 않다."

『후루이 요시키치 자선 작품古井由吉自撰作品』제4권 해설,
2011년 6월, 가와데쇼보신샤

40년의 시행과 사고*
— 후루이 요시키치를 지금 읽는다는 것

I
대담
후루이 요시키치
사사키 아타루

* 일본어로 시행試行과 사고思考는 둘 다 시코しこう로 읽는다.

후루이 요시키치 탄생 비화

사사키 드디어 3월부터 '후루이 요시키치 자선 작품'(전 8권)이 가와데쇼보신샤河出書房新社에서 간행되기 시작했습니다. 초기 후루이 요시키치의 집대성인 '후루이 요시키치 작품'(전 7권) 간행이 1982년부터니까 그로부터 30년. 저도 늘 학생들에게 후루이 씨 글을 읽으라고 하는데, 때때로 손에 넣기 힘든 걸작도 많았습니다. 애독해온 분들은 물론 새로운 독자를 위해서도 좋은 기획이라고 생각합니다.

후루이 씨는 기회 있을 때마다 이 가와데쇼보河出書房가 도산해 문학 전집이 헐값으로 나온 덕분에 스무 살 전에 국내외 문학 작품을 독파하게 되었다고 말씀하고 계십니다만. (웃음)

후루이 더 정확히 말하자면 도산하기 전부터 헐값으로 나온 책들이 있었던 것 같습니다. (웃음) 마루젠丸善의 한 코너를 세내서 팔고 있었어요.

사사키　대학에 입학하기 전이라고 말씀하셨는데, 찾아보니 가와데쇼보가 도산한 것은 1957년. 계산이 약간 맞지 않습니다.

후루이　도산하기 전에 나왔던 것 같습니다. 고등학교 때 갔던 기억이 있으니까요.

사사키　가와데쇼보 도산이 작가 후루이 요시키치를 낳았다는 감동적인 이야기입니다만 후루이 씨는 『요코·쓰마고미杳子·妻隱』(1975년)뿐 아니라 두 번에 걸쳐 가와데에서 작품집을 냅니다. 역사의 간지奸智라고 할까요? (웃음) 이 자선 작품이 다 나오고 이케자와 나쓰키池澤夏樹 씨의 세계 문학 전집도 있으니, 한 번 더 도산해서 전부 다 헐값에 나오면 제2의 후루이 요시키치가 태어나 경하慶賀의 극치에 이를지도 모릅니다. 거의 모든 작품을 가와데에서 내고 있는 제 경우엔 길거리에 나앉게 되겠습니다만. (웃음)

　이번 자선 작품에는 오랫동안 손에 넣기 힘들었던 걸작인 초기 장편 3부작 『히지리』(1976년), 『집』(1979년), 『부모』(1980년)가 모두 수록돼 있습니다. 덕분에 『부모』에서 『산조부』(1982년)로의 비약―여기에 초기와 이후의 후루이 요시키치를 나누는 결정적인 비약이 있다고 생각하는데요―이 명확하게 눈에 보이도록 구성되어 있습니다. 하지만 작풍이 다른 이 두 작품의 집필 시기를 조사해보니 거의 같은 시기에 쓰셨더군요. 작품마다 층이 있어 병행해 집필하셨습니다. 다시 읽고 그 역량에 경탄했습니다.

후루이   병행해서 쓸 수 있었죠, 옛날에는. (웃음)

사사키   최근 10년 동안 대담을 통해 후루이 씨 스스로『산조부』는 전환점이 된 소설이라고 몇 차례 술회하고 계십니다. 초기의 집대성 '후루이 요시키치 작품'이 간행된 1982년에 마침『산조부』가 간행되었습니다. 일련의 작품들을 보고 있으면 그 후에 또 한번 단절 혹은 비약이 있다고 느껴집니다.『가왕생전시문假往生傳試文』(1989년) 전후가 일반적으로 그런 평가를 받고 있는 것 같은데, 본인께서는 어디라고 생각하시는지요?

후루이   쉰세 살 때 목에 병이 생겼어요. 보름 정도 누워 움직이지 못했으니 죽은 것과 다름없었죠. 그때는 쓸 힘을 잃었다고 생각했습니다. 그래서 이런저런 책을 읽으며 소설에 대해 계속 생각했어요. 어떻게 하면 붓이 살아날까 하고요. 그때 소설과 시의 관계에 대해서도 생각하게 됐죠. 그 시기가 단절일지도 모르겠습니다. 퇴원해서 처음 읽은 것이 렌가連歌였습니다. 이게 딱 와 닿았어요. 지금까지 걸어왔던 길이 잘못됐다는 생각이 들었습니다.

사사키   작품으로 말하면 어떻게 될까요?『돈트는 집』(1998년)에서『성이聖耳』(2000년) 부근일까요?

후루이   그렇습니다. 그전에 쓴 것은 에세이고, 잠시 소설을 안 썼었습니다.『혼의 날』(1993년)도 하나의 전기轉機가 되었습니다만. 그러나 어느 정도 소설로 나타난 것은 훨씬 후의 일입니다. 자기 이탈이 가능해졌죠.『사거리』(2006년)가 이에 해당할까요?

사사키   자선 작품 마지막 권에 수록되어 있죠? 그렇다면 작가 후루이 요시키치의 발자취를 조망할 작품집이라 할 수 있습니다. 하지만 이번 작품집에 『가왕생전시문』 전후의 두 작품 『밤은 지금』(1987년)과 『긴 도시의 잠』(1989년)이 포함되어 있지 않습니다. 이유를 들어볼 수 있을까요? 놀라운 걸작이라고 생각합니다만.

후루이 고르다 보면 한이 없으니까. (웃음)
사사키 그러시군요. (웃음) 저는 정말 좋아하는데.
후루이 골라둘 걸 그랬네요. (웃음)

복수의 웅성거림, 꿈틀거림의 문학

사사키 이번 자선 작품 간행이 다시 한번 자신의 작품을 되돌아보는 기회가 되셨으리라 생각합니다. 자기 작품을 다시 읽으면서 어떤 생각이 드셨습니까?

후루이 처음 나왔던 작품집은 고마운 제안 덕분에 실현됐습니다. 그때 제 나이 마흔다섯 살이어서 "앞으로도 계속 소설을 쓸 텐데요"라고 말하니까 담당 편집자가 "아무렴 어때요. 아무 상관 없어요"라고 하는 겁니다. (웃음)

그래서 이번 작품집은 뭐라고 이름을 지어야 할까 고민했죠. 결국 '자선 작품'이 됐는데 "생각하고 계신 이름이 있나요?"라고 이번 편집 담당이 물었을 때 목구멍까지 올라왔지만 말하지 않은 게 있었어요. 뭐냐면 '생전의 유고'요. (웃음)

저는 여기 수록된 작품들을 거의 기억하고 있지 않습니다. 출판 원고를 받아서 읽어봤는데, 저를 밀어내더라고요. 젊은 힘이 있어요. 수정하려 해도 한군데 고치면 전체가 이상해집니다. 이제 늙은이가 나설 수 있는 게 아니더라고요. 그래서 교열은 포기했습니다. 수정하려다간 2~3년은 걸릴 겁니다. 고쳐 쓸 부분도 있겠지만 고쳐서 좋아지냐면 꼭 그런 것도 아니죠. 아예 다른 사람 작품처럼 느껴져서 단념했어요. 소설의 근간이 되는 부분은 전혀 바뀌지 않았습니다만.

글을 쓸 때는 특히, 나이 든다는 게 무엇인지 생각합니다. 평범하게 나이 들어간다면 '이런 거로구나' 하고 납득하면서 나이가 듭니다. 하지만 써놓은 것은 남잖아요? 그걸 다시 읽어보면 지금의 나보다 성숙한 부분이 있어요. 늙은이가 있는 겁니다. 그리고 지금의 제 안에는 아이도 있어요. 글을 쓰는 행위에는 이런 이상한, 나이 들지 못하는 부분이 있지요. 반대로 젊었던 시절에 대해 얘기하자면 빨리 나이 들어버린 부분이 있습니다. 글을 쓴다는 것은 모든 연령이 공존하는 것일지도 모르겠어요. 하나라도 부족하면 문장이 제대로 만들어지지 않을 겁니다. 저는 원래 글을 쓸 때 저 혼자 쓴다는 생각이 안 들어요. 제 안에 여러 사람이 있습니다. 다만 다수결에 따르려고는 하지 않습니다, 의장으로서 말이죠. (웃음)

사사키 특히 『가왕생전시문』 근방부터 후루이 씨 문학이 '쇠약의 에크리튀르' 혹은 죽음과 늙음의 문학으로 불리기 시작했습니다. 이는 파는 쪽의 카피라이팅이기도 하니까 어떤 의미에선 불가피한 것이기도 하고, 비판해도 별 의미는 없겠죠. 다만 오랫동안 후루이 씨를 좇아 읽었던 독자 입장에서 볼 때 이는 쇠약이나 죽음의 문학이 아닙니다. 반대로 왕성함과 삶의 문학이냐면 그렇지도 않습니다. 오히려 왕성함과 쇠약함, 삶과 죽음의 구별조차 그 결과에 불과한 무수한 복수複數의 웅성거림, 떠들썩함, 꿈틀거림에 뿌리를 둔 문학이라고 생각합니다. 후루이 씨는 어디에선가 자신은 서른 살 후반부터 이미 늙음을 써왔다고 말씀하셨는데요. 이는 위장하고 있었다거나, 흔히 말하는 나이 드는 방법이 뛰어났다는 게 아니라 쉼 없이 쇠약해지는 과정 자체가 삶의 넘쳐남이기도 한, 삶과 죽음이 두 개의 개념으로 나뉘기 직전의 장소에서 의연히 붓을 들고 숨죽여왔음을 뜻하는 게 아닐까요? 이는 매우 힘든 일이라 생각합니다.

후루이 인간을 개인의 관점에서 보면 분명 나이 드는 것은 하강입니다. 그러나 개인이 혼자서만 글을 쓰고 있는 건 아니랍니다. 수많은 인간의 불명확함을 상대하고 있으니까요. 이런 불명확함은 결코 나이 들지 않습니다.

사사키 그렇죠.

후루이 제게 그 비율은 젊었을 때나 지금이나 거의 변하지 않았을 겁니다. 게다가 하강과 상승은 어딘지 모르게 비슷한 데가 있어요. 어느 하강 지점이 상승과 매우 닮아 있죠. 큰 병에 걸린 적이 있는데, 점점 증상이 악화되잖아요? 온몸이 쇠약해집니다. 하지만 그때의 감정은 사춘기의 감정과 비슷해요. 상승과 하강은 한 사람 속에 항상 동시에 존재하는 게 아닐까요? 제 소설의 무대는 그 교차점입니다.

사사키 상승했다가 하강하기도 하고, 때로는 옆으로 미끄러지기도 하면서 그 모든 기억, 냄새, 형상, 음성, 시구詩句, 하나하나 움직이는 수많은 겹침이 기적처럼 교차점에서 북적거립니다. 게다가 말은 개인의 것이 아닙니다. 문체조차 개인의 것이 아니죠. 이 교차점에서 이것들은 말이 되고, 이 말이 불현듯 후루이 요시키치라는 사람의 모습으로 나타납니다. 이것이 얼마나 무서운 일인지. 또한 얼마나 유쾌한 일이기도 한지. 이를 체현하고 있는 분이 눈앞에 있다는 사실이 저는 경이로울 뿐입니다.

후루이 소설, 평론, 에세이뿐 아니라 모든 표현이 쓰고 있는 사람에게 빙의憑依가 일어남으로써 이루어집니다. 우둔한 빙의이긴 합니다만. 감도가 별로 좋지 않아서요. 담배를 너무 많이 피워서 그런지. (웃음) 하지만 혼자라면 결코 쓸 수 없는 것을 쓰는 것이 표현이라고 생각해요. 한번 쓰고 나면 어떻게 해서 이걸 쓸 수 있었는지, 지금의 저로서는 알 수 없게 됩니다. 신기할 따름이죠.

사사키 자신을 뛰어넘은 그 무엇을 쓰고 있으며, 자신을 뛰어넘은 그 무엇에 이끌려 쓰고 있습니다. 이렇게 말하면 사람들은 야유하는 표정으로 '신비주의'라고 말하죠. 하지만 오히려 자세히 경위를 따지면서 생각해보면 신비주의란 이치가 통하지 않는 것을 뜻하지 않습니다. 이치를 따지고 또 따지다 보면 이치가 아닌 지점에 이릅니다. 명석함을 극한까지 밀고 가면 명석하지 않게 됩니다. 히라이데 다카시平出隆 씨와 한 대담에서 "나는 합리주의자다"라고 후루이 씨는 분명히 말하고 계시죠. 지금 자신을 뛰어넘은 그 무엇을 쓰고 있다고 말씀하셨는데, 이는 흔히 말하는 '신비주의'가 아니라 오히려 이치에 맞는 것이라고 생각합니다.

후루이　뛰어넘는다 해도 위아래와는 무관합니다. 수평으로 넘는 거죠. 그리고 만약 이런 이동을 신비주의라고 한다면 일본의 고전 문학은 모두 신비주의가 아닐까요?

합리주의라는 말이 나왔으니 거기에 맞춰 얘기하자면 이는 수학에서 말하는 '미분'과 '적분'입니다. 근대인의 사고방식, 표현 방식은 '미분'을 우선하거든요. 현실을 세세하게 분석, 분해, 해체해갑니다. 하지만 그것으로 끝나는 게 아닙니다. 그 후에 '적분'을 하잖아요? '미분'을 통해 현실에서 멀어진 다음 '적분'을 통해 다시 현실로 돌아옵니다. 이를 이치에 맞게 설명하는 것이 수학, 공학입니다. 하지만 인간의 현실 감각으로 보면 '적분'했다고 해서 반드시 현실로 돌아오는 것은 아니지요.

사사키　이치에 안 맞는 거네요.

후루이　그래요. 오차를 말하는 게 아닙니다. 저도 엉성한 사람이기 때문에 다소의 오차는 상관없습니다. 다만 대상을 감각하는 우리의 주체성을 중심에 두고 말하자면 세세히 나눈 것을 다시 쌓아간다고 해서 반드시 원상태로 되돌아가지는 않습니다. 따라서 떠날 수는 있지만 되돌아오지는 못하는 것이 문학이 아닐까 싶습니다.

철저한 분석, 이와 동시에 통속성을 유지하는 것

후루이   일반 사회나 시국에 관한 평론을 읽으면 매우 뛰어난 분석도 있지만, 결국 세상 정세를 정리해야 하기 때문에 무리하는 것처럼 보입니다. 그래도 정리해서 내놓지 않으면 읽는 사람이 혼란스러워하기 때문에 정리는 의무거든요.

사사키   그 말은 소설에도 해당되는 듯싶습니다. 다카하시 겐이치로 씨와 대담하셨을 때였나요? "근대 소설은 의미와 논리"라고 후루이 씨는 분명히 말씀하셨습니다. 그런가 하면 가사이 젠조葛西善藏 등을 논하면서 일본 사소설의 '양심'인, '자신을 대상화하는 객관성'은 놀랍다고 발언하셨는데, 또 다른 곳에선 '소설은 곧 서사성'이라는 도식은 너무 근대적이지 않은가라고 말씀하고 계십니다. '사소설의 객관성'과 '서사의 근대성'은 모두 글을 쓰는 데 있어 구속이라는 말씀이신데, 이는 깊은 통찰이라 생각됩니다.

저널리즘은 무리해서라도 정리해야 한다고 하셨습니다. 이는 결말이나 논리를 만들어야 한다는 얘기겠죠. 그렇다면 저널리즘만의 문제가 아니지 않을까요? 결국 서사의 근대성, 아니면 사소설의 객관성을 이용해서 '마무리'하는 것이 됩니다. 알기 쉬운 이야기로 만들거나, 아니면 얼굴이 보이는 저널리스트로서 체험을 얘기하거나 둘 중 하나가 됩니다. 이 역시 구속이 아닐까요? 후루이 씨는 처음부터 이런 구속을 의식해서 글을 써오셨습니다.

또 후루이 씨는 에세이와 소설을 크게 구별하지 않는 글쓰기 방식을 '에세이즘'이라 부르고 있죠. 데뷔작 「목요일에」(1968년)로부터 1년이 지난 서른두 살 때 이미 이런 개념을 내놓으셨습니다. 후루이 씨는 작품 활동을 시작했을 때부터 이 용어를 통해 자각적으로 '사소설의 객관성'과 '서사의 근대성'이라는 구속으로부터 벗어나려 하고 있습니다.

그런데 말입니다. 후루이 요시키치는 '생生'과 '성性'과 '성聖'의 자의성을 '문체'의 자의성으로 살아가는 작가라고 생각합니다. 최근에도 "글쓰기가 거의 불가능하다. '에서, 에, 을, 는'조차 적절치 않다. 내 문체는 자의적이다"라고 기회 있을 때마다 말씀하시죠. 이번 자선 작품 팸플릿에 쓰인 "빈약한 편에 섰다"라는 말은 이런 문체의 자의성을 뜻하는 것이라고 생각합니다. 그런데 문체의 자의성을 받아들이면서 생사의 자의성에 대해 쓴다는 것은 무서운 일이 아닐 수 없습니다. 이 자의성을 피할 방법이 있거든요. 조금 전에 말한 두 가지 구속에 기대면 됩니다. 하지만 후루이 씨는 결코 기대려 하지 않아요. 일반적인 작가가 서사도 없고 사소설도 없는, 나도 없고 문체도 없는 곳에 이르면 구속이 없기 때문에 한없이 느슨해져도 되고, 또 느슨해질 수 있습니다. 그런데 거기에서 반대로 후루이 씨의 문체에서는 기이한 긴장이 태어납니다. 자제, 계율, 금기, 규칙이라 부르는 게 적절할, 자신에게만 부과한 기이한 긴장이 느껴집니다. 이 두 가지 구속성을 벗어나 있기 때문에 자유로움과 활달함이 느껴지고, 해방감도 전해집니다. 하지만 이와 함께 '절대로 이렇게는 쓰지 않겠다', '결코 이것은 쓰지 않겠다'는 의식도 매우 강하게 내세우고 계십니다. 그래서 솔직하게 여쭙고 싶습니다. 후루이 씨는 이 긴 세월 동안 글을 써오면서 스스로 무엇을, 어떤 것을 금지해오셨습니까?

후루이 저는 젊었을 때부터 두 가지 방향으로 생각해왔습니다. 하나는 몇 차례 말한 것처럼 제가 쓰는 것은 소설이든 뭐든 에세이라는 것. 그리고 또 하나는 적어도 소설은 통속적이어야 할 필요가 있다는 것. 이런 전제 아래 그 양극을 저는 금하고 있습니다. 완전히 에세이가 되는 것도 쾌적한 통속이 되는 것도 금하고 있지요. 그래서 그 사이의 어디에 서야 하는지 생각하곤 하는데, 저는 신비주의로부터 이에 대한 힌트를 얻습니다. 신비주의란 가공할 시도거든요. 가공할 분석, 분해. 인정사정없습니다. 게다가 일정한 통속성을 유지해야 하죠.

사사키 네. '양식樣式'이 있지요.

후루이 이런 시도(에세이)와 통속이 하나가 되어 일종의 전율을 낳습니다. 그리고 이 전율을 전하는 게 문학이라고 생각합니다. 어느 쪽으로 가도 '성聖'적인 전율이 완전히 사라지는 글쓰기는 안 됩니다. 그래서 매끈하게 읽히는 문장을 만드는 데 힘을 기울이고, 더 분석할 수 있는 곳은 분석합니다. 이를 통해 나오는 것은 언리얼한 부분입니다. 이런 식으로 젊을 때부터 써왔고, 지금도 크게 다르지 않습니다. 나이 든 만큼 통속적인 재료가 늘었다는 차이는 있겠습니다만.

사사키 지금 통속이라고 말씀하셨지만 후루이 씨가 말하는 통속은 일반적인 통속의 뜻과 분명 차이가 난다고 생각합니다.

후루이 네. 다름 아닌 통속이기 때문에 어려운 게 있습니다. 진짜 통속은 이제 불가능하다는 생각이 들기도 합니다. 예를 들어 예부터 내려오는 뛰어난 노래(시), 유명한 노래는 탁월한 언어적 창조물이지만 통속적인 면이 있죠. 세속과 통합니다. 수많은 마음과 수평으로 통하죠. 실은 이것이 필요조건일지도 몰라요. 하지만 충분조건이 되면 그걸로 끝이라고 저는 생각합니다.

사사키 집단적인 양식으로서 '세속과 통하지' 않으면 '성聖'도 만들어지지 않겠죠. 또 하나, 분석하면 언리얼한 것이 나온다고 하셨습니다. 보통 분석하면 리얼한 것이, '현실적인 것'이 나온다고 생각하기 마련입니다만.

후루이 이 역시 독일 문학의 영향이라고 생각합니다. 독일 문학이나 철학은 꽤 이른 시기부터 '리얼을 밀고 나가면 언리얼한 것이 나오는' 특징을 갖고 있죠.

사사키 하지만 그 언리얼한 것이야말로 실은 가장 '리얼한 것'이라는 말씀이시죠?

후루이 네. 이런 상극 속에서 문장이 성립합니다. 주제넘은 말을 하자면 독일어는 프랑스어만큼 문장이 명쾌하지 않았기 때문에, 즉 클라르테clarté*가 없었기 때문에 더 뚜렷하게 드러납니다.

사사키 프랑스어는 문법이 견고해서 때로 스르르 흘러가지만,

---

* '명료함'을 뜻하는 프랑스어. 프랑스어에는 "명료하지 않은 것은 프랑스어가 아니다Ce qui n'est pas clair n'est pas français."라는 관용적 표현이 있다고 한다.

독일어는 글의 이음새를 좀 더 거칠게 할 수 있기 때문에 가능하다, 이렇게 이해하면 될까요?

후루이 제가 데뷔하던 시절에 누보로망이나 앙티로망이 유행했는데, 이들 소설을 읽어보니 아무리 분해해도 명쾌하다는 생각이 들었습니다.

사사키 말씀을 들어보니 그렇네요. 역시 후루이 씨가 독일 표현주의를 공부하셨다는 사실과 관계있을까요?

후루이 관계가 있죠. 20세기 초에 합리주의가 해체됐어요.

사사키 그런 무리수를······. '무리수'라고 해선 안 되겠죠? (웃음)

후루이 하지만 그때 표현주의 작가들 한 사람 한 사람에게 물어보면 대체로 자기는 '합리주의자다'라고 대답할지도 모릅니다. (웃음)

사사키 철두철미한 논리화 끝에 도달한 것이 비현실로 뒤바뀌고, 그 비현실이 되레 우리 일상의 현실성을 날카롭게 가르는, 그야말로 칼집에서 빼낸 현실의 칼날이 되어 다가온다······. 이처럼 논리로 얘기하기는 쉽습니다. 후루이 씨는 이를 40년에 걸쳐 일관되게 써오셨죠. 이런 작가를 난해하고 몽롱하다고 평하는 것은 큰 잘못임을 역설하고 싶습니다.

소설의 세 가지 기원

사사키   산문 예술인 소설에는 세 가지 기원이 있다고 할 수 있습니다. 하나는 '경전의 번역'. 경전은 시詩기도 합니다. 운문과 산문의 경계를 뛰어넘은 '원운문原韻文'일 수 있는 거죠. 하지만 그 번역은 그러기가 쉽지 않습니다. 또 하나는 '경전의 주석'입니다. 경전은 시일 수 있지만 주석은 시일 수가 없습니다. 다만 법이나 경전은 세월과 함께 낡아갑니다. 우리의 일상생활과 어긋나게 되죠. 후루이 씨가 말한 의미의 '통속'이 아니게 되는 겁니다. 이를 '세속에서 통하게' 하기 위해서는 주석이 필요합니다. 이는 법 해석의 문제죠.

후루이   이를 위해서도 분석해야 합니다. 불필요한 분석까지. (웃음)

사사키   맞습니다. (웃음) 이는 어느 사회에서든 중요한 일로, 예부터 글자를 읽고 쓰는 사람 모두 골머리를 앓으면서 해온 작업이죠. 그리고 마지막 하나는 고대로부터 이어져온 법정이나 시민 회의의 '변론'이 아닐까 싶습니다. 자신의 행위 혹은 존재 자체에 대해 추궁받고 해명해야 합니다. 이는 '변명, 변호'죠. 또 하나 '탄핵'이 있습니다. 키케로의 카틸리나 탄핵이라는 게 있죠? "카틸리나, 자네는 도대체 언제까지 우리의 인내를 남용할 셈인가"로 시작되는 명연설입니다.

후루이   또 하나 덧붙이자면, 법정뿐 아니라 종교적으로 중차대한 혐의를 받은 자의 자기변명, 해명서가 있죠. 이는 지금으로 말하면 자기 행위에 대한 해명입니다. 하지만 이게 종교 차원에서 이루어지면 자기 존재에 관한 변명이 됩니다. 카프카의 『심판』에도 나오죠? 어떤 행위로 고소당했는지 모릅니다. 재판이 어떻게 진행되는지도 몰라 변호할 방법이 없습니다. 그래서 해명서를 쓰려면 어릴 적부터 쓰기 시작해야 합니다. 이는 이단의 혐의를 받은 성인들의 해명에서도 볼 수 있습니다. 이에 입각한 소설이 에드거 앨런 포의 「검은 고양이」가 아닐까요? 앞부분은 그야말로 자기변명의 형식을 띠고 있죠.

사사키 존재 자체를 변명하라는 건 말이 안 됩니다. 하지만 그리스도교 등은 이를 끝없이 요청하는 면이 있습니다.

후루이 씨의 논리, 명쾌함은 이 소설의 세 가지 기원이 요청하는 논리 그리고 명석함과 정확히 겹친다고 생각합니다. 후루이 씨는 젊어서부터 무질, 릴케 등을 번역했고 개역도 거듭해오셨습니다. 언젠가 자신의 소설을 "존재하지 않는 텍스트의 번역"이라고 말씀하셨죠. 이는 놀라운 일입니다. 또 "공습에서 살아남은 것은 완전히 우연입니다. 자의恣意입니다. 그것도 상대편의 자의죠"라고 쓰고 계십니다. 그런데 그 자의를 문체의 자의로 구성하실 때는 결코 방종에 빠지지 않고, 매우 긴장감 있는 계율, 명석함, 논리가 만들어집니다. 이는 아마 후루이 씨 소설에 '존재하지 않는 원문'이 있기 때문이겠죠. 번역이라는 별도의 구속이 있는 겁니다. 경전은 한 줄이라도 잘못 번역하면 큰일 납니다. 그런 떨림과 긴장감을 우리는 후루이 문학에서 느낍니다. 또 하나, 자기 작품을 "존재하지 않는 연극의 주석이다. 연극의 반주를 쓰는 거다"라고 말하고 계십니다.

후루이 "연극이 시작될 때까지를 쓰고 있다" 또 "내 작품은 원문 없는 번역이다"라고 말한 적이 있습니다. 사실 원전이 있으면 얼마나 행복할까요. 다만 원전 없는 번역이란 문학 일반에 해당하는 것일지도 모릅니다.

사사키 하지만 원전이 없다고 해서 번역을 제멋대로 할 수 있는 것은 아니죠?

후루이 그렇습니다.

사사키 그게 후루이 요시키치의 계율이며, "내 문체는 자의"임을 철저히 자각하면서도 이를 관통하는 논리가 들어 있는 이유라고 생각합니다.

연극의 반주, 주석이라는 것은 비극의 문제기도 합니다. 비극이란 원래 그리스어로 제물로 바치는 산양의 노래라는 뜻입니다. 한마디로 '도살'인 거죠. 사회가 필요로 하는 희생양을 위한 의식인 까닭에 사회적 기능이라는 의미에서도 법의 문제에 속합니다. 법의 연극적 양태가 비극이고 그 주석입니다. 이런 면에서도 후루이 씨 소설은 법과 연극에서 산문이 파생하는 역사적 과정을 되풀이한 측면이 있습니다. 법, 축제, 의례, 노래, 반주, 변론에서 산문이 발생하는, 특정한 논리 속에서 발생할 수밖에 없는 필연성에 매우 충실하십니다. 그렇기 때문에 후루이 요시키치는 본질적인 작가고, 후루이 씨 작품은 소설이 아닐 정도로 소설이고, 운문이 돼버릴 정도로 산문입니다.

문학은 모르는 것에 대한 '기시감'이다

사사키 '법정 변론'을 산문의 기원으로 꼽았는데요, 후루이 씨의 경우 '해명'은 하고 계시다고 생각합니다. 버릇없다는 비난을 각오하고 또 한번 솔직하게 여쭙습니다만 '탄핵'은 하고 계시는지요? 때때로 저는 그 무엇을 향한 말 없는 분노를 느낍니다만.

후루이 결국 이렇게 사회적으로 살아온 지금의 생활, 지금의 자신들에 대한 탄핵이 있는 것 같습니다. 이는 어쩔 수 없는 일이라고 생각하지만, 지금 사회는 지옥을 향해 미끄러져 가고 있는 게 아닌가 싶은, 저도 모르게 구약 성서의 예언자처럼 감정에 휘말릴 때가 있어요. 항상 억누르고는 있지만.

어젯밤에 사사키 씨와 이토 세이코 씨가 교대로 쓴 새 소설 『Back 2 Back』(가와데쇼보신샤)을 읽었습니다. 이토 세이코 씨가 쓴 부분 같은데, 쿠알라룸푸르의 작가가 자신이 살고 있는 도시에서 갑자기 길을 잃어, 모르는 곳에 버려진 것 같은 느낌을 받습니다. 교외 쪽을 향해 자전거를 몰고 가는데 갈수록 모르는 풍경이 되어 갑니다. 그 대신 반대편에서 오는 사람들 얼굴이 모두 낯익은 얼굴이 되어갑니다.

이런 기시감. 그럴 리 없다고 생각하는데도 그렇거든요. 제 명쾌함은 이런 기시감, 기지감旣知感과 관계있다고 생각합니다. 알 리가 없는 대상이 잘 아는 것처럼 보이거나, 그 반대로 알고 있던 장소가 전혀 모르는 곳으로 보이는 겁니다. 이를 잘못된 것이라고 느끼기에, 어딘가에 탄핵하는 마음이 숨어 있는지도 모릅니다.

사사키 어떤 잘못인가요?

후루이 명쾌함이란 잘 알고 있다는 느낌에 입각하지 않으면 불가능하잖아요? 그런데 이처럼 있을 리 없는 기시감, 기지감에 입각해서 성립하는 명쾌함, 명석함이 있습니다. 이를 계속 추구하다 보면 미치고 말죠. 분명 어딘가에서 막히게 돼 있습니다. 사람은 무엇을 알고 무엇을 모르는지 자신은 모릅니다. 알고 있다고 믿었는데 모르고 있는 것은 얼마든지 있어요. 그런데 모르고 있다고 믿었는데 실은 알고 있는 것도 있거든요. 이 영역이 제가 글을 쓰는 장소라고 생각합니다. 오이디푸스도 수수께끼가 풀리기 전부터, 아니 처음부터 자신의 죄를 탄핵하는 분위기가 있죠.

사사키 네. 자기 자신과 자신의 무지에 대한 집요한 물고 늘어짐 말씀이시죠? 이는 탄핵에 해당할 겁니다.

후루이 맞습니다.

사사키 자신에게 돌아오는 탄핵이죠. 후루이 씨는 자신의 기지와 무지에 대한 탄핵이라고 말씀하셨지만, 결코 높은 위치에서 아래를 내려다보는 식으로 자신을 탄핵하지는 않으십니다. 우리를 탄핵하는데, 그 '우리' 안에 후루이 씨도 포함되죠. 이 또한 작가 후루이 요시키치가 자신에게 부과한 아름다운 계율로 생각됩니다.

'계율' 자체도 자의다

사사키　작가 후루이 씨의 위대함은 세계 역사에서 산문이 나와야 했던 오명의 근원에 몸을 맞대고 그로부터 멀어지러 하지 않는 데 있다고 봅니다. 번역이기에, 주석이기에, 변론이기에 자의성에 푹 빠져 있으면서도 아슬아슬하게 방종임을 면합니다. 이런 긴장감이 우리를 40년간 매료해왔습니다. 하지만 여기서 하나 더 궁금한 게 있습니다. 잘 표현할 수 있을지 모르겠습니다만 '계율' 또한 자의적입니다.

후루이　궁극적으론 그렇죠.

사사키　초기 장편 3부작 『히지리』, 『집』, 『부모』 중에 『히지리』는 '성스러움'이나 '계율'의 자의성을 쓰신 것으로 보입니다. '계율' 자체가 자의적이라면 어떻게 해야 할까요? '계율'에 대해 쓸 때, 나아가 '계율'을 쓸 때 어떻게 써야 되는지에 관한 '계율'은 없습니다. '계율'을 번역할 때, 주석을 달 때, 그에 준거해서 변론할 때 그 모두가 다음 순간 모래처럼 부서질지도 모릅니다. 또 '계율'이 견고하기에 가능했던 번역, 주석, 변론이 돌연 계율의 자의성을 폭로하는 순간도 있습니다. '계율'의 견고함에서 '계율'의 자의성이 나오는 이 같은 악순환. 이런 장소에서 행하고 있는 악전고투, 이를 형식화해서 말하는 것은 저 같은 애송이도 할 수 있습니다. 하지만 후루이 씨는 실제로 이를 살아오면서 글을 써오지 않으셨습니까? 이에 관해 하나 여쭤보고 싶습니다. 예전에 거친 어투로 "대체 누가 어떤 이야기가 될지 미리 알고 글을 쓴단 말인가?"라고 에세이에 쓰신 적이 있습니다. 어떤 소설이 될지 계획조차 없는 한가운데에서 언어의 계율에 따라, 언어에 달라붙어 쓴다. 나는 "언어의 개"라고 말씀하셨죠? 이런 언어와 '계율'의 관계에 대해 지금은 어떤 생각을 갖고 계십니까?

후루이   '계율' 대신 쓸 만한 말로 '유래謂れ'*가 있습니다. 젊어서 혈기 왕성했을 때 "이건 왜 이래야 돼?"라고 따지면 연장자들이 "그건 다 '유래'가 있어"라고 말하는 거예요. 한데 왜 그런 '유래'가 있냐고 물으면 아무도 대답을 못하거든요. '유래'나 '계율'이란 발생했던 초기에는 어떤 강한 필연에 기인해, 이것 없이는 멸망한다는 절박함 속에 탄생합니다. 여기에는 나름의 리얼리티가 있습니다. 그 '계율' 덕분에 세상은 안정을 이뤘죠. 하지만 시대가 지나면 필연성을 잃게 됩니다. 그런데도 '계율' 자체는 남습니다. 그런 와중에 점점 사회가 커지고 그 기반이 흔들리게 됩니다. 근대가 그렇죠. 문학을 보면 '유래' 속에서 시와 연극이 태어났고, 또 이들의 '유래'와 어떤 필연성이 산문 그리고 소설을 낳

---

* 이와레謂れ는 보통 '이유, 까닭, 내력, 유래' 등으로 번역되나 직역하면 '말해짐, 말해옴'이다.

았습니다. 따라서 18~19세기 소설은 이 '유래'에 입각해 있었습니다. 시詩로부터 벗어나야 하는 이유를 둘러싼 고민이 있었습니다. 예를 들어 19세기 시인과 소설가는 사실 극을 쓰고 싶어 했습니다. 극 중에서도 특히 비극이죠. 도시의 중앙 극장에서 자기 연극이 상연되기를 염원했습니다. 하지만 이 소원은 이뤄지지 않아요. 세상이 변한 것도 이유죠. 또 작가 내부가 변해서 비극을 만들 수 있는 기량을 잃은 것도 한 이유겠고. 하지만 그 '유래'는 제대로 지켰습니다. 제2차 세계대전 이전까지도 그렇지 않았나요? 적어도 전쟁 직전의 1930년대 유럽에는 확실히 존재했습니다. 거기에서 문학이 꽃피었지요. 릴케, 카프카 모두 베를린에 갔던 시기가 있었죠.

하지만 전후의 금융 공학은 무시무시합니다. 대량 생산과 대량 판매 시기까지는 그나마 리얼리티가 있었지만, 지금은 시가時價만 매매하고, 그때그때 이익을 내고 있긴 하나 진짜 수지는 모르는 상황입니다. 가상이 경제를 지탱하는 사회가 됐죠. 그러다 보니 더욱더 '유래'를 알 수 없게 됩니다. 그래서 저는 '유래'에 입각한 시문詩文의 뿌리를 회복하는 일이 무엇보다 중요하다고 생각합니다. 하지만 사사키 씨를 포함해 시문의 '유래'를 찾으려는 젊은 이도 꽤 등장하고 있어요. 산문의 기원 중 하나가 재판이라 해도 재판의 추궁 방향은 바뀌지 않습니까?

지금은 입각할 '유래'가 없다고들 하지만 역시 입각하고 있다고 봅니다. 그렇지 않다면 문장의 뼈대가 사라지죠.

번역과 시제를 통해 생기는 문제

사사키   후루이 씨는 글쓰기의 자의성을 정면에서 바라보는 가운데, 이와 함께 번역, 주석, 변명이라는 산문의 기원에도 입각해 글을 쓰고 계십니다. 또 『가왕생전시문』 집필 때, 본인이 전에 했던 번역을 개역하셨죠? 그때 번역에도 렌쿠連句처럼 연결성이 있고, 말이 반향을 일으키는 방향으로 연결되어가는 감성이 있어서 소설도 그런 식으로 쓴다고 말씀하셨습니다.

    오에 겐자부로 씨와 가진 대담에서도 매우 인상적인 말씀을 하셨죠. 과거의 유럽 소설은 단순 과거로 쓰였다. 그런데 후루이 씨가 일본어로 쓰는 과거에는 아직 완료되지 않은 것이 포함되어 있어 이를 후루이 씨 스스로 강한 말투로 "불결하다"고 표현했습니다. 한편 자신은 단순 과거로 글을 쓸 수 없으며, 단순 과거의 청결함을 얻을 생각도 없다고 말씀하셨죠. 이에 오에 씨가 소설은 원래 과거를 써나가지만 후루이 씨는 현재를 쓰려 하니까 그런 게 아니냐고 대답했습니다.

    그런 번역과 시제時制의 진폭이 있겠죠. 예를 들어 서양어는 마침표가 강해 문장이 거기서 딱 끝을 맺습니다. 때문에 단순 과거로 끝내기, 거기서 끝맺기가 인도=유럽어는 가능합니다. 하지만 일본어의 마침표인 '구점句点'*으로는 멈출 수가 없습니다. 그

---

*   일본어는 문장을 마무리할 때 마침표(.)가 아닌 구점(。)을 찍는다.

릴 만한 이유가 있어 세상에 나오지 않은 한 석학의 대저서를 번역했을 때의 체험인데, 이 차이가 번역자를 곤란하게 합니다. 마침표에서 마침표까지를 구점에서 구점까지 안에 들어가도록 번역하면 의미가 통하질 않아요. 특히 관계사는 굉장히 곤혹스럽습니다. 때로는 관계사를 기준 삼아 주절을 구점 안에 통째로 넣고, 그 뒤에 관계 절을 따로 붙이는 편이 깔끔한 일본어가 됩니다. 그러면서도 이 '깔끔한 일본어'라는 게 의심스러워서 다시 곤혹스러워집니다만. (웃음)

이런 시제 문제와 번역 문제, 일본어와 서양어의 '문장' 문제 그리고 렌쿠 문제는 서로 연결되어 있습니다. 후루이 요시키치라는 작가의 매우 아름답게 굴곡을 이루는 문체가 이와 깊은 관련이 있는 듯싶은데 본인께서는 어떻게 생각하시는지요?

후루이 먼저 저는 블로흐와 무질을 번역했잖아요? 이들의 문장은 애초의 마침표로 돌아가려 했습니다. 애초의 마침표란 한 문장의 호흡, 한 사상, 한 표현의 사이클을 의미하는 것으로, 반드시 근대어의 마침표와 같다고는 할 수 없습니다. 표현이란 그 음성이 높아지다 정점을 지나면 다시 내려옵니다. 이 상승과 하강이 하나의 마침표인 거죠. 그런데 지금은 그렇게 할 수 없으니까 의미로 나눕니다. 원래의 마침표로 돌아가려 하면 길고 긴 문장이 되거든요. 이처럼 애초의 마침표를 회복하기 위해 쓴 글을 일본어로 번역해야 합니다. 이건 불가능하다고 생각하면서도 하다 보니 일본어에도 소위 마침표가 없다는 걸 깨달았습니다. 그 후에 애초의 마침표가 갖고 있는 호흡을 고려하면서 번역을 하니까 부드럽게 이어졌습니다.

또 하나, 렌쿠의 경우엔 읽는 내용과 어조 모두 딱 맞아야 합니다. 그렇지 않으면 뒤에 이어가기가 어려워집니다. 어디까지나 타자에게 보내야 하니까요. 또 자기 혼자 쓸 때도 자신이 쓴 것에 자기가 더해가는 작업을 해야 합니다. 이때는 타자에게 보내는 것이기 때문에 한정해선 안 됩니다. 특히 단락에서 어떤 전개가 필요할 때 이게 필요합니다. 소설의 전개는 렌쿠 제작과 닮아 있어요. 그때까지 써왔던 것을 타자화해야 거기에서 한 단계 도약할 수 있습니다. 어떻게 이런 식으로 이어갈 수 있는지 저 스스로 신기할 때가 있어요.

하지만 단순 과거를 사용하지 않으면 독자로서는 매우 번거롭습니다. 때문에 단순 과거의 안정감이 있으면서 멈추지 않는 글쓰기 수법이 있을 거라 생각해요. 지금까지는 이게 잘된 부분도 있고, 잘 안 된 부분도 있습니다.

문학도 원래는 음성입니다. 시문은 더더욱 그렇죠. 필연적으로 의미를 우선시하게 되면서 산문, 특히 소설이 태어났다고 생각합니다. 하지만 시문의 어조는 문학뿐 아니라 세상 일반에 스며들어 있습니다. 세상 사람들의 어조가 지금까지의 시문과 관계가 없냐 하면 그렇지 않거든요. 따라서 복잡한 문장을 독해하는 요령은 그 어조에 따르는 데 있습니다. 음성에 따르는 거죠. 번역을 해보면 알 수 있습니다. 도무지 알 수 없는 문장도 소리 내서 읽으면 알게 되는 경우가 있어요. 최근 소설을 보면 바탕이 되는 시문이 동요하고 있어서 곤란을 겪고 있습니다. 과연 부활할 수 있을지 고민하다 보면 비관에 빠질지도 모릅니다. 하지만 세상 사람들의 어조라는 게 있거든요. 여기에 시문이 잠재해 있습니다. 따라서 머지않아 다시 한번 세상이 문학을 필요로 할 때가 오지 않을까요? 그때 어떤 어조로 말하고 쓸 것인가. 소세키漱石와 오가이鷗外 같은 메이지明治 시대 작가들이 왜 그토록 세상의 관심을 받았냐면―물론 문학 애호가들이 중심이긴 했지만―어떻게 쓰고 어떻게 말하면 좋을지 힌트를 얻기 위해서라고 합니다. 당시는 막 구어가 시작된 시대였으니까요. 제가 젊었을 때 노인분들이 쓰던 문장은 어딘지 모르게 소세키스러운 면이 있었습니다. (웃음) 별로 쓰고 싶은 말은 아니지만, 이런 대중과의 연계성, 그런 통속도 실은 중요하거든요.

그럴 때 사사키 씨의 읽기 불편한 소설도(웃음) 독자로 하여금 어떤 어조를 불러일으키는가에 주목할 필요가 있습니다. 공명共鳴하고 싶다는 욕구를 취사선택하는 소설이죠.

사사키 한없이 '존재의 해명'을 펼치고 싶습니다만 오늘은 후루이 씨의 이야기를 듣는 날이기 때문에 참겠습니다. (웃음) 지금 렌쿠를 예로 들어 언어에 있어 음성과 어조의 문제 그리고 이를 통해 타자에게 언어를 보내는 행위에 대해 논하셨습니다. 이야기가 모두 이어져 있는 것 같아요. 산문의 세 가지 기원도 '계율'이 타자를 향해, 작은 마을의 관계에서 더 넓은 사회와 세계로 뻗어가려는 운동과 밀접하게 연관되어 있으니까요. 즉 언어가 타자에게 맡겨지는 것 자체와. 그런데 '통속'을 버리지 않고 문장을 써온 분이 왜 '내향의 세대'로 불려야 했을까요? 이제 와서 보면 미스터리가 아닐 수 없습니다. (웃음)

　시문, 운韻, 언어의 문제는 '어떻게 말하면 되는가? 어떤 리듬으로 말하면 되는가?'라는 물음이 되어 사람들의 일상생활 속에 뿌리박혀 있습니다. 예를 들어 국회 답변을 보고 있노라면 '이 사람은 어조를 잃어버렸을 뿐, 하고 싶은 말이 따로 있는 게 아닐까' 하는 의문이 생길 때가 있습니다. 이런 시대에 매우 큰 의미의 문학을, 후루이 씨는 감행하고 계십니다. 그 누구보다 열려 있는 작가라는 것이죠. '외부'나 '타자'라는 말이 어느새 고풍스러운 말이 되고 말았습니다만 그렇다고 해서 자기 안에 갇혀서*는 안 됩니다. 모국어와, 그리고 외국어와 치열한 마찰을 거치지 않고 문학이 가능했던 예는 없습니다. 그런 '다른 것'과의 관계에 대한 말씀을 듣게 되어 기쁩니다.

후루이　문학은 스스로 닫아놓을 수 없습니다. 말이란 자기 것이 아니니까요. 말 자체가 열려 있기 때문에 자폐는 있을 수 없습니다.

---

*　원문은 '자폐自閉'다. '자폐'를 문맥에 따라 '자기 안에 갇히다', '자신을 닫다', '자폐' 등으로 달리 번역했다.

소설 속에 흐르는 시간

사사키 후루이 씨는 전쟁 때 불탄 폐허에서 비현실감을 느꼈다고 쓰셨습니다. 하지만 그 후에 마치 나무가 성장하듯 빌딩이 세워집니다. 이처럼 재건되는 모습에서도 비현실감을 느끼셨죠. 재건된 빌딩이 불타면 현실감을 느끼지 않을까, 라고도. 하지만 불타면 비현실감을 느끼지 않을까요? 다름 아닌 우리가 지금 이 '비현실'을 일상으로 살고 있다는 생각이 듭니다만.

후루이 파멸, 소멸, 파괴를 담고 있지 않은 존재는 비현실적입니다. 지금 존재하는 것도 파멸, 소멸을 내포하고 있잖아요? 이런 내포를 느꼈을 때 비로소 현실성을 느끼는 거죠. 폐허도 나중에 재건된 모습에 비해 더 현실감이 있었습니다.

사사키 글을 쓸 때는 불가피하게 언어라는 현실과 부딪힙니다. 말이 존재한다는 절박한 현실에 대해선 어떻게 생각하십니까?

후루이 말이 있고, 현실이 있다고 여기지 않는다면 이 일은 불가능하겠죠. 그래서 쓰는 동안에는 쓰고 있는 자신보다 말을 더 현실로 느낍니다. 말을 따라가는 것 외에 달리 방법이 없을 때가 있잖아요? 언어는 터무니없는 생명을 갖고 있습니다. 자신은 생각해본 적도 없는, 도저히 따라갈 수 없는 생명. 말이란 '계율'에 대한 의식이자 축제입니다. '계율'을 전면적으로 격렬하게 부정하는 것도 의식 중 하나거든요.

사사키 지당한 말씀이십니다.

후루이　글 쓰는 것과 무관한 사람은 본말이 전도됐다고 생각하겠지만 적어도 글을 쓰고 있는 동안에는 말이 현실이고, 저는 말에 이끌려 쓰고 있을 뿐이라고 느낍니다. 한마디로 언어에 있어 저는 덜떨어진 제자인 거죠. 전시戰時의 조야한 라디오 같은 것이어서 금방 안 들리게 됩니다. 바로 목소리가 찢어집니다. 그래도 말에 이끌리는 때가 있거든요. 그건 일종의 황홀감인데, '대체 나는 누구일까?' 하고 두려워지기도 하죠. 하지만 이게 없으면 30장짜리 소설도 쓸 수 없습니다. 내 안에서만 짜내서는 도저히 불가능하죠.

사사키　'어디로 이끌려가는 거지?'라고 생각하는 동안 갑자기 자신이 누구인지조차 모르게 되고 마는……

후루이　맞아요. 그때는 30장도 장편처럼 느껴집니다. 그런 시간 속에서 쓰는 거죠. 언젠가 옛 시를 읽다가, 읊는 사람에게 이것은 길게 느껴졌을 거라는 생각이 들었어요. 장대한 시간 속을 왔다 갔다 하다 겨우 말이 나옵니다. 그 시의 31문자는 꽤 길다고 느꼈습니다.

사사키　말에 이끌려 저절로 나오게 되는, 그것을 기다리는 만큼의 길이겠죠. ……후루이 씨가 최근 대담에서 저보다 젊었을 때 썼던 에세이랑 똑같은, 흥미로운 말씀을 하고 계십니다. 가공의 이름을 붙여 인물을 내놓는 것이 고되다. 고되다고 할까, 창피하고 피곤하다.

후루이　인물을 하나 내놓을 때마다 그만큼 야윕니다. 마치 살이 깎이기라도 하듯.

사사키   지금 소설을 하나 쓰고 있습니다. 고유 명사 없이 쓰려고 했는데 돌연 '아키코晣子'라는 여자애가 나와버려 어찌할 바를 모르겠습니다. 이게 참 창피하더라고요. 머리를 쥐어짜게 됩니다. '얘를 어떻게 하지? 얘는 대체 누구야……' 하고.

후루이   하지만 나와버린 이상 어쩔 수 없죠. 사람을 만나는 일과 같아 이쪽에서 선택한 게 아니거든요. '하아' 하고 한숨을 쉴밖에요. "또 하나 인물을 내놔야 한단 말이야?" "시끄러우니까 저리 꺼져." 이렇게. 하지만 생기가 돌죠, 새로 나오는 편이.

사사키   네. 퇴장시키려 했는데 갑자기 여자 목소리가 들려와요. "아키코가 누구야?" 하고 망연자실해 며칠 동안 멈춰 있었습니다. 그 창피함, 고단함은 뭘까요?

후루이   옛날 사람들은 인물을 내놓는 데 능숙했어요. 바깥에 길을 지나는 여자애 목소리로 그 인생을 상상케 한다고나 할까요. 인물을 어디서 등장시킬지, 특히 단편에선 어렵죠. 때때로 명작이라 불리는 작품에도 늦게 등장한 인물이 있죠? (웃음) 극은 처음부터 인물이 정해져 있습니다만 그처럼 생각대로 되지 않는 게 소설입니다.

사사키   후루이 씨 작품의 경우, 깊은 곳까지 이야기가 전개된 후에 갑자기 고유 명사가 나타나 전율을 느끼는 순간이 있습니다. 그야말로 완벽한 타이밍에 등장해요. 항상 막힘 없이 진행되는 것처럼 보여서 머뭇거림 따위는 한순간도 없게 느껴집니다만.

후루이 꽤 주저하는데요? (웃음) '오늘은 여기까지 하고 그만둘까'라고 생각할 때도 있고요. 이름 붙이는 게 어려워요. 서양인의 이름은 대체로 세례명과 그 근방이라 편하겠다 싶어서 부러워요.

사사키 이름이 적으니까요. 제 글에 나온 이름이 하필이면 아키코인 겁니다. 요코랑 정반대잖아요. 약삭빠르고, 후루이 씨에게 매우 큰 실례인 것 같아 정말 싫거든요. 하지만 한번 나오면 의외로 뻔뻔스레 떡하니 자리 잡고 있어서 곤란합니다. (웃음)

후루이 소설이란 그렇게 갑자기 인물이 나오는 법이죠. 꿈속에 불필요한 인물이 등장하잖아요? '앞뒤랑 관계가 없는 것 같은데' 하는 생각이 들지만, 그래도 등장합니다.

사사키 유령 같네요. (웃음)

후루이 아무 계기 없이 등장하는 경우가 있어요. 연극이나 조루리淨瑠璃*에선 전혀 관련 없는 장면에서 요시쓰네義經가 등장하죠. "딱히 용건이 있는 것은 아니지만" 하고. (웃음)

사사키 "딱히 용건이 있는 것은 아니지만" 등장하는 거군요, 인물이란 게. (웃음)

후루이 증식하거든요. '여기서 인물이 하나 나오면 원고 매수가 늘어나는데' 하고 낙담할 때도 있잖아요? (웃음) 거기서 다시 써나가야 합니다.

---

*   일본의 전통 인형극.

비상시의 말

사사키 최근의 문제에 대해 여쭤볼까 합니다. 요즘 대지진에 관한 말들이 많습니다. 길게 봐야 할 문제여서 식상할 여유는 없을 텐데, 다들 대지진에 대해 너무 많은 얘기를 하는 바람에 지겨워하는 분위기입니다. '반원전이라는 사고방식'이 아니라 '반원전이라는 말'에, 즉 레터르가 식상해져 생리적으로 거부 반응을 보이고 있습니다. 이건 50년, 백 년, 만 년 단위로 고민해야 할 문제인데도 말입니다. 그래서 「둥글게 둘러선 여자들」(1970년) 때부터 공습 체험을 써오신 후루이 씨의 의견을 여쭙고 싶습니다.

후루이 저는 이번 대지진을 공습 경험에 비추어보고 있습니다. 그때 사람들은 과묵했어요. 공습이나 재난에 대한 얘기를 해도 일상적인 내용, 배급이 어쩌니, 어디가 타지 않고 남아 있다느니, 그런 내용을 가벼운 어조로 나누었습니다. 하지만 지금에 비하면 꽤 과묵했지요. 말로 표현할 방법이 없었으니까. 저는 어려서 전쟁터에 가지는 않았지만, 전후 10년쯤 되면 전쟁터에 있었던 아저씨들과 같은 직장에 있게 됩니다. 이 사람들 입이 얼마나 무겁던지. 후루야마 고마오古山高麗雄 씨나 야마모토 시치헤山本七平 씨도 그런데, 전쟁 체험을 말하기 시작한 것은 1970년대입니다. 각자 자기 안에 단층이 있을 겁니다. 이 단층이 어떤 어긋남을 만들어냈음을 저 스스로 느끼곤 합니다만 이를 말로 표현하기가 좀처럼 힘듭니다. 저는 기껏해야 공습 경험에 비추어 그 차이를 말하고 있을 뿐이죠. 다만 어리긴 했어도 전쟁 때, 한순간에 일상이 파괴되고 단층이 생기는 체험을 함으로써 통찰이 가능했다고 생각합니다.

위기에 처하면 그 감응 범위를 넘기 때문에 청력이 제대로 기능하지 않습니다. 그 상태에서 광경을 보면 박력만 전해지고, 비현실로 느껴집니다. 이번 대지진 때, 재해 지역 소방대원 중에 쓰나미의 수마에서 가까스로 벗어난 사람이 비슷한 얘기를 하더군요. 그 사람은 주변의 비명이 안 들렸다는 거예요. 이런 '지경'을 얘기할 수 있는 사람은 이제 별로 없습니다. 그런 체험을 한 많은 사람이 저세상으로 갔으니까요. 사람은 보호막 안에 살고 있는 것과 진배없고, 이 보호막은 언제 부서질지 모릅니다. 보호막이 부서지면 하나도 남지 않아요. 따라서 인간의 감각에만 의지하는 것은 한계가 있습니다.

사사키 지금도 말의 공백을 채우려고, 이런저런 말들을 대량으로 쌓아 공백을 없애려고 안간힘을 쓰는 것처럼 보입니다. 그 초조함은 이해할 수 있습니다만 원래 그 단층을 말로 할 수는 없을진대…….

후루이 우리 안에서 일어나고 있는 사태는 구체적이고 근본적인 그 무엇입니다. 이걸 말로 끄집어내기는 어렵죠. '일상이란 무엇인가'라든지 '왜 인간은 미치지 않고 계속 제정신을 유지할 수 있을까'라든지. 하지만 서서히 영향을 끼치게 됩니다.

사사키 후루이 씨 말씀처럼 언어는 좀 더 시간이 걸리죠.

후루이 네. 시간이 걸립니다.

사사키　후루이 씨는 천재지변이나 재난에 대해 놀라운 통찰이
랄까 감각이랄까, 예언이라고까지 말하고 싶진 않습니다만 일종
의 그런 요소를 갖고 계십니다.

후루이　일본이든 독일이든 마찬가지였다고 하는데요, 전쟁의
대공습 직후에 사람들은 말을 많이 하게 됐답니다. 베를린의 폐허
속에서도 사람들은 왁자지껄했대요. 괴벨스가 잎담배를 물고 나
오면 사람들이 우르르 몰려나와 허물없이 괴벨스 이름을 불렀어
요. 담배를 돌려 피우면서 말이죠. 그런 왁자지껄과 요설은 피할
수 없습니다. 한편 우울에도 빠지죠. 이런 일을 겪으면 먼 곳에 있
는 사람도 크든 작든 조울증에 걸리기 마련입니다.

사사키　그 고양과 침울의 사이클 자체는 어쩔 수 없겠죠. 히로
시마와 나가사키의 예가 있음에도 그것을 후쿠시마에 도입한 것
은 우리 자신이니까요. 우리가 투표로 뽑은 대표가 그런 것이니
우리의 문제입니다.

후루이　우리가 영위해온 생활이 낳은 결과 중 하나인 거죠.

앞으로 무엇을 쓸 것인가

사사키　후루이 씨가 후카가와深川에서 겪은 도쿄 대공습의 원
형은 나치의 게르니카 폭격과 1938년 96식 육상 공격기로 일본군
이 행한 충칭重慶 폭격입니다. 그전에 난징南京도 폭격했지요. 역사

의 아이러니라 해야 할까요? 물론 독일과 일본은 미국만큼 체계적으로, 그리고 기계적으로 하지는 않았습니다만.

후루이 본질적으로 다릅니다. 독일과 일본의 폭격은 근대적입니다. 하지만 미국의 폭격은 초근대죠. 초기술주의, 초방법론주의 말입니다. 체계적이고 정연한 폭격이었습니다. 그건 전쟁이라 부르기도 힘들죠.

사사키 군사 역사가들 사이에 다양한 의견이 있는데, 전략 폭격을 처음으로 구상한 것은 미드웨이 해전 때 전사한 사람이라고 합니다. 그 구상이 충칭 폭격을 낳았죠. 이 아이디어가 더욱 철저해져서, 양이 질로 전환된 형태로 되돌아오고 말았습니다. 일본인은 여기에 가담한 것이죠. 공습 때도, 이번 후쿠시마 때도. 당연히 그렇다고 해서 이 때문에 누군가에게 곧바로 면죄부가 주어지는 것은 아니죠.

후루이 섬멸을 추구하던 그 당시 군사 기술이 전후 세계의 경제 성장으로 이어졌습니다. 자동화, 시장주의도 여기에 속하죠. 융단 폭격 하듯 싹 쓸어버리는 게 시장의 관점에서는 효율성이 높거든요. 선택의 여지를 없애는 겁니다. 당하는 쪽은 싸우느냐 아니면 도망치느냐를 선택할 여지도 없어요. 이런 식으로 급속한 경제 성장을 이룬 결과가 지금에 이른 겁니다. 문명 기술이 그 본성을 드러낸 거죠.

사사키 나치든 연합국이든, 현재 신자유주의라 불리는 것까지 포함해서 모든 경제 정책의 원형이 전쟁 때 나왔습니다. 그것이 전면적으로 전개된 결과가 지금과 같은 상태를 가져왔다면 이는 무엇을 뜻하는 것일까요?

후루이　　컴퓨터의 출발도 전쟁입니다. 나중에 나온 것만큼 정밀하진 않았지만 열선을 추적하는 초보적인 유도탄도 미국에 있었다고 해요.

사사키　　2009년 시마다 마사히코島田雅彦 씨와 대담했을 때, 후루이 씨는 오싹해지는 말씀을 하셨습니다. 매우 냉정하게 "핵 발전은 해무기의 바탕이다. 이를 관리하기 위해서는 국가보다 더 높은 기관이 필요하다. 하지만 그때는 더 철저하게 인간에 대한 관리가 이뤄졌을 것이다"라고. 또 2008년에 가졌던 열한 명의 대좌담회 때도 ― 낭독하겠습니다 ― "어떤 일이 일어날지 모릅니다. 내일이라도 대지진이 일어날지 모릅니다. 세계 공황이 일어날지도 모릅니다. 그때 사람이 어떤 형태로 문학 혹은 소설을 추구할지 예측할 수 없죠. 이런 이변 속에서 근본적인 그 무엇에 빠지게 되는 경우가 종종 있습니다. 이에 대비해 몸의 체력과 글의 체력을 모아두고 싶습니다." 이 부분만 해도 이미 놀라운데요, 그 뒤를 읽어보겠습니다. 사회를 보던 다카하시 겐이치로 씨가 "지금까지 훌륭한 작품을 써오셨는데, 앞으로 어떻게 하실 거냐"고 질문하자 "지금까지의 방식이 언제까지 통할지는 잘 모르겠네요"라고 답하셨습니다. 왜냐고 묻자 "곧 수명을 다할 테니까요. 이미 4코너를 돌았고 직선은 짧으니까. 변경은 불가능합니다"라고 답하십니다. "이제 골만 남은 건지요?"라는 다카하시 씨의 이어진 질문에 후루이 씨는 "다만 천재지변이 일어나면 어떤 것을 쓰게 될지 모릅니다. 이것만은 각오하고 있습니다. 죽으면 되지만" 하고 말씀하셨습니다.

여기서 이야기가 이어지죠. 후루이 요시키치라는 작가는 예전에 '후루이 요시키치 작품'이라는 작품집을 내놓으면서 초기 후루이 요시키치와 이후의 후루이 요시키치를 나누는, 『산조부』라는 결정적으로 특이한 소설을 집필했습니다. 이 특이성은 너무나 분명해서 후루이 씨로서는 드물게도, 이 시기에 묘하게 모순된 말씀을 하고 계십니다. "픽션은 피곤함을 느끼기" 때문에 "에세이"에서 "붓이 고양되는 기분"이라고 말씀하시는 한편으로, "『산조부』를 쓰고 나서야 겨우 소설가로 행세할 수 있다는 생각이 들었다"고도 말씀하셨습니다. 또 "이에 비해 『가왕생전시문』은 에세이에 가깝게 쓰고 싶었다"고도 말하고 계셔서, 본인 스스로 어떻게 위치지어야 할지 확신하지 못하고 계십니다.

여기서 질문을 드리고 싶습니다. 지난번에 작품집을 내시고 비약을 하셨는데, 이번에 '후루이 요시키치 자선 작품'을 내셨습니다. 그리고 천재지변이 일어났습니다. 물론 돌아가시지도 않으셨죠. 앞으로 어떤 작품을 쓰시게 될까요?

후루이 『산조부』의 글쓰기 방식을 그 후 봉인했어요. 이 봉인을 다시 풀어야 할지 말지. 결국은 이거죠. 하지만 골은 가까워도 무한 접근이니까요. 도달은 불가능하거든요.

사사키 아마 그다음이 있지 않을까 싶습니다. 이번 자선 작품은 이를 위한 정리 작업이라는 생각이 듭니다. 제4코너를 돌아 직선에서 천재지변이 일어났고요.

후루이　골이 더욱더 멀어지는 거죠.

사사키　최근작을 보면 『야천野川』(2004년) 부근부터 나타나 『매미 소리』(2011년)에 수록된 「아이의 행방」 마지막에 결정적이 된 모티프가 있죠? 이게 다음 징후가 아닐까 생각됩니다. 공습을 당해 "리어카 뒤에 태워져 끌려가는 아이 모습이 보인다"처럼 방관자적인, 이인증離人症적인 태도로 묘사하고 있는데 이는 후루이 씨 본인이죠? 후루이 씨의 자전적인 공습 얘기가 있고, 그 후 "지금은 가장 나이 많은 손자가 이미 패전 때 내 나이가 되었다"라고 이어지는데…… 이 부분은 그대로 읽겠습니다. 무례함을 용서 바랍니다.

"어릴 적 나와 달리 활달한 아이다. 이 손자가 태어난 지 반년쯤 됐을 때 애 엄마랑 함께 내 집에 왔었다. 애를 재우고 엄마가 근처에 장을 보러 나간 뒤에 바로 잠에서 깨어 계속 우는지라, 할 수 없이 내가 안아 잠들 듯하다 다시 우는 것을 추스르며, 엄마가 돌아올 때까지 집 안을 돌아다닌 적이 있었다. 우는 아이가 좀처럼 울음을 그치지 않으면 점점 가엾게 느껴지는 법이다. 구체적인 이유가 있는 것은 아니다. 태어난 것 자체에—앞으로 무슨 일이 일어나 어떤 무서운 경험을 하게 될지 모른다는 생각에 이르면 작은 몸의 따스함과 함께—측은함이 느껴진다.

'언젠가 또 만나겠지' 하고 그때부터, 해 질 무렵 리어카에 실려간 아이에 대해—지금은 어두운 흙을 조용히 밟는 발소리만 들려올 뿐이지만—뒤돌아보게 되었다. 어쨌든 무사했던 아이한테 언제까지 집착할 것인지, 무슨 후회가 남았는지 의아하게 생각하며 나이를 먹어왔지만 이 나이가 되니 혼자가 되어 떠난 아이를 언제까지 내버려둘 순 없다는 생각도 들었다. 기억은 점점 목소리와 소리가 희미해져, 멋대로 선명한 모습으로 멀어져가고 그 대신, 조용한 새벽 살며시 귀에 달라붙어 정적을 더욱 깊게 하는 나뭇잎 한 장 한 장의 바스락거림 속에서 절박할 대로 절박한 징조처럼 들려올 때가 있다. 이 소리가 천지를 가득 채우고 몸속까지 가득 채웠을 때, 옆에 아이가 있는가?

묵묵히 손을 끌어줘야 한다. 거기서부터는 외길이 시작되어 손을 끌어 그 끝까지 데려간다."

자신이기도 하고, 자신의 아이기도 하고, 자신의 손자기도 하고, 어쩌면 자신의 부모일지도 모르는 이 손을 잡아 끝까지 가는 겁니다. 아버지는 아이고, 아이는 아버지입니다. 아이는 언젠가 아버지가 되지만 아버지는 아이였다는 이 순환을, 손을 잡은 채 끝까지 데리고 가죠. 최악의 장소에서 다시 도래할 최악의 장소까지.

후루이 즉 행방불명된 자신이죠. 대체로 그런 마음으로 써왔고, 지금도 여전히 그렇습니다. 손을 잡아끌면서 돌봐줘야 합니다. (웃음) 하지만 의외로 잡아끄는 쪽보다 손을 잡힌 채 끌리는 아이가 주변을 잘 보고 있을지도 모르죠.

사사키 또 끝까지 우리를 데려다 주시면 좋겠습니다. 그게 후루이 씨를 존경하는 작가들이, 그리고 누구보다 후루이 요시키치라는 작가의 독자들이 원하는 바일 겁니다. 손을 잡고 끌어줬으면 좋겠다는 안이하고 의존적인 마음을 갖고 있는 것은 아니지만 따라가다 보면 끝이 보일 테고 그곳은 아마 낙천의 땅이라고 생각합니다.

후루이 이재민 중에는 지금 어느 누구보다 세상이 잘 보이는 사람이 있을 거예요.

사사키 있겠죠. 아직은 말로 표현이 안 될 뿐이지만 말입니다.

후루이 저한테도 조금은 감염될까요? 세상이 보인다는 건 대단한 일입니다. 무서운 일이죠. 뒤돌아 쓰나미가 덮쳐오는 것을 본 인간이 있어요. 뒤돌아보다니.

 '인간이란 얼마나 가여운 동물인가'하고 느꼈을 겁니다. 못 걷게 되고 맙니다. 주저앉는 바람에. 동물한테는 그런 일이 없을 겁니다. 직립 동물은 직립이기 때문에 연약합니다.

사사키 하지만 그 연약함으로 손이 자유로워졌고 글을 쓸 수 있게 되었습니다. 한 바퀴 정도 뒤처진 말(馬)이나 하는 말이지만, 또 골이 멀어졌으니까요. 훨씬 앞서 달리고 있는 준마의 갈기를, 뒷모습을 앞으로도 보여주실 거라고 생각합니다.

『분게이』, 2012년 여름호, 가와데쇼보신샤

"모르겠다"는 말을
이처럼 정면에서 듣기는 처음입니다

|
대담
아이자와 사요
사사키 아타루

'아이치 현'은 '철학현'이라는 의미였다

아이자와 철학자를 모시고 이런 말씀 드리긴 죄송하지만 제게 '철학'은 굉장히 가까이하기 어려운 이미지가 있어요. 책 같은 데에 "고대 그리스에서 시작된 모든 학문의 기원"이라고 쓰여 있어도 어려워서 무슨 말인지 모르겠어요.

사사키 '모르겠다'는 말을 이처럼 정면에서 적나라하게 듣기는 처음이네요. (웃음) 하지만 이는 매우 좋은 일입니다. 철학자 소크라테스는 아는 척할 뿐인 사람에게 "나는 잘 모르겠으니까 설명 좀 해줘" 하고 무지를 연출한 뒤 그 사람의 모순을 폭로함으로써 진리를 추구했거든요.

아이자와 와, 칭찬받았어요. (웃음)

사사키 하하. (웃음) 철학은 영어로 '필로소피'라고 하죠? 이 '필로'는 그리스어로 '사랑', 정확히 말하면 '우정'을 뜻합니다. '소피아'는 '지혜'라는 뜻이니까 철학은 '어떻게 하면 지혜의 친구가 될 수 있는가'를 생각하는 거죠. 여담이지만 '아이치愛知 현'*은 '철학 현'이라는 뜻이 됩니다.

아이자와   그래요?

사사키   결과적으로 그렇게 된 거죠. 원래는 '아유치'라는 옛 지명에서 유래한 겁니다. 자, 반대로 제가 질문하겠습니다. '철학자'라는 말을 들으면 아이자와 사요相澤紗世 씨는 어떤 이미지가 떠오르나요?

아이자와   음…… 부스스한 머리에, 흰옷 입고 구시렁구시렁 말하고 있는 느낌일까요?

사사키   예? 흰옷이라고요? (웃음)

아이자와   왠지 과학자 분위기가 나잖아요.

사사키   지금 매우 날카로운 말씀을 하셨어요. 핑크 재킷을 입고, 머리는 빡빡 민 데다 헌팅캡을 쓰고 있는 사람은 의심할 여지 없이 철학자가 아닌 거죠. (웃음) 그럼 철학자와 종교인은 뭐가 다르다고 생각하세요? 이 세상의 진리를 추구한다는 의미에서 보면 스님이나 신부님도 철학자와 매우 비슷한데.

아이자와   입고 있는 옷이 달라요. (웃음)

사사키   계속해서 옷에 집착하시는군요. (웃음) 하지만 실은 정

---

*   일본 주부中部 지방의 태평양 연안에 위치한 지역. 일본에서 세 번째로 큰 도시인 나고야名古屋가 있다.

답입니다. 즉 스님이나 신부님은 이런 옷을 입고, 이런 음식을 먹고, 이런 수행을 하고…… 하는 식으로 일정한 라이프스타일을 갖고 있습니다. 삶을 정형에 끼워 맞춤으로써 진리에 도달하려 하죠. 하지만 철학자는 그렇지 않습니다. 그 사람의 살아가는 방식과 상관없이 지식이나 이성적인 인식으로 진리에 도달하는 것이 철학자죠. 근대부터 그렇게 됐습니다. 하지만 사실 고대 그리스에서 철학은 그 사람의 라이프스타일과 밀접한 관계가 있었어요.

아이자와   그래요?

사사키   소크라테스를 칭찬하는 말 중에 "저 황금처럼 빛나는 몸"이라는 게 있을 정도로요. 다들 신체 단련을 매우 좋아했으며, 무엇을 입고 무엇을 먹고, 자신을 어떻게 단련시킬 것인가, 여기까지를 포함해서 철학이었죠. 그것이 고대 철학의 원동력이었습니다. 따라서 옛날 철학자들은 모두 캐릭터가 분명했어요. (웃음) 한데 근대가 되면서 그런 것과 분리되어, 철학은 '학문'이 되고 말았죠. 이 때문에 잃은 것이 크다고 저는 생각해요.

'더 잘 살기 위해서는?'을 생각하는 것이 철학의 기본

아이자와   예를 들면 어떤 것을 잃었나요?

사사키   '삶'이라는 문제에서 분리되었습니다. 실제로는 '삶'의 시행착오를 통해 '이 세상은 어떠해야 하는가', '더 좋은 삶을 위해서는 어떻게 살아야 하는가'에 대해 사유하는 것이 철학이라고 생각하는데, 이게 단순한 '공부'가 되고 말았어요. 그래서 아이자와 씨가 말한 것처럼 '스타일이 없고, 겉모습에 개의치 않으면서 거들먹거리는 태도로 어려운 말을 하는 사람'이라는 이미지가 생기고 말았죠. (웃음)

아이자와 그렇군요.

사사키 따라서 『바일라 BAILA』 같은 패션 잡지는 '뭘 입으면 되나', '뭘 먹으면 되나', '어떤 방식으로 살아가면 되나' 이런 질문을 던지는데, 신체적 수준이나 생활 수준에서 자신을 바꾸는 것, 자신을 높이자는 것은 사실 근본적으로 철학과 동떨어져 있지 않습니다.

아이자와 그렇구나~. 사실 철학은 친근한 학문이군요! 그럼 패션지는 어떤 의미에서 현대의 철학서?

사사키 안타깝게도 꼭 그렇지는 않습니다. 남성지도 마찬가지인데, 패션지는 '더 잘 살기' 위한 제안을 할 뿐 아니라 "이걸 사야 해" 하고, 물건을 권하는 카탈로그기도 하잖아요. 즐기는 정도라면 괜찮지만 "이게 없으면 행복할 수 없어"라는 새로운 고통, 초조함, 강박 관념을 낳을 수도 있어요. 이 점은 조심해야 합니다.

'굽힐 수 없는 것'이 있는 사람은 존재가 빛난다

아이자와 최근에는 불황에다 동일본 대지진 때문에 세상이 불안정하잖아요? 『바일라』의 독자도 '왠지 불안'한 사람이 많은데 불안을 해소하는 방법이 있을까요?

사사키 우선 '안정을 바라는' 마음이 있기 때문에 힘든 겁니다. 최근 1년 동안 다들 느끼고 있다고 생각하는데요, 이 세상에 안정이란 없습니다. 좀 더 말하자면 "노력하면 안정된 생활을 손에 넣을 수 있습니다"라든지 "최선을 다하면 성공합니다"라는 말은 거짓입니다. 근대 최대의 철학자 칸트도 이렇게 말하고 있어요. "행복해지려고 해선 안 된다. 사람은 행복할 값어치가 있는 인간이 되기 위해 노력할 수 있을 뿐이다." 그럼 아무것도 안 해도 되냐면 그렇지 않습니다. 설사 자기에게 불리하더라도, 자기 삶이 힘들어지더라도 이루어야 할 정의가 있습니다.

아이자와 하지만 그건 매우 힘든 일이잖아요?

사사키 네. 원전 사고를 통해서도 알 수 있듯이 자신의 이익을 위해 얼마든지 정의를 굽히는 사람은 많습니다. 하지만 아무리 불안한 세상이라 해도 맨 마지막 순간에 '이것만큼은 절대 굽힐 수 없어, 굽히지 않겠어'라는 마음을 잃지 않았으면 해요. 그런 사람은 빛나죠. '이것만큼은 결코 양보 못해' 하는 마음을 지닌 사람은 어디서든 빛이 납니다.

아이자와 그걸 배울 방법이 있을까요? 즉 '굽히지 않는 나'가 되기 위해서 해야 할 일, 배워야 할 일은 구체적으로 무엇인가요?

사사키 정해진 방법은 없습니다. 각자가 스스로 정해야 합니다. 다만 누군가로부터 받거나, 사거나, 과자 서비스처럼 공짜로 따라오는 것이 아닙니다. 하루하루 생활의 단련 속에서만 배울 수 있다고 생각해요. 아침에 일어나서 잠자리에 들 때까지 자신이 무엇을 어떻게 선택하며 살아가고 있는가? 이를 똑바로 받아들이면서 살아가야 합니다.

아이자와 그렇군요. 지금까지 철학은 자신과 동떨어진 것이라고 생각했는데, 오늘 말씀 듣고 매우 흥미를 느꼈습니다. 사사키 씨 책 더 읽고 공부해볼게요!

구성: 사토 유미佐藤裕美

『바일라』, 2012년 6월호, 슈에이샤

희망 없는 희망으로서의 소설을 위해
─『BACK 2 BACK』 간행에 기해

I
좌담
이토 세이코
진노 도시후미
우카와 나오히로
사사키 아타루

『BACK 2 BACK』이 시작될 때까지

진노 두 분이 맺어진 계기는?

사사키 맺어진 계기! ……우리가 부부도 아니고. (웃음)

진노 이 책 맨 앞에 "우리는 지진 열도에서 자선 활동을 통해 일본어 언어 예술상의 실험을 행하는 데서 의의를 찾는다"라는, 일종의 선언과 같은 문장이 있습니다. 이어 "아무리 하찮은 실험이라 할지라도"라는 두 행이 있죠. 여기서부터 얘기를 시작하면 재미있을 것 같아요. 지금 유통되고 있는 소설과는 다른 길을 가겠다는 말로 저는 해석했습니다. 이에 대한 의미부여나 해석은 독자의 몫이겠지만 두 분의 마음가짐을 여쭙고 싶네요.

이토 어떻게 생각해요?

사사키 "어떻게 생각해요?"라니 막가시네요. (웃음) 그럼 우리가 맺어진 계기부터 시작할까요?

이토 트위터였죠?

사사키 저는 지금 트위터 계정을 방치해둔 상태입니다만…….

이토 사사키 아타루가 트위터를 하고 있다는 걸 알고 바로 팔로했죠, 무슨 말을 하는지 궁금해서. 사사키 씨도 나를 팔로하고 있어서 DM을 보낼 수 있었어요. 저는 10여 년간 소설을 쓰지 못했지만 쓰고 싶은 마음은 간절했습니다. 그러나 이야기를 쓰려고 하면 기분이 처져서 의욕이 나질 않았어요. 한번은 남쪽 섬에 갔을 때, 발코니에서 며칠 동안 쓸 것만 생각했어요. 쓰지도 못하면서 말이죠. 그런데 어느 날 '혹시' 하는 번뜩임이 있었습니다. 헤겔과 소설의 관계에 대한 것이었던가? 이 책에도 나와 있습니다만. 흄이라는 사람이 다수의 자아가 존재하는 법을 제시했는데, 흄과 관련 있는 소설가는 정말 많아요. 소세키도 그중 하나로, 그는 또 『트리스트럼 샌디』를 쓴 로렌스 스턴이라는 영국의 세련된 승려 겸 무지 재미있는 소설을 쓴 사람도 연구하고 있었죠. 이처럼 흄파라 불릴 만한 사람들이 있습니다. 그들을 떠올리면 기분이 처지지 않는다고 할까요, 쓸 수 있겠다는 생각이 듭니다. 그리고 철학적으로 말하자면 이어서 헤겔이라는 사람이 등장하는데, 그럼 헤겔적인 소설이 존재할 수 있는지 사사키 씨에게 물었던 거죠.

사사키 칸트 아니었나요?

이토 아, 칸트였구나. 벌써 잘못 기억하고 있네요. 맞아 "칸트적인 소설이 있을 수 있나요?"라고 물었는데 무시당했어요.

사사키   무시가 아니라 (웃음) 소설에서 문제 되는 것은 헤겔이 아니겠냐는 얘기를 제가 했던 것 같아요. 어쨌든 그런 대화를 나눴어요.

진노   남쪽 섬에서?

이토   제가 남쪽 섬에서 DM을 보낸 거죠.

사사키   그런 얘기를 트위터상에서 나눈 뒤에 이토 씨가 "뮤지션은 여러 일들을 하고 있는데" 하고······.

이토   뮤지션들은 대지진 후에 바로 활동을 시작했죠. 빠르다고 다 좋은 것은 아니지만 자선 활동으로 노래를 내거나, 아니면 판매하려 했던 노래를 자선 활동으로 바꾸거나.

사사키   빨랐죠.

이토   좀 더 얘기하자면 자선 활동을 통해 많은 사람에게 물건을 주는 행위가 과연 좋은 일인지 고민하던 한 뮤지션이 자선 활동이 아니라 아무 조건 없이 무료로 자기 곡을 발신하기도 했죠. 어쨌든 굉장히 빨랐어요. 한편 작가는 직접성을 피한다고 할까, 홈페이지라도 좋으니까 '모금하자'고 말하는 것만으로도 충분할 텐데 과거의 작품을 통해 자선 활동을 하는 간접적인 수단만 있는 것 같아 답답함을 느꼈습니다. 한 차원 높은 데서 뭔가 하고 있다고 할까? 답답하다는 생각을 하고 있을 때 사사키 씨가······.

사사키   "그럼 저랑 해볼까요?" 하고 연락을 했습니다.

이토   '내가 쓰면 되는 거네'라는 느낌. 무대 밖에 있는 관객 같은 기분으로 말했던 건데 "당신이 하면 되잖아요? 직접 연결시키면 되잖아요?"라는 말을 듣고, 뭐랄까 '아, 그렇구나'라고 생각한 순간 '못 쓰는 병'이 나왔다고나 할까. '그럼 뭘 쓸까?' 하고 구체적인 생각에 들어간 상태였어요.

진노　사회자로서 발언하자면 이토 씨는 15년 만에 소설을 쓰신 건데요?

사사키　『거세 훈련』 이후 처음입니다.

진노　『거세 훈련』은 저도 매우 좋아하는 소설입니다.

이토　고맙습니다. 진노 씨가 2010년에 『스바루』*에서 언급해주셨어요. 거의 15년 동안 아무도 반응하지 않았던 소설을. 저는 꽤 극단적으로 썼다고 생각했거든요. 그런데 별다른 반응이 없어서 '그런 식으로 쓰면 안 되는 건가' 하는 생각을 하고 있었는데 15년 만에, 야자나무가 있는 섬에서 병에 넣어 보낸 편지가 도착한 것처럼 진노 씨가 평론에서 논해주었어요.

진노　병 속의 편지라기보다는 다른 혹성에서라는 느낌이라고 할까요? 정말 멀리 있는 사람에게 전달된 느낌. 『거세 훈련』은 문고판이 안 나왔어요. 빨리 문고판이 나와서 많은 사람이 읽었으면 좋겠는데. 20세기 말, 1997년이었나요? 잡지 『비평 공간』에 연재되어 매회 이 소설을 기다리는 게 큰 즐거움이었어요. 재작년에 이에 대해 전쟁 소설이라는 테마로 글을 쓴 적이 있죠. 『거세 훈

---

*　슈에이샤에서 간행하는 월간 문예지.

련』 이후 15년 만의 소설입니다. 사사키 씨로서는 세 번째 소설이고요. 그 외에도 다양한 활동을 하고 계시는 두 분입니다만 오늘은 소설가로서 이야기를 진행하겠습니다.

사사키 네.

이토 고마운 일입니다. 오늘은 이 두 분 사이에 앉는 것만으로도 두근거리는데요.

사사키 이토 씨가 매우 흥미로운 얘기를 하셨어요. 이미 제 책에도 수록되었는데, 이번에 아쿠타가와芥川상을 받은 엔조 토 씨와 대담했을 때 그 얘기를 화제 삼아 열띤 대화를 나눴지요. 이토 씨는 15년 정도 글을 쓰지 못하고 있었습니다. 하지만 오에 겐자부로 씨와 만났을 때 "어때요? 쓰고 있나요?"라고 물어서 "글이 안 쓰입니다"라고 답했더니 오에 씨가 한 작가 얘기를…….

이토 맬컴 라우리.

사사키 맬컴 라우리를 예로 들면서, 자기가 좋아하는 이런 작가를 번역하면 좋다고 말씀하셨다고 합니다. 자기가 쓰고 싶은 것을 문체가 따라오지 못하기 때문에 글을 쓰지 못하는 것이므로, 문체를 단련한다는 의미에서도 번역은 도움이 된다고 말씀하셨다는 거죠. 여기서 하나 짚고 넘어가야 할 문제가 있습니다. 이는 친해서 칭찬하는 차원이 아니라 오에 겐자부로에게 "쓰고 있나요?"라는 말을 듣는 작가가 대체 몇 명이나 될까요? 이렇게 부러울 수가. (웃음)

일동 (웃음)

이토   그건 댁으로 찾아뵙게 돼서, 어쩌다 보니 그런 말씀을 해주신 걸 거예요. 하지만 내심 놀랐어요. 글이 안 쓰이는 것은 문체의 문제라고 오에 씨는 말했거든요. "그런가요? 그럼 문체를 어떤 식으로 다루면 될까요?" 하고 여쭈었더니 "번역하는 게 가장 손쉽습니다"라고 대답하셨어요. 문체를 위해서는 맬컴 라우리의 『화산 아래서』 등을 번역하면 좋을 것 같다고.

진노   작년이었나요?

이토   2년쯤 전이었죠. 근데 『화산 아래서』는 엄청난 작품으로 번역하는 데만도 10년쯤 걸리거든요.

사사키   하하하.

이토   아주 심한 말을 하신 거죠, 오에 씨답게.

사사키   엔조 씨도 "글이 안 쓰이는 사람한테 맬컴 라우리를 권하다니 무리죠"라고 말하더라고요. (웃음) 하지만 번역이야말로 문체를 만든다는 말은 본질을 제대로 짚어낸 조언이라고 느꼈습니다. 그 얘길 듣고, 오에 씨는 역시 알고 계신 분이라는 생각이 들었습니다. 하지만 그 외에 또 하나. 먼저 "이토 씨는 15년 동안이나 안 쓰셨던 거야?" 하고 놀랐습니다. 엔조 씨와 대담할 때도 얘기했는데, 이토 세이코는 래퍼기도 하고 예능인이기도 하며 코미디언이기도 하고 극작가기도 한, 뭐든지 할 수 있는 분이어서 시시하고 낡아빠진 소설 따위는 이제 관심이 없으신 거라고 생각했거든요. 안중에도 없는 줄 알았어요. (웃음)

이토   그래?

사사키   '응? 글을 쓰고 싶었던 거야? 와!' 하고 놀랐습니다. 이번 책은 물론 자선 활동이 첫 번째 목표입니다. 하지만 저에게는 숨은 목표가 하나 더 있었죠. 바로 '소설가 이토 세이코의 부활'.

이토   그럼 난 제대로 낚인 거네.

사사키   프로듀스한 거죠. 전에 직접 말씀하셨잖아요.

진노   많은 사람이 이토 씨에게 소설을 의뢰하고 싶어 했을 겁니다. 덧붙이자면 아마 이토 씨는 쓰고 있으리라는 생각을 갖고 있었을 거예요. 잡지 편집자들도.

사사키   그래요.

진노   쓰고 있지만 발표하지 않거나, 발표를 못하고 있을 거라고 생각했는데 안 쓰고 있었다니. (웃음)

이토   블로그에서는 몇 년 전부터 쓰기 시작했어요. 이 역시 남쪽 섬에서 계속 생각해서 만든 아이디어예요. 저로서는 궁극의 발명인데, 같은 블로그 안에 세 개의 소설이 포개져 있죠. 이런 형식이라면 쓸 수 있겠다는 생각이 들었어요. 왜 그런 생각을 했는지 지금은 도무지 알 수가 없지만 말예요. 그때 제가 쓴 것에 맘대로 삽화를 보내줘도 되고, 여러 사이트에서 멋대로 BGM을 붙여도 되고, 재미있는 사진을 붙여도 된다고 밝혔어요. 실제로 몇몇 분은 그런 반응을 보여주기도 했죠. 그때 무슨 생각을 했냐면 — 함부로 비교할 수는 없겠으나 — 헤이안平安 왕조* 문학을 보면 무라

---

*   일본의 시대 구분으로 794~1185년.

사키 시키부紫式部*가 뭔가를 쓰면 친구한테 보여주잖아요? 가까운 사람에게. "기리쓰보桐壺"라는 작품을 써봤어." "어디 어디?" 하는 식으로 다 함께 돌려 봤던 거잖아요? 저는 출판 시스템에 의해 상품화되기 이전 상태에 있던 소설의 창조성을 어떻게 하면 되찾을 수 있을까 고민하다 '블로그로 할 수 있겠다'는 생각에 이른 거죠. 무라사키 시키부 작품도 읽은 사람이 멋대로 삽화를 그리잖아요? 두루마리에다. 그런 건 시키부가 부탁해서 만든 게 아니거든요. 삽화를 그리고 싶은 사람이나 그려줬으면 하는 사람이 "이야기 짱인데" 하면서 "비 오는 밤의 여자 품평 정말 짱이야!" "이렇게 생긴 미남이겠지? 모에!" 하는 식으로 말하면서 두루마리를 만든 거잖아요? 이걸 현대에도 할 수 있겠다는 생각을 한 겁니다. 그때 남쪽 섬에서 '이거야!' 하고 확 느낌이 와서 몇 년 동안 하다가 지금은 방치한 상태지만. (웃음) 정말 그때 반짝 든 생각만으로 해버려서……. 죄송합니다. 앞으로도 노력해볼게요. 그때는 즉흥적으로 썼지만 모두 엔딩에 이르지는 못했으니까 끝이 있는 소설은 15년 만에, 그러니까 이번에 쓴 거죠.

사사키　네.

이토　몇 번이나 말하지만 이는 사사키 아타루라는 사람이 때맞춰 "불만이 있으면 네가 해"라고 말해준 덕분에……. '미안해요'라는 기분이죠, 역시.

---

*　헤이안 시대의 여성 작가로 『겐지 이야기源氏物語』가 대표 작품.

진노 띠지에도 쓰여 있듯이 혜성처럼 등장했어요.

이토 맞아요. 사사키 씨가 혜성처럼 내 앞에 나타나 "뭐 잘났다고 불평만 늘어놓는 거야?"라고. 역시 그게 컸습니다. 그래서 "그럼 어느 쪽이 먼저 할까요?" 하고, 검객이 누가 먼저 칼을 뺄지 눈빛을 주고받듯 대화가 시작됐어요, 메일로. 저는 아직 쓸 자신이 없던 시기였고, 사사키 씨는 활발하게 글을 쓰고 있을 때니까 사사키 씨는 분명 쓸 수 있겠다 싶어 "사사키 씨가 먼저 쓰세요" 하고.

진노 이건 중요한 부분 같아요. 칼을 빼지 않고 서로 노려보는 상태였던 거네요. 그리고 사사키 씨가 먼저 칼을 뺐다.

사사키 네. 먼저 빼게 해주셨죠. 그전에 이런 것을 일본어로 할 때 고려해야 할 게 있어요. 두 사람에게는 힙합이라는 공통된 문화가 배경으로 있는데요, 또 하나 제가 존경하는 후루이 요시키치 씨가 매우 중시하는 부분이 있습니다. 처음부터 줄거리나 이야기 혹은 끝맺음을 정하지 않고 소설을 써나가는 것이죠. 말의 흐름에 따라서, 말 자체의 운동성에 따라서 소설을 써나가야 합니다. 이를 위해서는 역시 렌가連歌나 렌쿠連句와 같은 전통을 생각해야 한다고 말씀하신 적이 있습니다. 아, 지난번에 후루이 씨 인터뷰했을 때, 후루이 씨가 술이 들어가기 전과 후 모두 이토 씨가 쓰신 부분을 칭찬하셨어요.

이토 정말요? 이렇게 기쁠 수가.

사사키 이번에 나오는 『분게이』에 후루이 씨를 인터뷰한 글이 실립니다만 "그 쿠알라룸푸르의 묘사는 대단해" 하고 칭찬하셨어

요. 이렇게 부러울 수가! (웃음)

이토   그 부분이 굉장히 중요하거든! 정말 기뻐! 오늘은 얼굴이 자주 빨개지네요.

진노   칭찬받으면 실력 발휘하는 타입이신가요?

이토   그러면 좋을 텐데.

진노   있는 실력을 다 발휘해주셨으면 합니다.

이토   역시 쑥스러워진단 말이죠.

사사키   어쨌든 이건 역시 렌가나 렌쿠에 속할 겁니다. 그리고 홋쿠發句*인 거죠. 여러분이 독립된 하이쿠俳句로 알고 있는 것은 여러 사람이 모여서 읊을 때의 홋쿠인 경우가 많습니다. 홋쿠는 '손님'이 준비해오는 법입니다. 주인은 거기에 이어 붙여가고요.

이토   와키쿠脇句**가 되는 거죠.

사사키   그 세계에서 저는 '손님'인 겁니다. 이토 씨는 오랫동안 써오셨으니까요. 저는 신인이니 손님에 해당하겠죠. 그래서 저부터 써야겠다고 생각했어요. 힙합 분야에서도 개척자이신 이토 씨가 보기에 저는 완전히 '손님'이니까요.

진노   신인으로서.

사사키   네. "신인이니까 네가 먼저 칼을 뽑아, 애송이." 이게 도리겠죠.

---

*   렌가나 렌쿠를 시작하는 첫 번째 구.
**   홋쿠에 이어 붙이는 두 번째 구.

이토 그런데 제대로 역할을 해줬어요. 저부터 시작하기는 어려웠고, 너무 편한 자리를 잡은 게 아닐까 하는 생각도 들었지만. 하지만 제가 이 연작을 "미안하지만 사사키 씨가 먼저 시작해줄래요?"라고 부탁한 뒤 "좋습니다"라는 대답을 들었을 때, 이번에는 한편으로 어떤 내용을 이어가야 할지 모르는 상태에 처하게 되지 않겠어요? 제가 와키쿠를 붙이는 거니까요. 다음 장은 제가 써야 하는 거죠. 엄청난 속도로 놀라운 내용을 써주겠어—하고 마음을 단단히 먹고 투지를 불태웠죠. 그게 제가 쓸 수 있게 된 계기였습니다. 지금 얘기하면서 깨달았는데, 역시 커뮤니케이션을 의식하면서 쓰는 게 제 특기라는 생각이 듭니다.

사사키 네.

이토 문학이란 원래 그런 것일 텐데요.

진노 조금 전에 나온 무라사키 시키부 얘기도 그렇고요.

이토 맞아요. 무언가에 자극을 받아서 글을 쓰는 거지, 처음부터 혼자 쓸 수는 없잖아요. 하지만 '응수는 나도 잘해'라고 생각하는 한편 '저 사람은 대체 뭘 쓸지 예측이 안 돼'라는 마음도 있었죠. 사사키 씨 작풍이 일반적인 것은 아니잖아. '이해 불가능한 걸 써오면 어떻게 하지?' 하는 생각도 했습니다. 하지만 불타는 마음으로 기다리고 있었죠. 오랫동안 마음을 비운 상태로.

진노 책 뒤에 날짜가 수록돼 있는데 3월 27일에 사사키 씨가 다 썼습니다. 그리고 이토 씨가 사사키 씨에게 보낸 것이 3월 30일. 3일 만에 쓴 거죠.

사사키　"우아, 빠르다!" 했죠.

이토　아마 사사키 씨 신경에 살짝 거슬렸을걸. (웃음)

진노　이 3일은 두 분이 몇 차례에 걸쳐 주고받은 것 중에서도 가장 빠릅니다.

이토　읽고 나서 '여기랑 여기를 먼저 쓰고, 여기를 이렇게 하면 쓸 수 있을 것 같아. 어쨌든 시작하자' 하고 생각했죠. 될 수 있는 한 빨리 돌려준다. 게다가 이건 대지진 직후에 시작해서 웹에 게재하고 있었으니까, 최대한 빨리 여러분께 창작물을 보여드려야겠다는 마음이 있었어요.

사사키　그런 마음이 있었죠.

진노　이토 씨는 사사키 씨 소설을 어떻게 느끼셨나요? 독특한, '독특한'이란 말을 해버리면 서평하는 사람으로서 패배하는 거지만, 말하자면 사사키 씨가 아니면 쓸 수 없는 소설을 쓰시잖아요? 앞서 후루이 씨 얘기에서도 나왔는데, 소위 말의 운동성을 작품에서 전면적으로 펼쳐나가는 게 사사키 씨 소설입니다. 저는 그렇게 읽었습니다. '그런 무지막지한 글이 주어지면 어떻게 하지?'라는 생각은 안 하셨나요?

이토　사사키 아타루의 소설에는 우선 줄거리라 할 수 있는 수준이 있고, 또 하나 소리의 수준이 따로 있잖아요? 소리에 이끌려가는 부분도 있는 거죠. 후렴을 반복한다든지, 아니면 어떤 소리가 갑자기 많아진다든지. 그리고 또 글 자체의 처리 방식이 있어요. 글의 시각적인 측면이죠. '여기를 굳이 한자로 할 필요는 없지 않나?' 싶은 부분을 한자로 표기하거나.

진노　한자도 그렇고, 히라가나와도 균형을.

이토　묘한 부분이 있잖아요? 그런 시각적인 수준도 있는 겁니다. 크게 보면 이 세 수준에서 말의 운동이 동시에 일어나는 거죠. 따라서 저는 독자라기보다는 격투를 벌여야 하는 입장입니다. 시합을 한 거죠. 그 같은 입장에서는 어느 수준에서 읽고 어느 수준에서 응답해야 바보로 보이지 않을지 고민하는 게 보통 힘든 일이 아닙니다. 이야기만 읽고 이야기로 응답하는 식으로 '여기를 이용해서 이렇게 되돌려준다'가 아니라 저도 소리 수준에서 조금 장난을 친다든지, 한자와 히라가나의 시각적인 측면을 의식해서 쓴다든지 함으로써 이 사람과 시합을 벌여야 하잖아요?

진노　어렵네요.

이토　어려워요. 결과적으로 저는 제가 하고 싶은 대로 쓰게 됐지만 처음에는 그런 생각들을 했습니다.

진노　사사키 씨는 이토 씨의 글에 어떻게 맞서셨나요?

사사키　칠전팔도七顚八倒죠. (웃음) 에피소드가 하나 있습니다. 이토 씨랑 전에 둘이 아사히 신문 인터뷰에 응했어요. 그때도 아까와 똑같이 "소설가 이토 세이코를 부활시킨다는 숨은 목표가 있었습니다"라고 말했더니 이토 세이코 씨가 "아니, 프로듀스지"라고 말해주셨거든요. 정말 그래요. □□□*의 미우라 코시三浦康嗣

---

*　　□□□는 일본의 음악 그룹이며, '구치로로'라고 읽는다.

씨도 이토 씨를 프로듀스하고 있는데, 가끔 전화를 걸어와서 함께 밥 먹거나 술 마시곤 합니다. 그리고 집필 중에 이런 대화를 나눴죠. "아타루, 요즘 얼굴 보기 힘들어!" "너네 래퍼 때문에 그런 거잖아!" (웃음)

이토　저 때문에 사사키 씨가 계속 글을 써야 했으니까. 저는 성미가 급해서 바로 써서 돌려주거든요.

사사키　되받아치는 것만으로도 힘이 부쳤어요. 무척 힘들었습니다. (웃음)

혼자 쓰는 것은 자명하지 않다

이토　렌가나 렌쿠처럼 써나가는 작업을 하다 보니 '다른 사람들도 해보면 좋을 텐데'라는 생각이 들었어요. 지금도 그렇게 생각합니다. 예로 들면 『Back 2 Back』을 두 명이 주고받는 게 아니라 제2장에서 여러 갈래로 나누어도 되잖아요, 원리상으로는.

진노　그렇네요.

이토　제2장에서 자극을 받은 사람이 전혀 다른 제3장을 쓰고, 제3장의 영향을 받은 또 다른 사람이 제4장을 쓰는 식의. 원래 이런 형태의 인용이 문예의 재미있는 부분인데, 저작권 문제 때문에 해서는 안 되는 걸로 여기는 분위기가 있잖아요?

진노　어떻게 생각하세요? 보수화되고 있다는 생각이 드는데.

이토   힙합적이라고 할까, 힙합을 좋아하는 것과 관계있겠죠. 힙합은 샘플링의 음악이니까.

사사키   항상 하는 말이지만 책을 혼자 쓰는 것은 그리 자명한 일이 아닙니다. 불경이나 성서도 여러 사람이 쓴 거죠. 예를 들어 과학 논문도 뉴턴이 쓴 오리지널 원고를 읽으면 멋지다는 식의 인식이 있는 건 아니잖아요?

이토   그렇죠.

사사키   혼자 글을 쓰는 것은 그다지 자명하지 않습니다. 머리로는 알고 있지만 이를 실천하는 것은 매우 어려웠고, 또 스릴 있는 작업이었습니다. 렌가는 앞으로 계속 나아갈 뿐, 되돌아가서는 안 되거든요. 바로 뒤 구절이 아닌 그 전 구절의 주제를 쓰는 건 금지돼 있습니다. 하지만 소설에선 이걸 해도 되겠다고 판단해서 일부러 그랬어요. 소설이라는 장르에서 이런 식으로 번갈아가며 뒤를 채워가는 시도는 아마 문학사상 없지 않을까 싶습니다.

진노   바로 대답하지 못해서 면목이 없네요, 저도. "문학사상 없지 않을까"라는 말에 "아니요, 이런 게 있습니다"라고 답할 수 있어야 하는데. 다만 이것 하나는 분명합니다. 혼자 고민해서 쓰는 것을 작가의 특성으로 여기고 있지만 그건 아니라는 생각이 듭니다.

이토   저는 오래전부터 극본을 쓸 때도 그런 생각을 했어요. 가부키歌舞伎*도 대체로 작가 네댓 명이 함께 씁니다. 이에 대해 조금

---

*   에도 시대에 크게 유행한 연극 장르.

깊이 생각한 적이 있는데, 예를 들면 어떤 사건이 일어났다고 합시다. 기라 고즈노스케吉良上野介가 복수로 죽임을 당하는 식의 사건이 진짜 일어나요. 충격입니다. 엄청난 스캔들이죠. 그러면 작가들이 방에 모이겠죠. 매일 연극만 생각하는 사람들이. 그리고 "이 사건, 연극으로 만들 수 있겠는걸? 10일 후에 공연하자. 배우들을 모아" 하고 서둘러 제1장, 제2장, 제3장 등으로 장면을 나누어 극본을 쓰겠죠. 옛날 가부키의 경우 제3장의 주인공은 다른 인물이 되는 등 구조가 대체로 정해져 있습니다. 그렇다 해도 「추신구라忠臣藏」 같은 극본이 '하나 둘 셋' 하고 서로 카드를 내놓았는데 아귀가 딱 맞게 만들어졌다는 건 꽤 멋지다는 생각이 드는 거예요. 그런 방식으로 쓰는 일은 역시 꿈에 불과한 걸까 하는 생각을 하고 있던 차에, 둘이 번갈아 써서 소설을 만들어보니 의외로 산문이라면 가능하다는 사실을 깨달았습니다.

진노 사사키 씨의 자극 덕분에.

사사키 그런 집단에 의한 창작의 가능성이 있겠죠. 또 하나, 렌가나 렌쿠를 읽는 기쁨은 하이쿠를 단독으로 감상하는 기쁨과 또 다르거든요. 후자의 감상에 익숙해진 눈으로 읽으면 렌쿠는 시시하게 느껴질지도 모릅니다. 하지만 다른 형태의 재미가 있어요. 잇사一茶든 바쇼芭蕉든 상관없는데, 하나의 하이쿠를 집중해서 읽고 감상하는 것은 고심 속의 음미입니다. 작품을 창작한 주체가 '고심하며 읊었다'는 게 전제되어 있죠. 고심에 고심을 거듭해서 겨우 쥐어짜낸 결과물이라는 전제. 하지만 사실은 함께 술 마시다 "한번 해볼까?" 하고 시작한 홋쿠에 불과한 것도 더러 있습니다.

어느 연구 논문에서 읽었는데, 다 함께 점심을 먹으면서 반주로 시작된 자리가 저녁까지 계속됩니다. 네댓 시간 정도 될까요? 그동안 놀랍게도 백 구百句 정도 읊는 겁니다, 이 사람들은. 게다가 다섯 명이 한다고 했을 때 "그럼 다음은 네가 해" 하는 식으로 순서에 따르는 방법이 있는가 하면, 그 외에도 여러 방법이 있어서 먼저 떠오른 사람이 이어받아 구절을 읊는 경우도 있습니다. 또 모두가 각자 구절을 내놓고 이를 비교하면서 "너는 안 돼", "이게 좋지 않아?" 하는 식으로 하나를 정하는 방법도 있어요. 술이 들어간 상태니 주먹다짐이 되지 않을까 걱정도 되는데요. (웃음) 하지만 그런 논쟁하는 시간까지 합하면 시간이 엄청 걸릴 텐데, 백 구씩이나 읊고 있는 거예요.

이토 그러니까 지금 젊은 래퍼들의 프리 스타일을 에도 시대에도 하고 있었던 거지.

사사키 그런 거죠. 무로마치室町 시대*부터 처절한 배틀을 펼쳐왔던 거죠. 엄청 유행해서 술 마시며 다음 날 아침까지 프리 스타일로 시끌벅적거렸으니까요.

이토 야카즈하이카이矢數俳諧라고, 모두 모인 자리에서 하룻밤에 천, 2천, 아니 몇 만이나 되는 구절을 읊었다고 하니. 게다가 이

---

* 일본의 시대 구분으로 1336~1573년. 아시카가足利 쇼군 가문이 정권을 잡았던 시기다.

를 보는 청중이 있고. 이하라 사이카쿠井原西鶴*도 재미있는 사람이라 청중을 많이 모아요. 이벤트 고안자죠. 이벤트 고안자로서 "내일 아침까지 1만 구 읊는다"고 선언하면 다들 "와!" 하는 식으로. (웃음) 엄청나게 읊어댔다고 해요. 그러니까 절묘한 장면이 연출되면 다 함께 주먹을 치켜들고 열띤 분위기를 만끽했을 거예요. "이 시구 멋져!" 하면서.

사사키 고담枯淡과 유겐幽玄**이라는 말이 있습니다. 유겐이라는 말도 고담과 마찬가지로 '적적함, 쓸쓸함', '차분함, 시듦' 등의 뜻으로 알려져 있어요. 하지만 그렇지 않아요. 사실 유겐이란 '저런 의미'입니다.

이토 이런 부류? 이런 부류? (주먹을 치켜올린다.)

사사키 그야말로 '이런 부류'죠. (웃음) 다 함께 집단적으로 애드리브 랩이나 음악을 통해 "와~!" 하고 들떠서 방방 뛰는 게 유겐이거든요. 니조 요시모토二條良基***가 한 말이니 틀림없어요. (웃음) 유겐이란 시구詩句나 음악에 의한 집단적인 고양과 연대감을 지칭하는 말입니다. 따라서 일본인은 클럽 문화에 친숙해지기 힘들다는 주장은 거짓말이죠.

---

*   에도 시대의 오사카 문화인. 닌교조루리人形淨 작가이자 하이카이俳諧 시인. 야카즈하이카이의 창시자기도 하다. 1642~1693년.
** 한국어나 일본어 모두 유현幽玄이라는 말이 있고, 이 말에는 잔잔하고 그윽한 느낌이 들어 있다. 하지만 여기에서 사사키는 이 용어로 일본의 특정 시대에 있었던 미적 공감대를 지칭하고 있으며, 이는 유현이라는 말이 상기하고 있는 잔잔하고 그윽한 느낌과는 상당한 거리가 있기 때문에 여기에서는 고유명사로 취급해 '유겐'이라고 번역했다.
*** 일본 남북조 시대의 가인歌人. 1320~1388년.

이토　완전히 거짓말이지.

사사키　또 하나. 일본인은 순종적이고 혁명이나 저항 운동을 하지 않는다. 애당초 시위나 민주주의와 개연성이 별로 없다는 말도 다 거짓말입니다. 잇코잇키一向一揆* 같은 걸 보면 철저하게 저항하잖아요? 18세기에 일어났던 가가加賀의 잇키 때도 "도적놈들, 제대로 대처하지 않으면 조세는 거부다" 하고 무사들한테 큰소리쳤습니다. 무로마치 시대에는 잇키 때 음악이나 렌가를 도입해 그런 유겐적인 세계에서 분위기를 고양시켜 단결을 강화했던 사실이 있습니다. 따라서 일본인은 클럽과 친숙하지 않고, 체제에 순종적이며, 분위기에 따라가는 사람이다…… 이런 얘기를 누가 했는지 모르겠지만, 모두 거짓말입니다. 그 점에 대해서는 소설 쓰면서 꽤 생각했어요. 다만 저는 좀 더 고심을 거듭하면서 써갔어요. 더 가볍게 써갈겨도 됐을 텐데.

이토　아니죠. 가볍게 써갈기면 변화가 없잖아요. 소설 속에 변화가 있어서 좋았어요.

진노　이 책은 크게 두 부분으로 나뉘어 있습니다. 예를 들면 맨 앞에 놓인 사사키 씨의 홋쿠라고 할까요, 저는 선언으로 읽었는데. 지금 여기서 읽는 게 좋을까요? 청중 가운데에는 모르는 분도 계실 테니. 사사키 씨가 첫머리의 10행 정도를 낭독해주시면 좋겠습니다.

---

*　잇코一向는 일본의 불교 교단(淨土眞宗本願寺敎團=一向宗)을 뜻하고, 잇키一揆는 일본 중세와 근세에 일어난 정치적 집단 저항 운동을 뜻한다.

사사키   낭독은 좀 서툰데.

이토   낭독이라 생각하지 말고 한번 해봐요.

진노   (책을 건네며) 동그라미 쳐놓은 부분입니다.

이토   자, 자.

사사키   "일어서자, 일어설 수 있다면. 계속하자, 계속할 수 있다면. 지금까지 짜왔던 모든 이야기는 아직 불타지 않았던 것이다. 사실은. 물빛 종이에 써온, 이야기되어온 또 하나의 세계 속에, 또 한 무리의 우리가 살고 있었다. 그녀와 그가, 그녀들과 그들이 이 하루하루 속에 있는 우리를 깨끗하게 씻어준 것이다. 그런 믿음을 가졌다. 길고 긴 편지가 그대로부터 도착했기에 글자는 하얗게 한없이 빛나니, 그 열기로 모든 이야기를 불태우자. 태운다, 태우고 있다, 태웠다, 다 탔다. 연기가 피어오른다, 시야를 가로막는 쓰디쓴 연기가 피어오른다. 점점 부풀어 올라 하늘을 뒤덮지만, 그래도 그 연기를 쫓아간다. 눈빛이 펄펄 끓는 황금을 쫓는다, 쫓는다, 계속 쫓는다. 그리고 눈과 함께 검게 타 새까만 그림자를 만드는 저 커다란 사과나무 밑동에 그 재를 뿌리자. 탄화炭化된, 탄화된 두 손으로." 이건 다른 글을 참고해서 쓴 거예요.

진노   이토 씨의 소설이죠?

이토   그래서 깜짝 놀랐어요.

진노   그러시겠죠.

사사키   이토 씨의 『풍성하게 열매 맺는 재』라는, 『거세 훈련』이 나오기 전의 걸작입니다. 왜 품절인가요?

이토　그거 좋은 작품이거든!

사사키　어느 출판사든 내달란 말이에요! (웃음)

이토　정말 좋은 작품이거든. 읽어주는 사람이 아무도 없다고 생각했는데, 읽어준 사람이 있다는 것만으로 기쁩니다.

우연성과 대화성

사사키　Back 2 Back은 여러 명의 DJ가 한 곡씩 이어갑니다. 때문에 맨 처음이라 해도 이미 이어가는 작업이기도 한 거죠. 이토 씨 문장을. 다만 『거세 훈련』은 포르노그래픽한 실험작이기 때문에 쓰기가 좀 난감합니다. 그래서 저는 『풍성하게 열매 맺는 재』 마지막 단락을 리믹스했습니다.

진노　그대로 사용한 건 아니죠?

사사키　그대로는 아닙니다.

이토　그래서 저도 잠시 읽어가다 '응? 뭔가 신기한 느낌이 드는데. 아! 내 작품이 섞여 있잖아!' 하며 어지럼증 비슷한 걸 느꼈고, 사사키 아타루의 작전을 이해했어요. 그는 어떤 메시지도 보내지 않고, 오로지 소설만 보냈는데 '오리지널 따위는 다 부숴버리자고!'라는 거잖아요? 오리지널 환상 따위는 최악이야, 하는. 우리는 조금씩 써가면서 변형을 가하죠. 이를 통해 살아가는 거잖아요. 그런 메시지까지 느껴져 '그럼 나도 해보겠어', '네가 이어가면 나도 이어갈게' 하는 마음이 생겼어요. 사사키 씨의 제1장을 읽은 후에 제가 쓴 제2장 머리글은 "라고, 거기까지 얘기를 들은 후에 나는 너에게 답한다. 앞으로 10년 정도 미래의 일이니까 답할 것이라고 쓰는 게 좋을지도 모르겠다". '라고'로 시작했으니 이는 오리지널을 원하는 것의 명청함이랄까, 마술 혹은 사기랄까 그런 것으로부터 완전히 자유로워야 한다는 일종의 선언이죠.

사사키 네. 그런 마음을 담아 썼어요. 이건 '인사'죠.

이토 '홋쿠에서 무엇이 중요한가요?'라는 문제에 대해 말할게요. 지금은 아흔이 넘은 가네코 도타金子兜太라는, 뛰어난 하이쿠를 쓰는 현대 하이쿠 협회 회장이 있는데, 그분과 하이쿠에 대해 얘기를 나눈 책이 있어요. 『타류 시합他流試合』이라는 책인데요. 그때 도타 씨가 여든 몇이셨는데 랩에도 무척 흥미를 갖고 계셔서.

사사키 와!

이토 "이토 씨는 랩이라는 걸 하고 있다고 들었는데, 랩은 각운脚韻을 쓴다면서? 우리 하이쿠 하는 인간들은 5·7·5가 전부 운韻이기 때문에 각운 같은 건 필요 없어. 아하하!"라고 말하시는 거예요. '놀라워라! 5·7·5가 전부 운이구나!'라는 걸 가르쳐주셨죠. 또 하나 가르쳐주신 게 홋쿠에서 중요한 건 인사하는 마음이라고. 사사키 씨가 말한 것처럼 손님이 제일 먼저 읊는 거잖아? 그 자리에 있는 사람들 가운데 첫 번째로 읊는 거잖아? 그러니까 '여러분, 잘 오셨습니다'라는 마음이 홋쿠에 들어 있어야 한다는 거야.

진노 그렇군요.

이토 "자리가 건립된다"라는 표현이 있는데, 말하자면 네트워크가 만들어지는 거라 할 수 있죠. 마치 바람이 불듯 그 공간을 창조성이 불며 지나갑니다. 그게 인사거든요. 사사키 씨의 제1장은 인사말이었던 겁니다.

사사키 그래서 자칫 잘못하면 '힘내자 일본' 같은, 나쁜 슬로건과 닮아버릴지도 모를 말을 일부러 고른 겁니다. 세속에 통하지 않으면 성스러운 말은 성립하지 않으니까요. 그래서 이런 부분은 예의 바르게. 홋쿠는 인사니까 "내 오리지널한 인사" 같은 건 필요 없거든요. "안녕하세요?"에는 "안녕하세요?"로, "처음 뵙겠습니다"에는 "처음 뵙겠습니다"로 답하면 되는 겁니다. 이 점에 대해서는 어느 정도 의식하고 있었습니다.

진노 일부러 그랬다는 느낌을 첫 번째 행 "일어서자, 일어설 수 있다면"이라는 부분에서 받았습니다.

사사키 고맙습니다. 첫 번째 단락은…… 이토 씨의 『풍성하게 열매 맺는 재』라는 소설 자체가 그런 구조를 갖고 있습니다. 화자인 여성과 남성 두 명이 각자 이야기를 해갑니다. 게다가 타로 카드를 이용해서, 어떤 카드가 나올지 모른 채 우연히 나온 카드를 따라가며 남녀가 교대로 자기 이야기를 써갑니다. 우연성과 대화성을 전제로 한 실험작이죠. 물론 ─ 어딘가에서 복간되기를 빌며 ─ 스포일러는 절대 안 합니다. 갑자기, 마지막에, 정말 이게 '대화'였던가. '정말 이게 여성과 남성이 이야기해온 것일까?'라는 의심을 남기면서 이야기 자체가 사라져가는, 그런 소설입니다.

'정말 이 사람은 실재했던 것일까?' 하는 의문을 갖게 하고 독자를 어리둥절한 상태에 내버려둔 채 절묘하게 끝납니다. 메타픽션으로 매우 세련된…… 음, 메타픽션이랄까. 소설은 원래 메타픽션이고, 메타픽션이 아닌 소설은 존재하지 않지만 말이죠.

이토　무슨 의미지?

진노　이건 나중에 따로 얘기하죠.

이토　잊지 말자고.

사사키　그런 소설을 쓰셨고, 『파도 위의 갑충』도 걸작이라고 생각하는데, 이 역시 겐토샤幻冬舍 문고에 한 번 들어갔을 뿐이죠.

이토　그렇죠.

사사키　이 작품도 비슷한 얘기예요. 순전히 기억만으로 말씀드립니다만 작가가 남쪽 섬에 가서 행복한 생활을 하는 중에 실은 전혀 행복하지 않고 다 거짓말이라는 화자가 등장해 '앗!' 하고 놀라는데, 그 남자도 실은 다른 사람이 쓴 소설의 등장인물에 불과하고…… 이런 식으로 계속 이어지는, 이런 일련의 흐름을 교활함이 느껴지지 않게, 자연스럽게 이어갑니다. 원래부터 이런 실험을 해왔다는 점을 염두에 두고, 제가 이를 이어가는 겁니다. 힘들었어요. (웃음) 이토 씨는 원래 혼자서 이런 작업을 해오셨잖아요. 그래서 이런 방식을 이용하면 이토 씨가 쓸 마음이 생기지 않을까 싶었습니다.

이토　나, 시합을 좋아하거든.

진노　배틀형?

이토 그렇죠. 혼자 무언가를 향해 활동하는 것은 도무지……. 머리끝에서 발끝까지 주고받기call and response를 좋아하거든. 이번에 새삼 깨달았어요. 자기 안에 주고받기를 만들면 되는데, 문학에 대한 제 이미지는 꽤 자유롭다고 생각하지만 그래도 꽤 부담을 느끼던 상태라 혼자 고민하면서 써야 하지 않을까 하는 생각에 빠져 있었어요. 그래야 제 자신에게 무게 있는 작품을 만들 수 있을 것 같아서. 이렇듯 가볍고 커뮤니케이션을 좋아하는 인간이 그렇게 돼버리다니. 무서워요.

진노 그런 문학의 부담 같은 것은 어디서 유래하는 걸까요?

이토 메이지 시대에 서양과 비교하면서 일본어로 소설을 어떻게 쓰는 게 좋을지 생각하던 사람들에게 소설은 지위가 낮은 거였잖아요? 앞서 소세키의 예도 나왔지만, 도쿄대학 나와 신문 기자 되고 유학까지 간 사람이 돌아와서 소설가가 되는 것은, 지금으로 치면 엄청난 연구를 해온 사람이 아이돌 그룹에 들어가는 것 같은 거잖아? 이와 거리를 두기 위해 후속 작가들은 엄청 대단한 것처럼 거들먹거려야 했던 게 아닐까 싶어요.

진노 거드름 피우지 않으면 나아갈 수 없었다?

이토 원래 지위가 낮은 사람들이잖아. 그러다 보니 르상티망ressentiment 같은 게 저 같은 세대의 사람한테까지 남아 있는 것인지도 모르죠.

진노 잠깐 휴식 시간을 가져도 될까요? 갑작스럽지만.

이토 이 노래를 들어주세요.

(힙합 클래식 Run-D.M.C.의 「Walk This Way」가 흘러나온다.)

진노   휴식 시간인데 흠뻑 빠져 있었습니다.

이토   재미있는 얘기가 떠올랐어요. 한때 Run-D.M.C.의 사전 공연을 한 적이 있어요.

진노   알고 있습니다. 1986년이죠? 시부야 NHK 홀.

사사키   모르는 시청자도 있을 테니 자세히 '증언'해주세요.

이토   아직 아무도 힙합에 대해 모르고, 어디서 소리가 나오는지 음향업자도 모르던 시기입니다. 그때 리허설이 시작됐어요. 저는 2층석인가에서 'Run-D.M.C. 리허설이 시작됐어!' 하고 가슴 두근거리며 보고 있었죠. 그런데 몇 번이나 소리가 끊기는 거예요. 아마 케이블 연결에 문제가 있거나 했겠죠. 그걸 보고 그들과 함께 왔던 흑인계 미국인이었는지 백인이었는지 잊어버렸는데—아마 음악 투어로 온 사람이 아닐까 싶어요—그 사람이 제게 "저것 봐. 저 녀석들은 뮤지션이 아니라니까" 하고 비웃듯 말하더라고요. 그때 역으로 랩의 태도는 멋지다고 생각했어요. 본인들도 모르고 있는 거예요, 연결을. 대충 음악 활동을 하는 동안 대히트를 쳤고, 게다가 이런 멋진 곡까지 만든 겁니다. 하지만 주변에서는 전혀 음악가로 인정받지 못하는 사람들. 반음악가라고 해야 할까요? 그런 Run-D.M.C.를 저는 청춘처럼 좋아합니다. 이상.

진노   청춘이죠, 역시.

이토   청춘입니다. (웃음)

사사키 전설이죠. 비틀스의 개막 출연을 드립터즈*가 맡은 것과 맞먹는, 한마디로 "짱이야!".

진노 그 얘기만 한 시간은 듣고 싶을 정도로.

사사키 듣고 싶어요. (웃음. 사사키, 테이블 위에 있는 『Back 2 Back』 표지 사진을 보여주며) 여러분, 아시는 바와 같이 이것은 〈Walk This Way〉가 들어 있는 Run-D.M.C.의 클래식 앨범 《Raising Hell》에서 샘플링한 겁니다.

이토 이건 사사키 씨 아이디어에요.

사사키 한번 시도해봤습니다. 속 내용도 진지하다고 할까, 힘을 다 쏟았다고 할까, 제대로 만들었어요. 게다가 자선 활동이잖아요. 그래서 장난기가 좀 들어가는 편이 즐겁지 않을까 싶어서. 하지만 밤마다 클럽에서 만나는 래퍼나 DJ한테 욕을 많이 먹곤 해요. (웃음)

이토 "뭐야. Run-D.M.C.잖아?"

사사키 "와, Run-D.M.C.네요!" 하고 처음에는 되게 좋아하는데, 취기가 오르면 "Run이라도 된 것처럼 구네!" 하고 시비를 걸어오는. (웃음) 이건 여기까지 하고.

우카와 Run 좋지! 난기류亂氣流는 와 있는데. 이토 란伊藤蘭이냐 호란鳳蘭이냐!

이토 우카와 씨가 하는 말은 무시해도 돼요. 들릴락 말락 하는

---

* 일본의 음악 밴드. 1966년의 비틀스 일본 공연 때 본 공연에 앞선 사전 공연을 담당했던 밴드 중 하나.

정도가 딱 좋아. (웃음)

진노   두 분은 한쪽이 안경을 쓰고, 다른 한쪽이 모자.

사사키   미리 정한 거예요.

이토   이런 별스러운 아이디어를 내줘서 좋았어요.

사사키   시청자가 아닌 독자 여러분은 즐거워하셨는데, 힙합 관계자는 꽤 '열받은 것' 같아서. 물론 그들도 농담으로 그러는 겁니다. 혹시 몰라서. (웃음)

이토   별로 신경 안 써요.

사사키   여기에 자주 등장하는 '거의 도뮨DOMMUNE 전속 사회자'인 이소베 磯部涼도 약간 열받았나 보더라고요, 정보에 따르면. (웃음)

이토   읽으면 알 수 있으니까 괜찮아. 구조는 비슷하니까. 배틀이잖아. 배틀의 기록이니까, 이건. 알고 있을 거야, 이소베도.

사사키   물론 알고 있을 거라고 봅니다. 오지 않을까? 이소베, 기다릴게! (사사키, 카메라를 향해 손을 흔든다.)

이토   그건 그렇고.

진노   지금 얘기와는 조금 거리를 두고, 앞으로는 문학의 시작과 그 미래에 대한 이야기를 나눠볼까요?

이토   여러분, 책은 꼭 읽어보세요. 전액 모금하니까 많이 사주세요.

'소설'에서 멀어짐으로써 소설에 다가간다

진노   『Back 2 Back』에 대해 한마디 덧붙이자면 가공의 작가인 거죠? 말레이시아의.

이토   라마트 라마난.

진노   저는 거기서부터 빨려들었어요.

이토   정말?

사사키   읽고 싶죠, 그 작가가 쓴 것.

진노   하지만 그런 건 존재하지 않는 거죠?

이토   없지.

진노   없는데 항상 그 소설에 대해 얘기하는 두 사람이 있어요. 그게 멋집니다. 한마디로 그 작가가 소설을 쓰고 있지만, 사실 그 소설은 없고, 없지만 그 소설을 번역하는 사람이 있고, 그에 대해 얘기하는 사람이 몇 명씩 등장하는.

사사키   네. 여러 얘기가…… 있죠.

진노   이것저것 물어보고 싶지만 다 듣고 나면 제가 서평을 쓸 수 없게 됩니다.

이토   지금 쓰고 계시다고.

사사키   그럼 하나만 얘기하죠. 라마트 라마난의 백부에 해당하는 사람, 자기 여동생이 라마트 라마난을 낳은 사람이죠. 그가 어릴 때, 한 미용사에게 "너는 죽음 너머를 들여다보는 눈을 하고 있다"는 말을 듣습니다. 이 미용사가 나중에 주술 치료사가 되어 그

앞에 나타납니다.

진노 주술 치료사라는 말도 매우 인상적이에요.

사사키 이건 실화입니다. 어떤 위대한 작가의 어렸을 적 얘기입니다. 에두아르 글리상Édouard Glissant.

진노 네? 작년에 세상을 뜬 글리상 말입니까?

사사키 에두아르 글리상에게 들은 얘기입니다. 그가 어릴 적에 체험한 얘기를 조금 각색해서 라마트 라마난의 백부 얘기로 만든 거죠. 이런 게 여러 곳에 있습니다.

진노 그렇군요.

이토 그래요.

진노 가벼운 충격을 받았습니다. 에두아르 글리상은 소설도 썼고, 크레올creol 문학 이론가기도 했죠. 그의 책이 일본에서도 많이 읽히고 있어요.

사사키 꽤 수용되었죠?

진노 화장실 가면서 다른 얘기로 화제를 돌려도 될지 생각하고 있었는데, 그중 하나는 이토 씨가 15년간 중압으로 괴로워했던 그 문학이란 대체 뭘까 하는 문제.

이토 오늘은 이 두 사람과 얘기할 수 있다고 해서, 그에 대한 의견을 듣고 싶었어. 나도 글을 쓰다 보니, 글 쓰는 체험은 역시 귀중하다고 느껴요. 픽션의 세계를 써나갈 때, 쓴다기보다는 허구의 세계를 만들어갈 때 독특한 무엇이 있다는 걸 경험적으로 알고 있어. 알고는 있지만 이것이 정말 인간에게 필요한 것일까 하는 근원적인 회의가 항상 있죠. 그걸 묻고 싶어. 소설이 왜 필요한가, 물론 사회적으로 의미 있다고 말할 수도 있지만. 사사키 씨는 이렇게 말했잖아요, 혁명은 읽기와 쓰기를 통해 일어난다고.

사사키 그런 장대한 얘기는 어디서부터 시작하면 되나요. (웃음) 소설부터 얘기해볼까요? 먼저 "줄거리가 있고 끝맺음이 있어서 조마조마하고 두근두근"하는 '이른바 소설'의 형식을 일단 무시합니다. 작가라는 주체, 한 인간이 생각한 내용을 일종의 독백으로 제시한다든가 하는 그런 전제도 무시합니다. 1인칭은 독백이고, 근대 소설의 3인칭도 신의 시점이니 '독백'이죠. 신은 타자를 필요로 하지 않으니까. 일신교도의 작가는 이걸로 충분합니다.

이토 그런 거군요.

사사키 시동이 걸려옵니다. (웃음) 그래서 이번에 우리는 '소설'에서 멀어짐으로써 반대로 소설에 가까워졌다고 생각해요. 이 역시 이토 씨의 인력引力으로 여깁니다만. 무슨 말이냐면, 대전제로서 고려해둬야 할 사항이 하나 있어요. 소설은 17세기쯤부터 장르로 윤곽을 갖추기 시작해서 18세기 말에 성립됩니다. 2백~3백 년. 3백 년 좀 덜 되는 정도죠. 소설이 문학의 중심이 된 것, 문학의 패권을 쥔 것은 더 짧습니다. 아마 150년, 아니 더 짧아요.

진노 19세기부터죠.

사사키 그러니까 소설은 최근 장르라는 겁니다. 여기서 두 가지를 확인해두고 싶습니다. 먼저 새로운 연구에 따르면, 가장 오래된 문자는 바빌로니아의 수메르 문자죠? 여기서 구비 문학은 제외합니다. 문자가 만들어진 게 기원전 3200년. 지금으로부터 5천2백 년 전의 일입니다. 이건 마지막에 다시 나오니까 기억해두시기 바랍니다. 자, 여기서 문제를 낼게요. 최초로 혼자 책을 한 권 쓴 사람은 누구일까요?

이토 누구야?

사사키 기원전 2300년경에 살았던 수메르 제3왕조의 공주 엔헤두안나. 즉 최초의 문학가는 여성이죠. 그리고 그 내용은 시詩예요, 역시. 신에게 바치는 시. 더 재미있는 건 그로부터 3백 년 후에 함무라비 법전이 제정됩니다. 여기에 주의해야 할 점이 두 가지 있어요. 먼저 첫 번째 작가가 여성이라는 사실에 크게 놀라야 합니다. 그녀가 어떤 사람이었냐면 '신관'이었습니다. 왕의 딸이자 제사장이었습니다. 당시에는 정치, 경제, 종교 그리고 예술이 분리되지 않았어요. 때문에 공주가 신에게 바치는 말을 써야 했습니다. 게다가 흥미롭게도 그녀는 아카드어와 수메르어를 쓰는 바이링걸bilingual이었죠. 그야말로 번역입니다. 수메르어로 썼지만, 아카드어로 생각한 뒤 수메르어로 썼다고 해요. 머릿속에서 원초적인 번역이 이루어졌던 거죠.

이토 결국 오리지널이 존재하냐 아니냐라는 문제가 되네.

사사키 네. 구비 문학은 처음부터 이미 있었으니까요. 또 재미있는 게 시가 먼저 문서로 성립되고 그 후에 법전이 만들어진 사실입니다. 시 혹은 문학은 법에 선행합니다. 물론 조금 전에 말한 것처럼 예술이라는 분야가 분리되지 않았기 때문에 시를 특권시하는 것은 아닙니다. 하지만 시에서 법으로 향하는 과정은 역시 문학의 발달과 관계가 있겠죠. '문학'의 탄생을 4천3백 년 전, 법전의 탄생을 4천 년 전으로 가정한다면…… 좀 전에 소설이 패권을 쥔 2백~3백 년은 뭐지? 라는 생각이 들지 않으세요? 문학 하면 다들 바로 소설을 떠올립니다. 이는 매우 짧은, 한순간의 빛이라는 사실을 염두에 둬야 합니다. 그래서는 안 된다는 게 아닙니다. 하지만 우선 소설을 전제로 하는, 소설이 문학의 중심에 있는 상황을 당연시해서는 안 됩니다. 갑자기 호랑이의 위엄을 빌린 여우가 됩니다만 후루이 씨가 이렇게 말하고 있죠. "소설이 한가운데를 차지하는 것은 이상하고, 중압감이 크다"고. 연극이나 시가 가운데에 있고, 소설은 그 주변을 어슬렁거리는 게 좋다고 말이죠. 오에 씨도 시에 엄청 집착하잖아요? 오든, 단테, 블레이크 등. 이는 이런 의미를 갖는 게 아닐까요?

이토 일본이 특히 그런 게 아닐까 합니다. 유럽에서는 시인이 정치 운동을 주도하고, 한국에서도 시인의 위상은 높잖아요? 하지만 일본의 경우, 에도 시대의 하이쿠나 렌쿠가 너무 낡았다는 이유로 배제되고 말았어요. 그때 시 같은 게 들어올 계기가 없어지고 말아서, 물론 시인은 많이 나왔지만 결국은 남아 있던 소설가가 전면에 나서게 된 거죠. 어떻게 생각하세요? 유럽에서는 시 주변을 소설이 배회하고 있다고 할 수 있지 않나요?

사사키 말씀하신 대로이긴 한데, 소설이 더 강하지 않을까요? 잘 모르겠어요.

이토 그래요?

사사키 또 하나. 도대체 소설이란 무엇인가? 이건 알 수 없습니다. 왜냐하면 소설은 제대로 철학적인 고찰 대상이 된 적이 없으니까요. 이제부터 말씀드리는 건 거칠게 윤곽만 제시하는 것이므로 상세한 논의를 전개할 수 없지만 어쨌든 얘기해보겠습니다. '미는 무엇인가?'를 묻는 '미학'은 『판단력 비판』을 중심으로 볼 때 18세기의 마지막 10년쯤에 일단 완성됩니다. 라이프니츠-볼프 학파의 후예인 바움가르텐이 미에 대한 학문을 성립시켜, 그로부터 단숨에 칸트, 실러, 셸링이 등장하고, 19세기에 들어와 헤겔이 마지막으로 "예술은 끝났다"고 선언합니다. 대체로 18세기에서 19세기의 수십 년 동안 미에 관한 철학은 거의 다 나옵니다. 예를 들면 18세기 영국에서 나온 일련의 에세이스트들. 이 시기 영국에서 연달아 등장한 이들이 '오리지널티'를 중시하기 시작합니다. 실은 이때부터 같은 영국에서 흄과 버크가 거의 비슷한 주장을 하고 있어요.

이토 버크?

사사키 프랑스 혁명에 반대한 보수주의 수령으로 알려진 사상가입니다. 조금 교과서적인 복습이 됩니다만 그들은 미학적으로 매우 흥미로운 주장을 펼치고, 둘 다 똑같은 어휘를 사용하고 있습니다. 뭐냐면 '축적'. 흄의 말을 빌리면 'stock of ideas'. 쉽게 말해 흄은 이런 얘기를 했습니다. 아이디어의 축적 자체는 뛰어넘을 수 없지만, 그 축적된 샘플이나 구절 등을 조합하면 상상력을 이용해 제작할 수 있다. 이 상상력을 더 근대적인 '창조성'으로 끌어온 것이 버크입니다.

이토 편집의 힘을 의미하는 거네?

흄파 선언

사사키 네. 즉 '오리지널티라는 사고방식'과 '원본이 있고 이를 조합해서 승부한다는 사고방식' 모두 그 뿌리는 같아서 이미 18세기에 나온 겁니다. 아시는 바와 같이 샘플링은 샘플링 자체가 하나의 기법이지, 샘플링했다고 그 음악이 뛰어난 것은 아니거든요. 당연하죠. 어쨌든 그런 사고방식이 18세기부터 있습니다. 재미있는 것은 창조성과 아이디어가 실은 아무 관계 없다는 사실. 왜냐하면 ideas라고 하면 '아, 아이디어를 말하는 거지?'라고 생각할지 모르지만 그 어원은 '이데아'입니다. 그리스어로 '이데'는 '본다'라는 뜻의 동사입니다. 즉 '형상'이죠.

예를 들어 "철로 된 공을 만듭시다" 하고 우리가 여기서 철공을 만든다고 해보죠. 공이라는 순수한 형상, 아이디어가 한쪽에 있고, 그 질료가 되는 철이 다른 한쪽에 있습니다. 이를 하나로 합하는 게 '제작'이죠. 플라톤에서 그리스도교 신학에 이르기까지 인간에게 창조성은 없습니다. 창조하는 것은 신이었습니다. 왜냐하면 이데아란 이미 있는 것이니까요. 공이나 컵과 같은 '형상', 즉 이데아는 신이 창조해서 주는 것이고, 질량도 신이 주는 것으로, 인간은 이를 구체적으로 현실화할 뿐입니다. 그래서 오리지널티, 창조성 등은 인간에게 허용되지 않는다고 할까, 문제시되지 않습니다. 그런데 흄이 갑자기 나타나 stock of ideas라고 말하면서 굉장히 급진적인 방향으로 향하는 거죠. 따라서 적어도 그 첫발은 그가 내디뎠다고 할 수 있습니다. stock of ideas로부터 창조가 가능하다는 것은, 극단적으로 말해서 강렬한 무신론과 통합니다.

이처럼 18세기부터 19세기 미학의 역사 속에서 우리가 생각하는 미나 예술에 관한 사유가 대체로 완성됩니다. 그런데 여기서 또 이상해지기 시작합니다. 칸트, 셸링, 실러, 흄 그 누구도 소설을 상대하지 않습니다. 미 혹은 예술의 모델로 '소설'을 꼽지 않습니다. 그들은 그리스 예술을 이상으로 여기기 때문에 시, 연극, 회화 등이 모델이 되죠. 민화나 설화집 또한 모델로 여기지 않습니다. 게다가 근대 소설은 이제 갓 생겨난, 어디에서 나타났는지도 알 수 없는 장르였습니다. 같은 시대에 소설이 번성했는데도 그들은 소설에 대해 논한 적이 거의 없지 않나요?

이건 제가 대학원생 시절에 열심히 공부한 내용으로, 꽤 오래된 얘기입니다만. (웃음) 물론 저보다 이 분야에 훨씬 정통한 분이 계실 테니까 혹시 틀린 부분이 있다면 지적해주십시오.

이토 소설을 상대해주지 않았다는 건가요?

사사키 상대해주지 않았다기보다는, 제대로 된 철학적 사유의 대상이 된 적이 없습니다. 그래서 미나 예술의 중심 모델로 고려된 적이 없죠. 아마 몇 명 정도는 꼽을 수 있을 겁니다. 루카치, 벤야민, 바흐친. 이 세 명은 소설을 상대했습니다. 따라서 소설 자체도 매우 어린 장르지만, 그뿐 아니라 '소설이란 무엇인가'라는 물음은 아직 시작조차 되지 않았는지도 모릅니다.

이토 그렇다면 모르는 게 당연하다는 건가? 소설이 뭔지 도무지 모르겠어. 나는 바보라. "문학은 인생을 생각하기 위한 과학이다"라는 얘기를 하잖아요? 이때 문학이란 소설을 지칭하는데 "실험적으로 지금 사회 상황을 머릿속에 그려 이런 모델 케이스가 되는 인간이 살아간다면 이렇게 될 것이다, 소설만이 이것을 표현할 수 있다"라고 말하는 동시대인들이 계속 있어왔어요. 저도 '아마 그럴 거야. 나와는 방향이 다르지만 소설은 그런 것일 거야' 하는 생각을 해왔습니다. 하지만 내가 쓰고 싶은 소설은 아무래도 다르다는 느낌이 들 때…… 어떻게 해야 하지? (웃음)

진노 하지만 이 책에서 흄의 이름이 처음 나오는 것은 이토 씨의 문장이죠?

이토 『돈키호테』의 세르반테스조차 흄적이라 할 수 있고, 역시 탈선하는 소설가는 많거든요. 세르반테스, 로렌스 스턴과 같은 소설의 기원이라 불리는 사람들이 꼭 말도 안 되는 탈선만 하고 있어서, 그런 사람들의 소설이 저는 좋아요. 하지만 그들은 인생의 무게 등을 쓰지는 않았지요.

진노 그렇죠.

이토 전혀 안 썼어요. 저는 아무리 생각해도 꼭 흄파로 분류되는 소설가 쪽에 속하고 싶고, 그럴 때 비로소 창조적일 수 있다고 생각해요. 하지만 왜 그런 분열을 내포하는 언어의 인용을 구사할, 언어를 그처럼 탈선적으로 사용할 필요가 있는가? 이 부분을 아직 해명하지 못했다고 할까…….

진노 알았어요. 아니, 정말로 안 것은 아니지만. (웃음) 제가 이해한 범위 안에서 말하자면, 오늘 흄파 선언을 하신 거죠? 요즘 나온 소설에 대해 사람들이 맹신하는 게 있잖아요, '소설은 이런 거야' 하고.

사사키 그런 믿음이 강력하죠.

진노 어떻게 하면 이를 부술 수 있는지에 대한 힌트가 이 책에 있다고 생각해요. 이게 하나고요. 그리고 다른 한편으로 '아니, 잠깐' 하는 마음도 있습니다. 제 주된 활동 공간은 문예지인데, 문예지를 잘 살펴보면 지금의 문학을 부수려는 사람들이 꽤 움직이고 있습니다. 좋은 평판을 얻지 못하거나, 이런저런 말을 듣기도 하고 "대체 문예지 독자가 몇 명이나 되는데?"라는 비아냥을 포함해 온갖 비판이 있겠지만, 결국 현재의 일본어 환경에서 소설을 쓰며 소설의 관념을 부수려는 사람들이 꽤 있다는 생각이 듭니다.

이토 그렇군요.

진노 여기엔 사사키 씨도 포함됩니다만 후루이 씨 같은 베테랑에서 젊은 소설가까지 촘촘하게 존재하고 있다고 저는 봅니다. 문예지는 천 엔 정도 하고, 가격에 비해 얻을 게 없다고 여기실지 모르지만 실은 그런 소설이 군데군데 있어서, 지금의 소설을 전복하기 위해 쓰고 있는 사람이 적지 않다고 생각해요. 몇 년 전보다 늘어난 감이 있습니다. 그래서 더더욱 지금이 이토 씨가 등장할 때죠. (웃음)

이토 아니야. 나 따위가 어찌.

진노 15년 만에 다시 한번.

이토 『스바루』에 게재됐고, 곧 『분게이』에도 실리지만 하나 더 생각해보죠. 소설이 없는 세계를 상상해보면 어떨까요? 소설이 아예 없는 상태를 상상하는 것은 어렵지만, 그런 세계를 상상해봤을 때 일본어는 법률이나 신문의 언어만으로 이루어져 있겠죠. 신문 등에 실린 기사만 일본어고, 우리가 개인적으로 쓰는 일본어는 사라지지 않을까 싶습니다. 법전에 실린, 공식적인 용도로 쓰이는 일본어 이외의 일본어를 우리가 얻기 위해 매 순간 도전하는 작업이 진정한 의미의 소설이 아닐까요?

사사키 말씀하신 대로입니다.

이토 이렇게 이해하면 되는 거예요?

사사키 그걸 저한테 물어보시면 안 되죠. 소설가로서는 이토 씨가 대선배시잖아요. (웃음)

소설의 기원을 생각할 때 우선 시가 있었다고 당연시해서는 안 될 겁니다. 적어도 우리가 생각하는 '시'는 아닙니다. 왜냐하면 엔헤두안나 이전에도 구비 문학 혹은 신화의 체계가 있었을 테니까요. 이를 옮겨 쓴 것이 법전과 불경입니다. 여러분도 불경을 읽어보면 매우 '시적'이고 '소설적'이라는 사실에 놀라실 겁니다. 꾸란과 성서도 그렇습니다. 그럼 저건 뭐냐면 바로 법입니다. 경전이란 '법전'입니다. 여기서 그치지 않고 '법의 근거'인 하나의 사회, 하나의 공동체, 하나의 세계를 정초하는 텍스트입니다. 히브리어, 팔리어, 산스크리트어 경전까지 거슬러 올라가면 운을 맞추는 시와 소설적인 산문이 섞인, 운문과 산문이 분화되기 이전의 원운문, 원산문이라 불릴 만한 말로 쓰여 있습니다. 즉 경전이 있고, 이에 준거한 복제, 인용 그리고 편집, 달리 말하면 이것들을 stock of ideas함으로써 태어난 것이 산문이라 할 수 있을 겁니다. 게다가 이는 의심할 여지 없이 정치, 사회 등 사람의 생사에 관련되어 있습니다. 규범이자 법이니까요. 원운문이자 원산문으로서의 경전이 한 번, 그 시 됨을 잃고 평범한 산문으로 타락하는 순간이 있습니다. 바로 경전의 번역이죠.

진노 이야기가 이어졌네요.

사사키 네. 가톨릭의 정전이 되는 표준 성서는 '불가타'라 불리는, 성 히에로니무스가 개역한 라틴어 번역본입니다. 가톨릭은 이때 매우 기묘한 논리를 내세웁니다. 원래 성서의 '원전'은 히브리어와 그리스어고, 예수 그리스도가 말하던 언어는 아람어 방언입니다. 이를 '번역'하면 뜻이 온전히 전달되지 않을뿐더러 오역도 생길 수 있으므로 정확성이 떨어진다고 여기는 게 보통이죠. "라틴어 번역본을 성서로 삼으면 안 되는 것 아닌가?" 하고. 가톨릭은 "아니, 그렇지 않다"고 답합니다. 일단 고어의 특수하고 개별적인 민족 언어를 번역함으로써, 오히려 추상성과 보편성이 높아진다는 논리를 내세웁니다. 라틴어는 이 성서를 정전으로 인정했던 시기엔 이미 네이티브가 존재하지 않았습니다. 때문에 진정 '보편적'이라는 거죠. 하지만 이 때문에 예수 그리스도와 그 주변 사람들이 말했던 언어의 여운, 어조, 말놀이 등은 완전히 잃게 됩니다. 이것이 산문, 나아가 소설의 기원 중 하나라고 봅니다. 운이 있는 시를 번역하면 시의 면모를 잃게 됩니다.

이토 번역 과정에서 놓치는 것 말인가?

사사키 네. 또 하나가 법 해석입니다. 법전이나 경전의 주석이죠. 법전이나 경전은 시로서 존재할 수 있습니다. 그런데 예를 들어 만약 불경에 "포아해라"*라고 쓰여 있다고 해서 곧이곧대로 따르는 사람은 없습니다. 자기 시대에 통하지 않을 때 주석이나 해석이 필요합니다. 때문에 법전이나 경전은 시일 수 있지만, 법 해석이나 주석, 판례 등은 시일 수가 없죠. 또 하나 있습니다. 이 또한 법과 관련이 있는데, 법정 변론입니다. 예를 들어 소크라테스의 변명은 운문이 아닙니다. 산문이죠. 법정에 끌려와 "당신은 젊은이들을 현혹했지?"라는 추궁에 웅변으로 자신을 변호했을 때, 그는 운에 맞춰 말하지 않았습니다.

이토 그랬겠지. 운에 맞춰 말했다면 지금 장난하냐고 그랬겠지. (웃음)

---

* '포아포아'는 티베트어 འཕོ་བ(phowa)로 1995년에 지하철 사린 테러를 일으킨 일본의 신흥 종교 '옴 진리교'가 쓰던 용어 중 하나다. 이들에게 '포아한다'는 '죽인다'는 의미로 쓰였다.

사사키 그랬겠죠? (웃음) 또 하나. 로마 원로원에서 키케로가 명연설로 카틸리나의 음모를 분쇄했죠, 당당한 웅변으로. 이 또한 시가 아닌 그 무엇입니다, 물론 자세히 살펴보면 절묘한 리듬이 있습니다만. 아마 이런 것들이 산문의 기원일 겁니다. 여기서도 역시 번역이 중요한 의미를 띱니다. 이 모두가 실은 일종의 번역, 말 옮기기이거든요. 번역, 주석 모두. 변명 또한 법전으로 귀결됩니다.

이토 무슨 뜻이죠?

사사키 누군가를 규탄하거나 변호할 때, 예를 들어 소크라테스가 "나는 잘못한 게 없다"고 변명할 때, 그는 그리스 사회의 법에 따라 호소합니다. 그 법 자체의 정당성을 논하는 것까지 포함해서 이 역시 법 해석인 거죠. 즉 '법을 번역하는 작업, 다른 말로 옮기는 작업'입니다. 후루이 씨에게 이 얘기를 했더니 "카프카는 법학 박사야" 하면서 활짝 웃으셨습니다. 그야말로 소설, 산문의 기원은 번역이고 타자에게 말을 건네는 언어임을 뜻합니다. 타자의 언어라는 점. 이는 바흐친이 분명히 말하고 있습니다. 타자로부터 유래한 언어이자, 타자에게 보내는 언어며, 타자의 세계관이고, 묘사하는 자신의 말조차 타자의 말인 상황을 만들어내는 것이 소설의 언어입니다. 그런 타자의 언어끼리 맺어지는 관계는 번역일 수밖에 없습니다. 따라서 소설이란―너무 흔하게 쓰여서 타자, 외부라는 말의 무게감이 없어지고 말았습니다만―그런 것을……

이토   상대방의 언어로 말을 한다는 건가?

사사키   상대방의 언어?

이토   상대방이라고 할까, 자기가 아닌 자.

사사키   네. 자기가 아닌 자의 언어로 말하는, 말하고 마는. 바흐친은 이를 패러디로 표현했습니다. 즉 외국인의 흉내, 옛날에 다모리タモリ* 씨가 했던 '사람 흉내' 또한 패러디인데 만약 다모리 씨가 중국어를 할 줄 아는 상태에서 그런 흉내를 냈다면 진정한 의미의 패러디가 될지도 모릅니다.

이토   그렇겠네요.

사사키   타자의 언어를 자신의 언어로 말하지만, 어디까지나 타자의 언어로써 말하는 행위. 이것이 번역입니다.

이토   번역이네요. 번역은 자신의 언어가 아닌 상대의 언어로 해석하는 거니까요. 법도 그렇죠. 자신의 언어가 아니잖아요.

사사키   법은 자신의 언어가 아니죠.

이토   그렇다면 일본국 헌법 문체로 쓰면 되는 걸까? 제가 좀 전에 말했을 때는 법과 개인적인 것을 단순히 둘로 나눠서 생각했지만, 사사키 씨 말에 따르면 원초原初의 법전에는 법과 시가 동시에 적혀 있다는 거잖아요?

사사키   네.

진노   주석과 번역.

---

*   일본의 연예인.

사사키   타자가 있으므로 타자의 언어는 생명을 이어갈 수 있습니다. 소설은 원래 나중에 등장한 장르여서 아직 할 일이 많이 있어요.

이토   그렇구나.

사사키   근본적으로 타자의 언어를 옮기는 것이고, 잘못하면 타자의 언어가 되고 마는 것.

프루스트가 "아름다운 소설은 일종의 외국어로 쓰여 있다"고 말했는데, 바로 이를 의미한 것입니다. 모어가 돌연 타자의 언어가 되고 마는. 따라서 소설의 가능성은 거대한 문제와 관련 있습니다. 문학의 중심이 시에서 소설로 내려오기 시작한 지 수백 년, 즉 17세기부터 18세기에 걸쳐 무슨 일이 일어났냐면 근대 혁명이 일어났습니다. 경전이나 법전을 번역해서 주석하는 기법을 단련에 단련을 거듭해 숙성시켜온 산문이, 드디어 언어 예술의 중심을 자임하기에 이르렀습니다. 때문에 법을 고쳐 쓸 가능성이 열린 시대였던 것이죠.

이토   음.

사사키   그렇다고 시를 부정하는 건 절대 아닙니다. (웃음) 그 이야기를 하면 논의가 얽히고 복잡해지지만, 소설의 가능성은 여기에 있다고 생각하거든요.

이토   예를 들면 소설 언어를 재편성함으로써 법이 바뀌는 사태가 일어날 수 있다는 건가? 실제 법이 아니라 상상 속의 규범이라도 상관없고. 지금 저는 '상상의 우위' 등 1970년대에 회자됐던 말을 떠올리면서 하는 말인데, 사사키 씨 얘기는 해석을 바꿈으로써 사회를 바꿀 수 있다는 건가요? 결국 '혁명이란 무엇인가'라는 물음이 되겠죠.

사사키　제 얘기는, 예를 들어 자신의 언어 체계나 말투를 바꾸면 세계가 다르게 '보인다'는 얘기가 아닙니다. 나이브한, 오해에서 비롯된 소쉬르주의나 구조주의라고 할까요, 결코 그런 것이 아닙니다. 왜냐? 우리 사회는 실제로 법과 '법이 보증하는 권리'로 자동하고 있습니다. 말을 통해 움직이고 있는 겁니다, 실제로. 어디까지나 이를 뜻하는 것이지 "언어의 마술적인 포에지에 의해 무한하게 비상하는 상상력"과 같은, 소설을 읽고 마치 마약이라도 한 듯 세계가 다르게 보인다고 감격하는 식의 쓸데없는 얘기가 전혀 아닙니다. 아, '쓸데없다'는 말은 취소. (웃음) 구체적으로 사회 제도는 언어로 이루어져 있다는 사실을 말하는 겁니다.

이토　언어로 이루어진 세계는 언어로 바꿀 수 있다는 거야?

사사키　그렇지 않을까요?

이토　그렇지?

사사키　네. 항상 하는 말입니다만 "세계는 물질이다, 폭력이다, 정보다"라는 식으로 말하는 사람은 책을 안 썼으면 좋겠어요. (웃음) 또 하나. 몇 번이고 말하겠습니다. 알렉상드르 코제브나 조르조 아감벤 같은 이류, 삼류 헤겔주의자는 상대하지 않습니다. 헤겔 자신이 무슨 말을 했는지 생각해야 합니다. 그의 「예술 종언론」에는 묘한 구석이 있습니다. 그에게 "예술의 절정기는 언제입니까?" 하고 물어보면 그리스 예술이라고 답합니다. 우선 역사상 다신교의 상징 예술이 있고—이토 씨가 좋아하는 불상 같은 것은 야만스럽다고 바보 취급해서 열받는데요—(웃음) 그 부분을 참고 읽어나가다 보면 헤겔은 그리스 예술을 최고로 평가합니다. 왜냐? 절대자, 즉 신을 완전히 표현하는 데 성공했기 때문이라는 겁니다. 절대자의 표현이 예술의 역할이라니 예술을 보는 관점으로는 꽤 편협하지 않습니까?

이토   이 부분도 꾹 참아?

사사키   네, 꾹 참고 계속 읽어갑니다. 그리스 신화에서는 제우스든 헤라든 다들 인간의 형상을 하고 있죠. 따라서 인간을 그대로 본떠서 조각하면 절대자, 신을 표현할 수 있습니다. 훌륭하죠. 헤겔은 여기서 묘한 말을 합니다. "낭만적 예술." 이는 헤겔 특유의 말로 낭만주의와는 아무 관련이 없습니다. 즉 낭만적 예술이란 '그리스도교 유럽의 예술'을 의미합니다. 따라서 앞으로 '낭만적 예술'이라는 표현은 안 쓰겠습니다. 그리스도교 예술도 뛰어났지만 그리스 예술에 비해 뒤떨어진 면이 있습니다. 퇴보했습니다. 이는 멸망할 운명에 있습니다. 왜냐? 이유는 간단하죠. 그리스도교는 일신교입니다. 일신교의 신이란 궁극적으로 무한하기 때문에 형태를 갖지 않습니다. 일단 예수의 존재를 보류하면, 아무리 애써도 그림으로 묘사할 수 없습니다. 그림으로 그릴 수도 없고 조각할 수도 없고, 노래로도 표현할 수 없고, 어찌할 수가 없는 것이죠. 감성을 초월해 있습니다.

이토 문자로 해도 안 되니까.

사사키 헤겔에 따르면 그리스 시대에는 종교가 예술이고 예술이 종교였는데 이게 분리되고 말았습니다. 따라서 우리는 예술의 종언을 살고 있다는 거죠. 예술이란 특정한 형식으로 직접 절대자를 표현해야 합니다. 하지만 이는 헤겔의 정의일 뿐이죠. 그 후의 예술은 신을 그리지 않으니까요. 어쨌든 이것이 헤겔의「예술 종언론」입니다. 이게 또 매우 재미있습니다. 헤겔이 "이런 게 나오니 예술은 이제 끝났어" 하고 말할 때 그 예술이 뭔지 아세요? 네덜란드 풍속화와 정물화, 즉 17세기 네덜란드 회화거든요. 놀랍죠? 그러니까 렘브란트와 페르메이르를 말하는 거잖아요! (웃음) 지금 봐도 기절할 정도로 대단한 그 그림들 말입니다. 헤겔은 렘브란트보다 160살이나 어려요. 저희보다 160살 많은 사람이라면 알렉상드르 뒤마나 베를리오즈입니다. 베를리오즈 하면 「환상 교향곡」, 알렉상드르 뒤마 하면 『삼총사』잖아요! 『몬테크리스토 백작』이란 말이에요! (웃음) 그런 걸 지칭하면서 "예술은 끝났다"니, 헤겔은 이상합니다.

이토 그렇군요.

사사키 페르메이르나 렘브란트가 왜 안 되냐면 신을 그리지 않았으니까.

이토 시민을 그렸으니까.

사사키 우유 짜는 아줌마, 편지 읽는 아가씨 등을 그렸습니다. 정말 훌륭한 그림이잖아요. 우리가 생각하는 예술의 극치죠. 하지만 헤겔의 '신을 표현하는 것이 예술이다'라는 — 일부러 심술궂게 이런 투로 말하겠습니다 — 잘 이해되지 않는 예술관에 따르면, 그렇게 되는 것이죠. 그래도 헤겔 본인이 이런 말을 하는 것은 일관성이 있고, 성실하다고 볼 수 있잖아요? 우선 그리스도교 철학으로서는 백 퍼센트 일관되어 있고, 불상이나 신상神像처럼 예술이 예부터 성스러운 것을 표현하려 한 것은 사실이니까요. "우리는 예술을 추구하지 않는다, 해서는 안 된다. 그리스도교도는 예술을 추구하지 말아야 한다"라는 씁쓸한 체념이 거기에는 있습니다. 헤겔은 왜 17세기 네덜란드 회화를 부정하는가? 조금 전에 이미 말씀드렸습니다. '삶의 산문'에 불과하기 때문이죠. 이렇게 살아가고 있는 산문적인, 무미건조한 일상, 신의 ㅅ자도 들어 있지 않은 일상. 그런 삶의 산문이 등장하면 예술의 종언을 고하는 것이라고.

이토   음.

진노   제가 오늘 사회를 맡으면서 사사키 씨가 말하기 시작하면 막으라는 명을 받았는데, 계속 귀를 쫑긋 세운 채 듣고만 있었습니다. 사회자의 임무를 반 이상 포기한 상태입니다.

소설은 반헤겔주의의 희망이다

사사키   헤겔은 산문의 승리를 선언하고 있죠. 예술과 역사가 종언하는 데 있어 시가 아닌, 예술이 아닌 산문이 승리합니다. 그러면 이어서 소설이 도래하냐면 그렇지 않아요. 그가 말하는 산문은 철학 논문, 과학 논문입니다. 이야말로 산문의 궁극이고, 신이나 절대지絕對知를 인간으로 하여금 기술할 수 있게 해준다는 거죠. 여기서 괴테나 슐레겔 문제 등이 나오는데, 얘기가 복잡해지니까 생략하겠습니다. 하지만 헤겔의 예상을 내부에서 무너뜨리기라도 하듯 소설이 유럽 한가운데에서 이단아처럼 등장합니다. 저는 이게 희망이라고 봅니다.

이토 네.

사사키 반헤겔주의의 희망이라고 봅니다.

이토 헤겔이 세계를 뒤덮은 것처럼 보였을 때, 그 발밑에 나타난 것이 바로 소설이었다?

사사키 그가 말한 종언이나 종말은 코제브 같은 이들과 달리 매우 진지했습니다. 헤겔은 단순히 모든 것이 끝난다고 말하지 않았습니다. 물론 엄밀한 얘기는 아니니까 반쯤 믿어주시면 됩니다만 헤겔에게 "자네, 산문에는 또 하나 있는 게 아닐까?" 하고 말하고 싶어요. "자네의 철학을 혹은 자네의 철학 비판을 소설로 할 수도 있다네" 하고 말이죠. 한번 해볼까요? (웃음)

이토 그럼 난 일본국 헌법을 소설로 해볼까? (웃음)

사사키 다름 아닌 일본국 헌법도 번역이죠. 번역이라고 따질 것도 못 됩니다. 그게 소설의 가능성이죠. 헤겔은 국민 국가의 이론을 논했습니다. "프로이센적인, 게르만적인 국민 국가의 성립으로 세계는 끝난다." 이렇게 내뱉은 사람의 발목을 잡는 그 무엇.

진노   바로 삶의 산문.

사사키   그렇게 말할 수 있습니다.

우카와   하우스 뮤직house music의 성립도 그래요. 사우스 솔south soul이나 디트로이트detroit의 성립 과정을 보면 역시 펑크네스funk-ness가 있었고 그루브groove도 있었고, 베이스라인도 굵은 게 있었죠. 구체적인 신에 대해 다들 얘기하고 있었던 건데 거기서 하우스 뮤직이 탄생했을 때 골격만 있는 펑크네스였어요. 달리 말해 추상이고 산문적인 것이었는데, 그것이 지금은 모든 이의 마음을 들뜨게 하고 있거든요. 그로부터 테크노로 발전해 정말 전자적인 억양으로 사람의 마음을 확 사로잡는 겁니다. 대체 무엇을 신이라고 해야 하나 싶은, 상징적인 아이콘은 존재하지 않는 세계죠. 그럼 무엇으로 신을 논하냐면 낌새로 말하는 겁니다. 낌새가 뭐냐면 대자연이죠. 지금 밖에 폭풍우가 불죠? 하드 미니멀이라고 할까.

좌담회장   (웃음)

이토   그 얘기랑 이어지는 거야?

우카와   이건 신의 소행이죠. 누구도 못 박히지는 않았지만 그 또한 신의 소행으로, 여기서도 신을 체감할 수 있습니다. 창조성의 원점에는 인간이 미완성의 신이라는 사실이 자리해 있고, 창조는 허용되지 않습니다. 왜냐하면 태어난 순간부터 아버지와 어머니의 영향을 받아 뇌 속에 이미 시스템이 인풋되어 있으니까, 그 단계에서 이미 콜라주인 거잖아요.

이토　그렇겠지.

우카와　따라서 누군가의 영향 아래 존재할 수밖에 없는 거예요. 그런데도 왜 표현을 하는가에 대해 오늘 말씀들 하고 계시는 거겠죠. 예를 들면 소설이나 문학 얘기를 하고 있는데 그전에 '이야기'에 대해 말해줬으면 하는 바람이 많이 있어요. 요도가와 나가하루淀川長治* 씨가 "아무리 졸작이라도 영화를 보는 동안은 인간이 일상에서 체감하지 못하는 이야기 속 주인공이 될 수 있다"고 말했는데 이건 일상에서는 체감할 수 없는 세계를 누군가와 공유할 수 있다는 말이잖아요? 무슨 얘기냐면 좀 전에 여러분이 폄하한 것처럼 마약 얘기와도 통하는데, 그런 연대 의식을 갖게 하는 것이 누군가가 만든 이야기라고 생각하거든요. 그런 이야기를 공유함으로써 미래로 나아갈 수 있다고 봅니다. 왜 그런가 하면, 불특정 다수의 사람들과 이야기를 함께 나눌 수 있기 때문에······. 그 이미지를 단단하게 함으로써 허구가 현실로 바뀌어가는 겁니다. 때문에 더더욱 이야기가 필요하다는 생각이 드는데. 그런 이야기로부터 완전히 멀리 떨어진 곳에 있는 산문이 앞으로 나올 얘기······.

이토　무슨 말인지 하나도 모르겠어. (웃음) 어쨌든 저는 이야기라기보다는, 이 소설에도 썼는데 소설을 읽는 것은 자신을 찢어내는 행위입니다. "공유했어요", "용기가 났어요"가 아니라 항상 나

---

*　일본의 영화 평론가. 1909~1998년.

와 다른 사람의 삶을 향해 내가 '찢어지는 치즈'처럼 찢어지는 것. 있지도 않은 '내'가 뚝딱뚝딱 사회에서 만들어지지만, 그런 식이 아니라 소설을 읽음으로써 비로소 여러 방향으로 찢어질 수 있는 게 아닐까 싶어요. 이처럼 꾸준히 탈선을 거듭해가며 장난기 있는 글만 써온 사람들이 훕파라고 저는 생각한 거죠.

진노   "복수화複數化한다"고 쓰셨죠.

이토   네. 그것이 소설의 효능이라고 저는 보거든요. 이제 5분 밖에 없네.

우카와   그래서 이어보려고 한 건데. (웃음)

이토   우카와 씨의 마음은 잘 알겠는데 이어지는 부분과 이어지지 않는 부분이 있었어. (웃음)

사사키   마지막으로 한마디 하겠습니다. 노르웨이의 온칼로* 얘기인데요, 핵폐기물이 아무 해가 없어질 때까지 봉인해두는 데 10만 년이 걸립니다. '이곳에 핵폐기물이 있습니다'라고 노르웨이어로 써놔도 10만 년 후에 노르웨이어가 존재할지는 알 수 없습니다. 그럼 어떤 언어로 쓰면 될까요? 위험 표식 또한 광의의 언어 기호이니 과연 통할지. 인류가 문자를 쓰기 시작한 지는 기껏해야 5천 년 정도밖에 되지 않습니다. 이 장대한 무력함을 마음에 새겨주세요. 이를 뛰어넘는 물건을 어떻게든 관리하려 하다니 오만하기 그지없습니다. 소설조차, 겨우 2백 년 정도밖에 안 된 소설조차

---

*   고준위 핵폐기물 보관 시설.

할 수 있는 게 이처럼 많습니다. 그런데 10만 년이라니, 더 이상 말이 필요 없지 않습니까? 이런 것은 일체 그만뒀으면 합니다. 그야말로 인간이라는, 언어와 문자를 지닌 존재의 긍지를 걸고. 수식이나 화학식도 언어에 포함되죠. 우리가 통제할 수 있는 것은 언어뿐입니다. 게다가 언어로 작품을 만들려고 시나 소설을 쓰기 시작하면, 반대로 언어에 사로잡혀 통제당하기도 합니다. 무리죠. 언어를 붙여놓지도 못할 물건을 관리할 수 있다고 생각하는 건 말이 안 되니까 그만둡시다.

이토 깔끔하게 항복하자는 거죠.

우카와 앞으로 5분입니다.

이토 또 하죠. 합시다. 이게 아니어도 되니까. 출구가 안 보여도 이게 아닐까 혹은 저게 아닐까, 이런 얘기를 나누는 게 정말 중요하다고 생각하거든요. 역시 손쉽게 서로를 알 수는 없어요.

진노 하지만 희망이잖아요? 사사키 씨에게 소설은.

사사키 ……사실 저는 희망이라는 말을 좋아하지 않아요.

진노 이건 또? (웃음)

사사키 예전에 스물여섯 살쯤이었을 때 이토 씨가 아주 재미있는 말을 했어요. "올해 내 화두는 '모난 돌이니까 정 맞아주겠어'."

이토 그런 말을 했구나!

사사키 말씀하셨어요. (웃음) 그 에세이의 마지막이 정말 좋았습니다. "나는 지지 않아. 왜냐면 이길 생각이 없으니까."

이토 그랬구나.

사사키 그런 각자의 사나이다움이라고 할까…… 사나이다움이라고 하면 안 되겠죠. 각자의 강한 면모가 있다고 생각합니다. 그걸로 충분하지 않을까요. 어쩌면 희망이 없다는 게 희망입니다.

이토 아.

사사키 구원이 없는 것이 구원입니다.

이토 사카구치 안고다, 안고. 안고야.

진노 그럼 또 기회가 생기면 얘기하죠.

이토 그럼 길 스콧 헤론의 이 곡을 들어주세요.

사사키 〈We Almost Lost Detroit〉. 1966년 엔리코 페르미 1호 고속 증식로가 노심 용융 사고를 일으킨 것에 대한 저항곡입니다. 들으시죠!

2012년 4월 23일, 도쿄

지은이의 말

아날렉타라는 이름이 보여주듯 어떤 의미에서는 거리낌 없이 재미를 추구하며, 가벼운 기분으로 채워온 글들을 묶어 편찬한 책들이어서 시리즈라 해도 딱히 1권부터 순서대로 읽을 필요는 없고, 어느 쪽부터 읽어도, 어느 쪽에서 내던져도 상관없다. 그런 책이 있어도 된다. 그런 식으로 독서를 즐기는 법이 있어도 된다. 아니, 있어야 한다. 그 또한 이 책 여러 곳에서 얘기한 산문의 산문성, 나아가 소설의 소설성을 구성하는 일부라고 생각한다. 애초에 높은 '완성도'가 과연 산문이라는 예술 형식이 추구해야 할 유일한 가치인지, 실은 의심스럽다. 다만 그렇다면 그와 다른 무엇을 내놓을 수 있는가. 이는 그 순간순간, 한 치 앞도 안 보이는 칠흑 같은 밤 속에서 내딛는 한 발 한 발 그 자체다. 그 시행착오의 기록으로도 읽을 수 있다, 고 할 수 있을까?

어떤 종류의 잡다함이 즐거움의 원천일 수 있다. 이 책에서 이를 조금이라도 이뤄냈다면 이는 대담 상대가 돼주었던 분들의 역량 덕분이리라. 깊은 감사와 존경의 인사를 드린다. 또 젊은 재능을 지닌 사이토 하루미치齋藤陽道 씨의 명징한 한 장을 표지로 게재할 수 있었던 것은 이루 말할 수 없는 기쁨이다. 그리고 마법이 아닌지 의심스러울 정도의 속도로 이를 책 한 권으로 묶어낸 가와데쇼보신샤 아베 하루마사阿部晴政 씨의 수완에 항상 그렇듯 탄복의 마음을.

2012년 초여름
사사키 아타루

대담자와 좌담자 소개

아사부키 마리코 朝吹眞理子
1984년생. 소설가. 저서로 『유적流跡』, 『기코토와』 등이 있다.

안도 레이지 安藤禮二
1967년생. 문예평론가. 저서로 『신들의 투쟁』, 『빛의 만다라』, 『영수靈獸』, 『황혼의 나라』 등이 있다.

가가미 아키라 鏡明
1948년생. 소설가이자 비평가. 저서로 『불확정 세계의 탐정 이야기』, 『20세기에서 나온 참인데 왠지 비슷한 기분』 등이 있다.

하나에 華惠
1991년생. 에세이스트. 저서로 『책 읽는 나』, 『달걀 볼로처럼』 등이 있다.

이치카와 마코토 市川眞人
1971년생. 저서로 『아쿠타가와상은 왜 무라카미 하루키에게 주어지지 않았나』 등이 있다.

다카하시 겐이치로 高橋源一郞
1951년생. 소설가. 저서로 『사랑하는 원전』, 『'그날'부터 내가 생각하고 있는 '옳음'에 대해』 등이 있다.

후루이 요시키치古井由吉
1937년생. 소설가. 저서로『후루이 요시키치 자선 작품』,『매미 소리』,『인생의 색기色氣』등이 있다.

아이자와 사요 相澤紗世
1978년생. 모델.

이토 세이코いとうせいこう
1961년생. 소설가이자 아티스트. 저서로『노 라이프 킹』,『거세 훈련去勢訓練』등이 있다.

진노 도시후미陣野俊史
1961년생. 문예평론가. 저서로『전쟁으로, 문학으로』,『세계사 속의 후쿠시마』등이 있다.

우카와 나오히로宇川直宏
1968년생. 아티스트. 저서로『도뮨 공식 가이드북 1』등이 있다.

옮긴이의 말

번역은 두려운 작업이다. 같은 한국말을 쓰는 사람끼리도 가끔 말이 통하지 않는 경우가 있는데, 다른 말을 한국말로 옮겨 뜻이 통하도록 만든다는 것이 어디까지 가능할까? 이런 의문이 뇌리에서 사라지지 않는다. 감히 말하건대 전지전능의 신이라 해도 완벽한 번역은 불가능할 것이다. 따라서 번역은 이미 실패가 예고된 잔인한 노동이다.

하지만 산더미 같은 실패의 잔해 속에서도 신기하게 소통은 이루어진다. 그 속에서 뜻을 거둬들이는 신통한 독자들이 있다. 옮긴이는 최대한 실패가 적은 잔해를 쌓으려고 노력할 뿐이다.*

모든 번역자는 '번역의 불가능성'을 자각하고 있다. 그러나 흥미롭게도 사사키 아타루는 이 '번역의 불가능성'에서 산문의

---

* 물론 이는 옮긴이의 실력 부족에 기인한 번역상의 오류나 결점과는 전혀 다른 차원의 문제다. 그런 오류나 결점이 있다면 이는 모두 옮긴이의 불찰이요, 그런 비판은 응당 고개 숙여 경청할 것이다.

가능성을 찾아낸다. 자세한 내용은 본문(특히 마지막 장)을 직접 읽어보길 바라며, 옮긴이에게 주어진 이 지면에서는 사사키 아타루에 대한 짧은 소개와 개인적인 평가를 사적인 에피소드를 곁들여 논할 것이다.

1. 사사키 아타루에 대해

사사키는 '혜성'처럼 나타났다. 박사 학위 논문을 그대로 내놓은 첫 번째 저작 『야전과 영원-푸코·라캉·르장드르』는 사사키 특유의 문체와 어우러진 개성 있는 고찰로 인문학 관계자들에게 강한 인상을 남겼다. 두 번째 저작『잘라라, 기도하는 그 손을-책과 혁명에 관한 닷새 밤의 기록』은 정통 인문서로는 극히 이례적으로 몇 개월 만에 3만 부가 읽혀, 인문학의 쇠락을 통감하던 많은 이에게 신선한 충격을 안겨주었다. 결코 어려운 내용은 아니지만 주제는 상당히 무거운 저작이었기에, 본문에서 사사키 본인도 말하고 있는 것처럼 '도대체 누가 찾아 읽는 거지?'라는 궁금증을 자아냈다.

이처럼 사사키가 세상에 알려진 경위는 '화려하다'는 수식을 덧붙이는 게 자연스럽다고 할 수 있겠으나 사실 그가 걸어온 궤적은 그리 화려하지 않다. 오히려 고난에 가깝다. 그는 1973년, 아오모리青森에서 태어났다.*

사사키는 1989년 고등학교를 중퇴하고 다음 해 검정고시에 합격한다. 그로부터 4년 후 도쿄대학에 입학했고 대학원까지 진학해 석·박사 과정에서는 종교학을 전공했다. 그때 쓴 논문이 앞서 말한 『야전과 영원』으로, 열 군데가 넘는 출판사를 직접 돌아다닌 끝에 겨우 출판했다. 당시 무명이던 사사키를 인정해주는 출판사가 없었던 것이다.

한편 사사키는 힙합 작사가기도 하다. 따라서 그의 독특한 문체나 말투는 물론이고 그가 글쓰기뿐 아니라 노래하고 춤추는 것까지 포함해 '문학'을 논하는 것도 이를 염두에 두고 이해할 필요가 있으리라. 옮긴이로서는 공감과 거부감을 동시에 느끼는, 그의 단정짓는 듯한 말투도 이와 관련이 있을지 모른다.

『잘라라, 기도하는 그 손을』로 널리 알려지게 된 사사키는 이후 강연, 대담, 잡지 게재 등 대중적인 활동을 더 많이 하게 되었고, 그 결과물들을 '아날렉타' 시리즈로 엮어 꾸준히 출간하고 있다. 이번에 번역한 것은 그중 네 번째 시리즈고, 일본에서는 곧 다섯 번째가 간행된다고 한다. 덧붙이자면 그는 소설도 몇 편 내놓았다. 본문에 실린 글들에서 종종 그의 소설이 언급되고 있다.

---

*   일본 북부 지방으로, 홋카이도 바로 밑에 있다. 옮긴이도 아오모리에서 5년 이상 거주한 경험이 있는데, 일본에서 자연이 가장 풍부한 지역으로 손꼽히는 곳이다. 경제적으로는 낙후하지만, 3면이 바다인 데다 도끼 모양을 한 만灣이 육지 한가운데까지 파고 들어와 있는 아름다운 지방으로, 유명한 소설가 다자이 오사무太宰治의 고향이기도 하다. 겨울에 눈이 너무 많이 와서 고생은 했지만, 감수성이 예민하던 시절에 아오모리 지인들의 베풂과 거대한 자연의 혜택을 받은 옮긴이에게 이곳은 제2의 고향이다.

2. 『이 치열한 무력을』에 대해

옮긴이는 사사키의 출세작 『잘라라, 기도하는 그 손을』을 읽었을 때, 그 내용에 위화감을 느꼈다. 하지만 '글을 읽고, 글을 쓰는 것이 지닌 치명적인 힘'이 절대적 힘을 갖고 있다는 내용에 동의하면서, 그가 이를 논하기 위해 루터, 무함마드, 중세 해석자 혁명을 열거하는 부분에선 많은 것을 배웠다. 특히 12세기 중세 해석자 혁명이 근대 질서, 나아가 현재의 질서까지 규정하고 있다는 논의를 읽었을 땐 새로운 인식의 지평이 열리는 신선한 경험도 했다.

하지만 그가 '역사의 종언' 등을 논해온 사람들을 "자신이 사는 시대가 결정적이지 않으면 참지 못하는 사람들"이라는 논리로 비판하고, 현재 진행되고 있는 정보 매체 환경의 변화를 "정보 혁명이 아니다"는 식으로 무시하고 넘어가는 태도에서는 '과민 반응', '과잉 비판'을 느끼지 않을 수 없었다. 옮긴이가 보기에 '종언'을 논해온 사람들은 많은 경우, 기존의 의미 체계가 지닌 폭력성을 지적하는 논리를 동반하고 있는데, 이는 결코 '종말론'에 환원되는 종류의 것이 아니기 때문이다.

그리고 아즈마 히로키東浩紀의 『일반의지 2.0-루소·프로이트·구글』이 지닌 문제의식에 공감해 그 번역을 맡았던 옮긴이로서는 사사키의 정보 매체 환경 변화에 대한 태도에도 동의하기 힘들었다. 현대인이 지나치게 많은 정보에 노출돼 스스로 사유하는 힘이 약해지고 있다는 지적은 현상의 한 단면을 보여주고 있기는 하다. 노자도 말하고 있듯이 "적으면 얻게 되고, 많으면 현혹된다少則得 多則惑"는 구절은 인류와 자유 사이의 풀리지 않는 아이러니다. 하지만 『잘라라, 기도하는 그 손을』이 보여주는 태도는 자칫 잘못하면 현실 부정으로 끝나버릴 위험성을 지니고 있다. 새로운 정보 환경에서 지금과는 다른 미래를 꿈꾸는 사람들까지도 잘라내고 있는 것처럼 느껴졌다.

따라서 처음 이 책의 번역을 제안받았을 때 망설였고, 이 제안에 답하기 위해 바로 『이 치열한 무력을』을 구해 읽어보았다. 차례를 보니 다카하시 겐이치로高橋源一郎와의 대담, 후루이 요시키치古井由吉와의 대담이 실려 있었다. 이때 번역하고 싶다는 의욕이 잔잔하게, 하지만 확고하게 자리 잡기 시작했다. 본문을 읽어보니 『잘라라, 기도하는 그 손을』을 읽으면서 위화감을 느꼈던 내용들은 많이 완화되었고, 흥미로운 주장이 이 책을 촘촘히 채우고 있었다.

인공적인 제도이므로 연애를 잘 못하는 사람이 많은 것은 당연하지만 그래도 시도해봐야 하지 않겠냐는 충고(?), 예술 작품을 만드는 것은 무력할지 모르나 변화는 그 무력함의 축적을 통해서만 이루어질 수 있다는 격려, 철학은 머릿속에서만 전개되는 사유가 아니라 하루하루의 삶을 살아가는 스타일이라는 친절한 설명 등등. 본문에서 사사키는 다양한 청자를 상대로 여러 주제로 말을 건네기 때문에 독자 또한 자기가 좋아하는 주제부터 찾아 읽는 재미를 느낄 수 있을 것이다.

　본문을 옮기면서 가장 인상 깊었던 내용은 산문의 기원을 '번역', '주석(해석)', '변명(변론, 웅변)'의 세 가지에서 찾고, 소설을 그런 산문적 전통 아래 위치짓고 있는 부분이었다. 사사키는 '타자'를 염두에 둔 발화라는 점에서 이들의 공통점을 찾고 있는데, 시사하는 바가 크다. 여기에서는 개괄적인 설명에 그치고 있지만 추후 사사키의 본격적인 산문론이 기대된다.

　한편 본문을 번역하는 과정에서 가장 즐거웠던 부분은 옮긴이가 좋아하는 다카하시 겐이치로와의 대담이었다. 다카하시의 글을 원래 좋아해 저작권 문제가 발생하지 않는 범위에서 그의 글들을 몇 편 번역해 인터넷에 올리곤 했는데, 그의 말을 번역해 책의 일부가 된다고 생각하니 감회가 남달랐다.

　또 사사키가 다른 사람의 말을 인용할 때 그 내용과 타이밍의 절묘함에 감탄했다. 이런 '인용의 묘미'는 본문에서 그가 밝히고 있는 독특한 독서법과 관련 있을 것이다.

3. 사사키 아타루, 니시타니 오사무, 르장드르

사사키 아타루의 이름을 처음 접한 것은 도쿄대학 고마바駒場 캠퍼스의 생협 서점이었다. 서점에 들어섰을 때 『야전과 영원』이라는 두꺼운 책이 눈에 들어왔고, 특히 '르장드르'라는 이름에 옮긴이는 반응했다. 몇 해 전에 수강한 니시타니 오사무西谷修의 강의에서 들었던 낯익은 이름이었다. '도그마 인류학'을 내세우며, 언어와 사회에 대한 흥미로운 이론을 제시한 학자로 기억 속에 자리 잡고 있었다. 다른 데서는 들어본 적이 없는 이름이어서 르장드르는 곧바로 니시타니를 떠오르게 했다.

니시타니의 강의는 그간 일본에서 접했던 강의 가운데 몇 손가락에 꼽힐 정도로 강한 인상을 남겼다. 우선 강의 자체가 매우 독특했는데 40여 년 전에 일어났던 전공투 운동으로 생겼기 때문이다. 1968년 전후의 일본에선 전공투라 불리는 대규모 학생 운동이 전개되었다. 그 규모는 어마어마했고, 그 여파로 도쿄대학에서는 1969년에 신입생을 뽑지 않는 초유의 사태가 벌어졌다. 때문에 도쿄대학에 69학번은 존재하지 않는다. 앞서 말한 다카하시 겐이치로가 딱 이때 고등학교를 졸업하고 도쿄대학에 응시하려 했다가, 입학생을 뽑지 않아 다른 길을 걷게 되었다. 그가 만약에 응시했다면 소설가가 되지 않았을지도 모를 일이다. 역사의 톱니바퀴는 이처럼 어디로 굴러갈지 알 수 없다.

니시타니의 강의는 학생들이 강사와 강의 내용을 골라서 개강하는 과목이었다. 즉 몇 개 안 되지만 도쿄대학에서는 학생들이 '강의를 개설할 권리'를 갖고 있었다. 이 강의에 처음 들어갔을 때 담당 학생이 설명했던 말에 따르면 전공투 운동이 일군 성과 중에 유일하게 지금까지 도쿄대학에 남아 있는 것이라고 한다. 학생들의 의뢰로, 도쿄 외국어 대학 교수인 니시타니는 딱 한

학기 동안만 진행되는 강의를 도쿄대학에서 했던 것이다.

강의 제도도 특이하지만 니시타니 오사무도 괴짜였다. 강의 시간이 가까워지면 검은색 가죽 점퍼를 걸친 남자가 메커닉한 오토바이를 타고 고마바 캠퍼스에 나타났다. 니시타니였다. 선글라스가 잘 어울리는 작고 마른 얼굴이, 가죽 점퍼를 걸치고 오토바이를 탄 모습과 절묘하게 어울렸다. 이미 그때는 도쿄대학 건물 대부분이 금연이었지만, 그는 학생들의 동의를 구하고 담배를 피우며 강의를 진행하기도 했다. 담배 연기와 잘 어울리는 사람이었.

그는 세상의 온갖 상황에 대한 강한 불만과, 그 불의를 계속 호소해야 하는 현실에 대한 약간의 피로가 절묘하게 섞인 어투로 '세계사라는 관점의 탄생' 등을 비판적으로 검토했다. 당시 강의를 듣고 니시타니에게 관심이 생겨 『세계사의 임계臨界』를 비롯한 그의 책들을 찾아 읽기도 했다. 그런 강의 내용 중 하나가 바로 르장드르의 '도그마 인류학'이었다. 어떤 얘기를 했는지 거의 다 잊어버렸지만 '르장드르'라는 고유 명사는 묘하게도 머릿속에 계속 남아 있었다. 그리고 이 고유 명사가 후에 『야전과 영원』이라는 사사키 아타루의 책을 펼쳐 보게 만들었던 것이다.

책을 펼쳐 보니, 역시 르장드르를 매개로 니시타니와 사사키가 이어져 있었다. 니시타니가 감수를 맡은 르장드르의 '도그마 인류학 총서'가 번역되어 나왔는데, 사사키의 경력을 보니 '도그마 인류학 총서'의 번역자 중 한 사람이었다. 어떤 인연이 느껴지는 순간이었지만 『야전과 영원』은 부담스러울 정도로 두꺼웠다. 게다가 너무 비쌌다. 그리하여 인연은 느꼈으나 두께와 가격의 협공에 굴복해 미련을 느끼며 『야전과 영원』을 제자리에 돌려놓아야 했다.

그리고 인연이 돌고 돌아 사사키 아타루의 책을 번역하게 됐다. 본문에서도 몇 번 언급되고 있지만 사사키의 원점은 『야전과 영원』이다. 그를 순식간에 유명한 인문학자로 만든 『잘라라, 기도하는 그 손을』은 『야전과 영원』의 내용 중 일부를 평이하게 풀어 쓴 책이라 할 수 있다. 『잘라라, 기도하는 그 손을』을 읽은 독자라면 그 내용의 핵심이 르장드르에서 왔음을 알 수 있을 것이다. 『야전과 영원』이 번역돼야 이에 관한 본격적인 논의가 가능할 것이다.

4. 마지막으로

번역 과정에서 직접 만나본 적도 없는 트위터 친구들로부터 많은 조언을 받았다. 어떤 번역어가 좋을지 고민할 때 더 자연스러운 번역어를 제안하거나 옮긴이가 잘 모르는 외국어에 대해 자세한 설명과 조언을 해주는 등 그분들의 도움이 없었다면 번역 작업은 훨씬 고된 과정이 되었을 것이다. 한 분 한 분 열거하지는 못하지만 이 자리를 빌려 그분들께 감사의 말씀 드린다.

옮기면서 '읽기 쉬운 번역'과 '느낌을 살리는 번역' 사이에서 고민했다. 대부분 양자의 타협으로 귀결됐으나 타협이 어려운 상황에선 '느낌을 살리는 번역'의 손을 더 많이 들어주었다. 최대한 노력했지만 번역상 부족한 부분이 있다면 이는 전적으로 옮긴이의 잘못이다.

2013년 5월
안천

추천의 말

결국 읽고 말았다 — 망각과 무력을 넘어서서

사사키 아타루를 처음 알게 된 것은 문명사적 통찰이 빛났던『잘라라, 기도하는 그 손을-책과 혁명에 관한 닷새 밤의 기록』을 읽으면서부터다. 우선 그가 젊다는 것(1973년생)에 놀라고, 문체의 압도적인 힘에 놀랐다. 첫 책『야전과 영원-푸코·라캉·르장드르』(2008)가 일본에서 나온 이후 그의 이름 뒤에는 늘 혜성처럼 나타났다는 평가가 따랐다. '일본의 니체'라는 언급도 종종 나타났다. 그의 책이 국내에서 두 번째로 출간된다. 그는 전작에서 읽고 쓰는 것이 세계를 변화시키는 힘의 근원이고, 혁명은 오로지 문학으로부터 일어난다고, 한 점의 유보나 유예도 없이 말한다. 읽고 쓰는 것의 집약인 책이 문명을 일으키고 세계를 바꾸는 변혁의 중심 동력이라고! 그의 확신에 찬 통찰에는 천재성이 번뜩이는 바가 있다.『이 치열한 무력을』은 사사키의 개인 저작물은 아니다. 일본의 지식생태계에 신선한 바람을 일으킨 그가 명성을 얻으면서 강연, 좌담, 대담 요청이 한꺼번에 쏟아지는데, 이번 책은 그것들을 모아 엮은 것이다. 계통과 체계는 미약하지만 정제되지 않은 날것의 '육성'을 생생하게 들을 수 있는 즐거움이 있다.

인류가 지구에 출현한 이래 혁명은 끊임없이 일어나고 있다. 혁명에서 늘 피를 연상하는 것은 정치·군사 혁명만을 떠올리기 때문이다. 혁명의 범주는 크고 넓다. 때로는 감성적 혁명, 웃음과 재미를 찾는 혁명, 먹고 마시는 축제와 같은 유쾌한 혁명도 있다. 자기를 넘어서서 무엇인가가 되려는 시도, 세계의 크고 작은 질서를 바꾸려는 시도, 모든 주체적 삶의 기획과 실천이 크고 작은 혁명의 발화점들이다. 혁명은 일상의 밋밋함을 뚫고 나가는 의식의 생성이고, 경계를 넘는 도주이자 횡단이다. 무딘 사람만이 못 느낄 뿐이다. 그들은 일상에서 치욕과 굴욕을 견디며 무력함으로 팔다리를 허우적일 뿐이다. 사사키는 책을 읽고 쓰는 것이야말로 열락과 광기를 동반하는 혁명의 단초라고 되풀이해 말한다. 그가 자연재해를 겪고 반쯤 부서진 사람들 속에서 '재해 이후'의 의미에 대해, 삶을 침식하는 치욕과 무력을 넘어서는 혁신에 대해 함께 생각해보자고 말을 건다. "웃어야 마땅한 것처럼 웃는 것을 배워라. 더 높은 인간들이여, 실로 많은 것이 아직 가능하다."(니체, 『차라투스트라는 이렇게 말했다』) 사사키의 책에서 니체의 메아리를 듣는 것은 나만의 환청인가?

'말'에 대한 젊고 발랄한 철학자이자 소설가인 사사키의 생각을 짚어볼 수 있는 「말이 태어나는 곳」이라는 좌담은 흥미롭다. 이것은 아사부키 마리코와 안도 레이지와 함께 했던 좌담을 풀어낸 것이다. '말이 태어나는 곳'은 언어 바깥이다. 사사키에 따르면 언어 바깥이야말로 "언어를 언어이게 하며, 언어가 생성되는 곳"이다. 그는 "언어 바깥은 아마 존재한다. 하지만 보통 우리가 생각하고 있는 것과 같은 형태가 아니라 어쩌면 언어의 '내부라고 생각해온 쪽'에 존재하는" 깃이라고 말한디. 말, 문자, 언어, 책(사사키의 사유 체계 안에서 이것은 '문학'의 표상이고, '문학'은 모든 서사성 장르를 넘어서서 철학, 사상까지를 포괄한다.)이 가진 변혁의 힘에 대한 무한 신뢰를 드러낸 사사키! 사회가 붕괴되고, 세계가 사라지는 인류가 경험하는 모든 것이 상실되는데도 "남은 것은 말뿐"이라고 말할 때 사람이 말의 존재라는 사실이 번뜩이며 나타난다. 말하는 존재로 살아야 하는 사람의 본질과 그 바탕을 해명하려면 당연히 우리 안의 존재 형질로 엄연한 전체로서의 언어에 대해 고구考究가 앞서야 한다. '말'은 하나의 원점이다. 말이 없다면 사람은 '주체로서의 사람'이 될 수 없다. 말은 그것을 발화하는 "개인이라는 불가해한 심연"(훔볼트)을 해명하며, 그 자신이 누구인가를, 자아의 어두운 구석에 빛을 쬐이며 자아를 밝은 곳으로 이끌어내어 현시하는 도구다. 말이 없다면 사물과 존재에 대한 통찰은 어둠 그 자체로 남을 것이며, 말을 쓰는 존재로서 세계의 구조 속으로 편입되는 일도 일어나지 않게 된다. 그런 맥락에서 '말이 태어나는 곳'은 사유가 발생하는 지점이고, 철학의 기원으로서의 영점零點이다. 사람은 말을 해버림으로써 의미의 존재로 거듭나며, 어떤 가능성으로 자신을 밀고 간다. 사사키는 말을 '축적' 가능한 것으로 여기는 서양 형이상학이 "말은 죽은 것이고, 그 바깥에 말로 할 수 없는 생생한 체험이 있다"는 나쁜 관습에 굴복했다고 비판한다. 말은 지금까지 존재했던 모든 말에 대한 응답으로 생생하다. 말이 모든 것에 대한 응답이라는 사실을 "일단 잊고 뛰어들" 때, "찰나마다의, 지금 이 언어의 준동, 동요 혹은 '침묵'에 집중할" 때 말들은 그 발화자의 말을 집어삼키고, 구원하는 역설이 생겨나기에!

사사키 철학의 원점은 어디인가? 「본디 철학이란 무엇입니까?」라는 대담은 불안, 저출산, 복장 도착, 방사능 오염, 자원봉사, 책을 읽는 것, 일의 의미, 죽음의 우연성 같은 잡다한 이야기를 가볍게 나눈 내용을 담고 있다. 대담의 초점은 철학이 무엇인가에 맞춰져 있지만 약간은 산만한 느낌이다. 철학은 '아르고스의 눈'으로 세상과 그것이 움직이는 토대를 들여다보는 것이다. 철학자는 나날의 불확정적인 삶과 역사를 보고 더듬으면서 그 의미를 따라간다. 세상에는 무수한 '활동적 삶'이 있고, '활동적 삶'의 심연에는 그것을 만들고 움직이는 구조와 원리가 있다. 먼저 '활동적 삶'이란 무엇인가? 고난에 맞서 삶을 추구하는 것, 삶을 영위하는 활동 일체를 가리킨다. 인간이라는 종種의 생명과 번식을 지속할 수 있는 토대를 만드는 기획과 실천의 총체가 '활동적 삶'이다. 사사키는 철학은 "지혜와 친구가 되기 위해 치밀하게 고안된 여러 가지 방법"이라고 규정하는데, 인생이 공허하고 삶이 막막할 때 철학은 "잘 모르겠음"이라는 어둠에 갇힌 우리를 앎의 빛으로 이끈다고 말한다. 철학의 근본은 '지혜'고, 이것은 근원에 대한 물음에서 나온다. 원론적으로 말하자면 근원에 대한 물음 그 자체가 철학의 존재 방식이다. 물음 중의 물음, 물음들의 모태는 "인간이란 무엇인가?"라는 물음이다. 모든 위대한 철학은 이 물음에서 시작해서 이 물음으로 끝난다. 물음은 대답을 구하는 형식이지만 물음은 사유를 이끌어 앎으로 향하는 통로를 열고 의식을 확장하는 데 기여함으로써 이미 그 안에 일정한 형태의 대답을 머금고 있음을 보여준다.

또 다른 대담 「"모르겠다"는 말을 이처럼 정면에서 듣기는 처음입니다」에서 철학의 실패는 그것이 삶이라는 토대에서 떨어져 나간 순간부터 예정된 것이라고, 사사키는 지적한다. "실제로는 '삶'의 시행착오 속에서 '이 세상은 어떠해야 하는가', '더 좋은 삶을 위해서는 어떻게 살아야 하는가'에 대해 사유하는 것"이 바로 철학인데, 오늘날의 철학은 삶을 결락시키면서 단순히 현학적인 '공부'로 전락하고 말았다는 것이다. 이를테면 오늘은 어떤 옷을 입나, 오늘은 무엇을 먹나, 하는 신체의 층위, 생활의 층위에서 철학의 주제가 될 수 있다. 우리가 날마다 무엇을 어떻게 선택하고, 제 삶을 어떻게 꾸리는가보다 더 중요한 철학의 토대는 없다. 현대 철학은 이것들을 배제하고 이것들에서 자신을 분리함으로써 철학의 기본을 망각했다는 비판을 받는다. 삶의 실체적 진실과 유리된 철학은 공허하다. 사사키는 니체의 "여름의 더운 오후에 샘물을 남김없이 마시듯 내 책을 읽어 달라"는 말을 인용하면서, 철학은 '잘 모르겠다'는 자기 무지에 대한 인식, 목이 말라야 하는 상태, 즉 삶의 실체적 진실에서 시작되어야 함을 말한다.

「변혁을 향해, 이 치열한 무력을」이라는 원고는 2011년 11월 17일, 후쿠오카 강연을 바탕으로 정리한 텍스트인데, 사사키의 철학자적인 내공을 살펴볼 수 있는 중요한 텍스트다. 일본인이 맞닥뜨린 '압도적인 현실'의 비현실감, 그것이 불러온 '치열한 무력無力'이라는 정신적 후폭풍에 대한 논의는 눈길을 끌 만하다. '압도적인 현실'이란 '3·11'로 표기되는, 자국의 동북부 지역을 강타한 해저 지진과 쓰나미, 원전 붕괴, 방사선 누출 사태를 발생시킨 자연재해를 통칭한다. 사람들은 철학자에게 이것을 어떻게 극복하고 제정신을 갖고 삶을 살아낼 수 있을까하는 지혜를 요청한다. 그러나 철학자는 '3·11 이후'라는 관점과 거기에서 시작하는 담론 자체의 정합성을 부정한다. 아무것도 끝나지 않았고, 따라서 아무것도 '이후'가 되지 않았다는 게 그 부정의 근거다. '3·11 이후'에도 '역사의 종말'은 오지 않은 채 삶은 그 이전과 아무 다를 바 없이 '지속되고' 있다. 이 '압도적인 현실'이 일본인의 의식에 새겨 놓은 것은 '치욕'이다. 이 치욕 앞에서 책이나 철학 따위가 무력하고 무용지물에 지나지 않음을, '압도적인 현실' 이후에 한

정신과 의사가 방대한 장서를 모조리 폐기해버렸다는 일화에서 명료하게 드러난다. 하지만 그 의사는 그 후에 아연실색해서 다시 버렸던 책들을 한 권 한 권을 사 모으고 있다고 한다. 무력한 것은 철학, 문학, 지식의 문제만은 아니다. '압도적인 현실' 속에서는 정치도, 시스템도, 인터넷도 다 무력했다. 그 무력에도 현실이 재난의 자리고 살아남은 자가 재난 이후의 무력을 견뎌야 할 장소이자 피난처라는 사실은 변하지 않는다. 우리가 살아내야 할 현실은 엄연하고, 책 역시 엄연하다는 사실은 변할 수 없는 진리다. 장서를 모조리 갖다버린 그 정신과 의사가 자신의 과오를 뒤늦게 깨닫고 아연실색했던 것은 그 때문이 아니었을까.

삶이 살아 있는 유동이라면, 철학은 그 유동에 대한 성찰적 반응이다. 그런 맥락에서 동일본을 강타한 쓰나미와 원전 사고가 불러오는 '완만한 죽음'에 대한 '실감'의 희미함을 문제 삼고 있는 이 강연은 관심의 대상이 될 만하다. 위기의 시대가 무서운 것은 "평탄하게 계속되는 이 일상 속에서" 위기의 실감이 희미해지는 것이다. 일상의 평탄함은 "천천히 다가오는, 미량의, 끝이 없는 죽음"의 실감을 "회색 잡음"과 뒤섞어 희미하게 만든다. "따라서 우리는 방사선이 퍼진 이 열도에서 살면서, 실증도 인과성도 확정할 수 없는 상태로, 얇은 가죽 한 장만큼 죽음에 근접해 있고 죽음에 가까워지고 있습니다. 그렇지만 죽음이 즉시 오지는 않습니다. 절박하지 않습니다. 수십 년이 지난 먼 훗날의, 확증할 수 없는 완만한 죽음이 안개처럼 뿌려져 있습니다." 이게 왜 무서운 일인가? 이 "죽음의 완만함이 삶 그 자체"는 닮아 있기 때문이다. 사사키는 '3·11 이후'라는 담론 자체를 인정하지 않는다. 아무것도 끝나지 않았고 실은 아무것도 시작하지도 않았으니 '이후'라는 담론이 성립될 수 없기에 이것은 거짓 문제라는 것이다. 사사키는 '이후'의 담론이 아니라 엄청난 생명이 희생된 이 비극이 불가사의한 '실감의 부재'를 문제 삼는다. 실감의 희미함은 어떤 비극도 방관자로 내몰아 결국 "절박하지 않음, 망각 속에서 일상을 일종의 '기분'으로" 살게 한다. 사사키는 망각을 불러오고 의식을 마비시키는, 현실에 대한 실감 없음이야말로 진짜 근본적인 위기라고 말하는 것이다!

이쯤에서 사사키는 파울 첼란이란 유대인으로 나치의 수용소에서 무시로 죽음에 직면해야 하는 '압도적인 현실'을 겪은 독일 시인 얘기를 꺼낸다. 그는 전쟁이 끝난 뒤에 정신병을 앓다가 센 강에 투신해서 죽는다. 사사키는 파울 첼란이 '20세기 최대의 시인'이라고 생각한다. 그의 『잘라라, 기도하는 그 손을』이라는 책의 표제 역시 파울 첼란의 시구에서 빌려올 정도고, 이 책에도 2011년 세이도샤에서 내놓은 『파울 첼란 전집』 간행 추천사에서 "시란 유리병 통신通信"이란 말을 소개한다. 사사키는 파울 첼란의 시들이 삶이라는 대양에 던진 병이고, 지금이야말로 그의 시를 읽어 보자고 권유한다. 그것 속에는 시인의 이름과 운명과 의지와 날짜가 밀봉되어 있는데, 지금 대양을 횡단하는 고난을 헤치고 우리 앞에 도래했다는 것이다. 파울 첼란은 '압도적인 현실' 앞에서 문학과 사상이 무력하다고 드러내어 말한 적이 없다. 다만 아우슈비츠 이후에도 하루하루를 견디며 시를 썼다. 한 철학자가 "아우슈비츠 이후 시를 쓰는 것은 야만이다"라고 했지만(아도르노는 나중에 이 발언을 철회한다) 파울 첼란은 꾸역꾸역 시를 썼다. 시인이란 제 상처를 손가락으로 쑤셔서 고통을 확인하는 자들이다! 물론 시를 쓴다고 해서 수용소에서 학살당한 유대인들이 살아 돌아올 리는 없다. 시가 죽은 자를 살리지 못함으로써 '압도적인 현실' 앞에서 무력한 것임을 드러내지만, 그렇다고 '압도적인 현실'이 시들이 쓰이지 않게 막을 수도 없고, 쓰인 시들을 쓸어 없앨 수도 없다. 무력의 치열함 속에서 여전히 시가 쓰이고 사상이 자라나온다. 이 무력을 견디고 살아냈기에 쓰인 시들은 남고, 씨앗처럼 널리 퍼져서 '압도적인 현실'의 야만성을 퍼뜨린다. "모든 사건에도. 그러나 그 말은 자기 자신의 대답 없음을, 가공할 만한 침묵을, 죽음을 초래하는 변설의 깊은 어둠 속을 빠져나오지 않으면 안 되었습니다. 그리고 말은 그것을 빠져나왔습니다."(『잘라라, 기도하는 그 손을』)라고, 파울 첼란의 말을 인용함으로써 그 인용에, 시와 말은 위대한 것이라는 생각을 간접적으로 겹쳐낸다. 말(철학)의 운명과 시의 운명은 하나다. 위대한 시들은 "가공할 만한 침묵"을 뚫고, "죽음을 초래하는 변설의 깊은 어둠 속을" 빠져나온다. '압도적인 현실'을 뚫고 빠져나와 살아남은 것은 말과 시다. 파울 첼란은 「죽음의 푸가」에서 시인은 "더 달콤하게 죽음을 연주하라"고 쓴다. "더 둔중하게 켜라 그러면 너희는 연기가 되어 공중으로 올라간다"라고! 이 시들은 나치가 저지른 무고한 유대인의 살상 행위가 더러운 범죄고, 그들은 명백하게 유죄라고 말한다! 최종 승리를 거두는 것은 '압도적인 현실'이 아니라 문학이고 철학이다. '압도적인 현실'은 지나가지만 시간을 견디고 남는 것은 말이고 시다. 우리가 살아남은 것 그리고 망각과 무력을 넘어서서, 꿋꿋하게, 어제의 삶보다 나은 오늘의 삶을 꾸리게 된 것은 결국 이것들을 읽고 말았기 때문이다.

2013년 8월

장석주(시인, 문학평론가)

이 치열한 무력을

ⓒ 사사키 아타루, 2012

초판 1쇄 발행 2013년 9월 16일
초판 5쇄 발행 2018년 4월 2일

지은이   사사키 아타루
옮긴이   안천
펴낸이   강병철

펴낸곳   더이룸출판사
출판등록 1997년 10월 30일 제1997-000129호
주소   04047 서울시 마포구 양화로6길 49
전화   편집부 02) 324-2347 경영지원부 02) 325-6047
팩스   편집부 02) 324-2348 경영지원부 02) 2648-1311
이메일   inmun@jamobook.com
커뮤니티 cafe.naver.com/cafejamo

ISBN 978-89-5707-777-1 (03300)

잘못된 책은 구입처에서 교환해드립니다.